liderando *sem* autoridade

por keith ferrazzi

Liderando Sem Autoridade

Who's Got Your Back

Jamais Coma Sozinho

liderando *sem* autoridade

COMO O **NOVO PODER** DA **COELEVAÇÃO** PODE **QUEBRAR DIVISÕES, TRANSFORMAR EQUIPES** E **REINVENTAR A COLABORAÇÃO**

KEITH FERRAZZI
com **NOEL WEYRICH**

ALTA BOOKS
GRUPO EDITORIAL
Rio de Janeiro, 2024

Liderando Sem Autoridade

Copyright © 2024 Alta Books.

Alta Books é uma empresa do Grupo Editorial Alta Books (Starlin Alta Editora e Consultoria LTDA).

Copyright © 2020 Keith Ferrazzi.

ISBN: 978-85-508-2352-2

Translated from original Leading Without Authority. Copyright © 2020 by Keith Ferrazzi. ISBN 978052555755665. This translation is published and sold by Penguin Random House, the owner of all rights to publish and sell the same. PORTUGUESE language edition published by Starlin Alta Editora e Consultoria LTDA, Copyright © 2024 by STARLIN ALTA EDITORA E CONSULTORIA LTDA.

Impresso no Brasil — 1ª Edição, 2024 — Edição revisada conforme o Acordo Ortográfico da Língua Portuguesa de 2009.

Dados Internacionais de Catalogação na Publicação (CIP) de acordo com ISBD

F3811 Ferrazzi, Keith
 Liderando Sem Autoridade: Como o novo poder da coelevação pode quebrar divisões, transformar equipes e reinventar a colaboração / Keith Ferrazzi, Noel Weyrich ; traduzido por Mariana Naime. - Rio de Janeiro : Alta Books, 2024.
 256 p. ; 15,7cm x 23cm.

 Tradução de: Leading Without Authority
 Inclui índice.
 ISBN: 978-85-508-2352-2

 1. Administração. 2. Liderança. 3. Equipe. I. Weyrich, Noel. II. Naime, Mariana. III. Título.

2024-149
CDD 658.4092
CDU 65.012.41

Elaborado por Odilio Hilario Moreira Junior - CRB-8/9949

Índice para catálogo sistemático:
1. Administração: Liderança 658.4092
2. Administração: Liderança 65.012.41

Todos os direitos estão reservados e protegidos por Lei. Nenhuma parte deste livro, sem autorização prévia por escrito da editora, poderá ser reproduzida ou transmitida. A violação dos Direitos Autorais é crime estabelecido na Lei nº 9.610/98 e com punição de acordo com o artigo 184 do Código Penal.

O conteúdo desta obra fora formulado exclusivamente pelo(s) autor(es).

Marcas Registradas: Todos os termos mencionados e reconhecidos como Marca Registrada e/ou Comercial são de responsabilidade de seus proprietários. A editora informa não estar associada a nenhum produto e/ou fornecedor apresentado no livro.

Material de apoio e erratas: Se parte integrante da obra e/ou por real necessidade, no site da editora o leitor encontrará os materiais de apoio (download), errata e/ou quaisquer outros conteúdos aplicáveis à obra. Acesse o site www.altabooks.com.br e procure pelo título do livro desejado para ter acesso ao conteúdo..

Suporte Técnico: A obra é comercializada na forma em que está, sem direito a suporte técnico ou orientação pessoal/exclusiva ao leitor.

A editora não se responsabiliza pela manutenção, atualização e idioma dos sites, programas, materiais complementares ou similares referidos pelos autores nesta obra.

Alta Books é uma Editora do Grupo Editorial Alta Books

Produção Editorial: Grupo Editorial Alta Books
Diretor Editorial: Anderson Vieira
Vendas Governamentais: Cristiane Mutüs
Gerência Comercial: Claudio Lima
Gerência Marketing: Andréa Guatiello

Assistente Editorial: Matheus Mello
Tradução: Mariana Naime
Copidesque: Alberto Gassul
Revisão: Raquel Escobar, Alessandro Thomé
Diagramação: Joyce Matos
Capa: Karma Brandão

Rua Viúva Cláudio, 291 — Bairro Industrial do Jacaré
CEP: 20.970-031 — Rio de Janeiro (RJ)
Tels.: (21) 3278-8069 / 3278-8419
www.altabooks.com.br — altabooks@altabooks.com.br
Ouvidoria: ouvidoria@altabooks.com.br

Editora afiliada à:

Para a nova geração de líderes jovens e experientes que estão cocriando uma nova definição e um novo significado de liderança.

SUMÁRIO

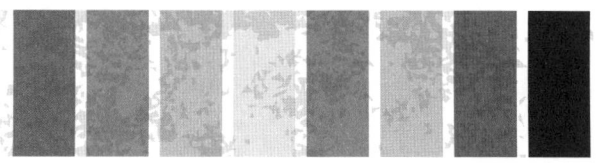

Sobre o Autor	IX
Agradecimentos	XI

Introdução: Novas Regras para um Novo Mundo Profissional	1
primeira regra: Quem É Sua Equipe?	19
segunda regra: Aceite que *Tudo* Depende de Você	41
terceira regra: Conquiste Permissão para Liderar	73
quarta regra: Crie Parcerias Mais Profundas, Ricas e Colaborativas	109
quinta regra: Codesenvolvimento	143
sexta regra: Elogie e Celebre	179
sétima regra: Coeleve-se com a Tribo	203
oitava regra: Junte-se ao Movimento	225
Notas	233
Índice	237

SOBRE O AUTOR

Keith Ferrazzi, fundador e presidente da Ferrazzi Greenlight, deu treinamento para as maiores empresas do mundo e para as startups mais disruptivas sobre como a transformação da equipe gera inovação e provoca transformação empresarial. Como um empreendedor bem-sucedido, formador de opinião e filantropo, é defensor da reforma do sistema de adoção estadunidense e da busca por novas soluções do problema mundial de crianças órfãs e em situação de rua.

Ferrazzi é autor dos livros *Who's Got Your Back* [sem publicação no Brasil] e *Jamais Coma Sozinho*, que ficaram em primeiro lugar na lista de mais vendidos do *New York Times*. Suas produções também apareceram no *Wall Street Journal, Harvard Business Review,* nas revistas *Forbes, Fortune* e *Inc.* e em outras publicações importantes. Keith é graduado pela universidade de Yale e pela escola de negócios de Harvard. Ele mora em Los Angeles.

FerrazziGreenlight.com

KeithFerrazzi.com

AGRADECIMENTOS

As práticas, as receitas e os conhecimentos em evolução desenvolvidos para este livro se devem a muitos dos pensamentos e das experiências de centenas de líderes executivos e suas equipes com os quais nós da Ferrazzi Greenlight trabalhamos nos últimos anos. Custa-me mencionar apenas um ou dois indivíduos para cada relato, pois muitos contribuíram. Sou grato por todos eles como meus parceiros de coelevação. Este livro não existiria sem eles.

Em ordem cronológica dos projetos em que trabalhamos, eles incluem, mas não estão limitados a: Lisa Buckingham, da Lincoln Financial; Devin Wenig e John Reid-Dodick, ambos que conheci na Thomsen Reuters; Kristin Yetto do eBay; Mark Reuss, da General Motors; Jack Domme e Scott Kelly, da Hitachi Data Systems; Jim Norton, da AOL; Stefan Beck, da BASF, e Robert Blackburn, que conheci lá; Lisa Arthur, da Teradata; Jeff Bell, da LegalShield; Mike Clementi, da Unilever; Tami Erwin, George Fischer, Diane Brown, Annette Lowther, Martha Delehanty e Scott Lerner, da Verizon; Jim Kim, do World Bank; Mike Dennison, que conheci na Flex; Chuck Harrington, Carrie Smith e Debra Fiori, da Parsons; Bob Carrigan e Josh Peirez, ambos que conheci na DnB; Telisa Yancy, da American Family; Sergey Young, da Invest AG; Shao-Lee Lin, que conheci na Horizon Therapeutics; Andy Sieg e Steve Samuels, da Merrill Lynch; Gil West, da Delta; Anousheh Ansari, da XPRIZE; Heidi Mellin, da

Workfront; Pat Gelsinger, Sanjay Poonen e Betsy Sutter, da VMware; da Aflac, Virgil Miller, Jamie Lee e Rich Gilbert, cuja ambição me inspirou; as equipes da Singularity University, IPP, HighGround, MentorCloud, Cornerstone, Globoforce e Workday, que estão criando softwares que ajudam a aliar indivíduos com a liderança sem autoridade; meus investidores e apoiadores Yoi; Garrett Gerson da Variant, que me ajudou a ver como os princípios de liderar sem autoridade podem ser aplicados a startups desde sua concepção; a equipe da Genesys, por sua parceria em construir uma comunidade mundial de CMOs que lideram sem autoridade; a equipe da Edelman, por sua parceria em explorar os benefícios para aumentar a confiança em liderar sem autoridade; Kathy Mandato e sua parceria para criar a conferência dos trabalhadores do futuro; Amanda Hodges, da Dell, que reconheceu a necessidade de liderar sem autoridade entre os CIOs; Vishen Lakhiani da MindValley, que nos ofereceu uma plataforma para atingir um público mais amplo; e David Wilkie, da World 50, onde aprendi há muitos anos como membro CMO e onde continuei a crescer e a aprender com meus amigos de lá. Este livro é o resultado de muitos anos de conversas com muitas pessoas que considero parceiras na formação de opinião, entre elas, meu grande amigo Peter Diamandis, meu coach Sean McFarland, e os amigos e colegas autores Morrie Shechtman, Adam Grant, Jim Collins, Kim Scott, Brené Brown e Amy Edmondson.

Também tenho de agradecer tantos de meus colegas que me acompanharam na montanha-russa que foi meu desenvolvimento como líder. Eles incluem desde meus primeiros chefes e mentores, como Greg Seal, que atualmente faz parte do conselho da Ferrazzi Greenlight, até meu colega Jim Hannon, que entendia desde o começo, quando eu mesmo não entendia, além de amigos e consultores externos, como Ray Gallo, Pierre-Olivier Garcin e Eric Pulier, que continuam aguentando firme enquanto me esforço para me transformar no tipo de líder exemplificado neste livro.

Comecei o manuscrito em meados de 2014 e sou muito grato pelos escritores que me ajudaram a desenvolver minhas ideias durante os anos seguintes, incluindo Tahl Raz, Annie Brunholzl, Amanda Ibey, Dennis Kneale e Gali Kronenberg. Muito do que aparece aqui foi moldado pelas ideias valiosas de um grande número de amigos que serviram como leitores de teste voluntários. Sou muito grato pelo seu generoso retorno!

Por suas contribuições diretas e generosas a este livro, sou grato a todos os líderes *com* autoridade cujas citações ponderadas preenchem estas páginas. Agradeço também a Tony Telschow e Nik Nadeau, da Target, e Jerry Dombrowski, da Merrill Lynch, por sua assistência adicional com o manuscrito.

Sou muito grato a meu agente literário, Esmond Harmsworth, da Aevitas Creative Management, por seu suporte inesgotável, seus conselhos sábios e comentários editoriais brilhantes em cada etapa, e ao meu coescritor, Noel Weyrich, que me ajudou a juntar tudo e finalizar o manuscrito. Agradeço a Talia Krohn e toda sua equipe da Random House por seu cuidado, conselho e comprometimento com a excelência durante todo o processo de publicação.

Um obrigado especial a Roger Scholl, que se aposentou como editor-executivo da Crown Publishing Group em 2019, pouco depois de fornecer seus hábeis toques finais no manuscrito. Roger mudou minha vida em 2003, quando leu uma entrevista que dei para uma revista e me telefonou inesperadamente para sugerir que escrevesse um livro para ele. O livro *Jamais Coma Sozinho* entrou para a lista de mais vendidos do *New York Times*. Foi uma experiência realmente transformadora que deu a mim e à Ferrazzi Greenlight o grande privilégio de servir a milhões de pessoas por todo o mundo. Anos depois, isso é responsável por muito do que sou hoje. Foi um verdadeiro sonho, e tudo começou com Roger, que viu algo que eu não via em mim mesmo. Continuarei para sempre profunda e emocionalmente grato por sua parceria ao logo desses dezesseis anos.

Por fim, quero expressar minha gratidão às centenas de milhares de associados por todo o mundo com quem minha equipe da Ferrazzi Greenlight e eu tivemos o prazer de trabalhar. Algumas das histórias de suas lutas e seus triunfos estão presentes neste livro, com pseudônimos, para preservar o anonimato. Fui inspirado observando esses líderes se adaptarem ao ritmo exponencial de mudança que atualmente absorveu os negócios. Muitas vezes, fiquei fascinado com sua paixão e determinação para enfrentar o desafio, aprender, crescer e ser melhores líderes. Eu realmente acredito que levarão este mundo a um futuro melhor conforme nos coelevamos e crescemos juntos.

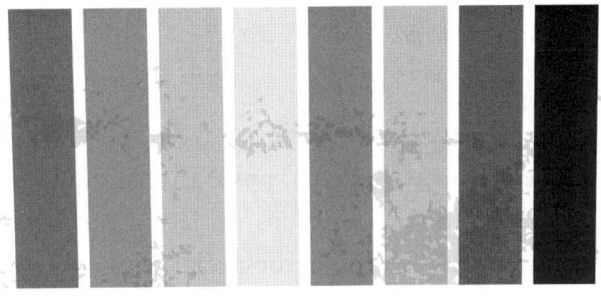

INTRODUÇÃO
NOVAS REGRAS PARA UM NOVO MUNDO PROFISSIONAL

Nada mais é feito em uma única divisão ou função. A colaboração constante está ainda mais valorizada, porque o que é mais importante sempre é liderado por equipes multifuncionais. Precisamos de pessoas estimuladas por propósito, paixão, perseverança, não por posições ou cargos. Precisamos de pessoas que busquem a solução certa e só depois descubram como reunir uma equipe para executá-la. Não é mais sobre contratar grandes talentos. É sobre contratar talentos que melhorarão a equipe.

BRIAN CORNELL, CEO DA TARGET

Vivemos em um momento crucial da história humana, momento este que oferece abundância e oportunidade em quantidade jamais vista. Mas que também trouxe mudanças tão disruptivas quanto furacões de categoria 5. Avanços estonteantes na ciência e inovações tecnológicas exponenciais afloram ao nosso redor, tornando nossa vida melhor e mais fácil. E ainda há pessoas de todos os níveis organizacionais que se sentem fatigadas, ansiosas e até desmoralizadas no trabalho. É uma dicotomia dickensiana — o melhor e o pior dos tempos.

Em todos os lugares a que vou, ouço uma lenga-lenga de lamentações. Em uma determinada semana, posso treinar equipes executivas de uma empresa de produtos médicos no Japão, um banco mundial em Nova York, uma empreiteira aeroespacial em Los Angeles ou um *hedge fund* em Moscou. As reclamações que ouço são sempre as mesmas. Superficialmente, fazem menção a confrontos departamentais, discussões orçamentárias e limitações organizacionais, mas são sinceras, originadas de medos reais de fracasso pessoal.

Muitos logo culpam as crescentes pressões causadas pela tecnologia. Mas eu discordo. Esta era de mudanças explosivas meramente expôs as falhas naturais e a fundação insegura de como as coisas sempre funcionaram. Mesmo em empresas que celebram valores como inclusão e colaboração em seus sites e em suas salas de descanso, ouço uma preocupação semelhante ecoando por toda a cadeia hierárquica. Executivos, gerentes, bem como associados de alto nível, reclamam de suas relações nada produtivas com colegas em meio a interrupções e transformações.

Há muito deveríamos ter mudado o modo como trabalhamos. O avanço da tecnologia tornou essa mudança uma necessidade urgente.

> A ideia de que todo funcionário da organização deve liderar sem autoridade é uma das realidades mais empolgantes e desafiadoras dos negócios estadunidenses atuais. Na Farmers, imagino o poder criativo de 20 mil funcionários, representando 20 mil experiências de vida e literalmente milhões de ideias, *versus* as limitações naturais de uma equipe de liderança de *C-level* de seis ou oito "líderes sem autoridade". Essas mudanças podem ser libertadoras se as aceitarmos, para que a inovação e transformação não sejam mais responsabilidade de alguns líderes ou equipes, mas que, em vez disso, representem oportunidades para todos os funcionários.
>
> Jeff Dailey, presidente e CEO da Farmers Group, Inc.

AS LIMITAÇÕES DA AUTORIDADE

Quando eu era consultor júnior na Deloitte nos anos 1990, recém-formado na escola de negócios, rapidamente descobri que não fui feito para criar planilhas e analisar números. O trabalho do qual eu era encarregado me deixava me sentindo inquieto e entediado, então eu preenchia minhas horas vagas fazendo coisas que eram mais interessantes para mim e, na minha percepção, mais benéficas para a Deloitte. Fazia ligações para antigos colegas de classe, professores e empregadores para lhes contar sobre minha nova empresa e lhes perguntar sobre novos caminhos. Dei palestras em pequenas conferências por todo o país nos fins de semana, na esperança de criar interesse e gerar negócios para a Deloitte. Até organizei um prêmio de qualidade de novos negócios em Illinois que progrediu a agenda econômica do estado ao mesmo tempo em que ajudou a conectar a Deloitte Partners a líderes de negócios regionais.

O resultado? Minha avaliação do primeiro ano na empresa foi uma experiência humilhante que nunca esquecerei. Eu não estava cumprindo minha parte dos deveres atribuídos. Mas meus supervisores acharam promissor meu passatempo de gerar novos negócios para a empresa. Decidiram me dar uma conta para despesas e me liberaram das outras atividades para promover a Deloitte integralmente, como já estava fazendo nas horas vagas.

Em menos de um ano, eu havia evoluído para uma função informal de marketing na Deloitte. Sem ninguém sob minha responsabilidade e sem autoridade verdadeira, eu simplesmente engajava todo mundo que podia relacionado ao marketing. Nunca deixei que um cargo (ou falta dele) me impedisse. Logo no início, pedi para jantar duas vezes por ano com Pat Loconto, o CEO da Deloitte na época. Durante essas refeições, eu me esforçava ao máximo para ser autêntico, oferecendo conselhos francos com o espírito de ajudar a ele e ao seu legado.

Ao liderar sem autoridade, eu estava determinado a causar um impacto na Deloitte conforme construíamos uma marca mundial no setor de consultoria. Não estava disposto a esperar dez anos (o que era comum na época) para receber algum tipo de posição de liderança. Em vez disso, construí relações importantes com influenciadores dentro e fora da empresa, tornando-me diretor de marketing (CMO) e, posteriormente, o sócio mais jovem da Deloitte.

Em 1994, deixei a Deloitte e me tornei o CMO mundial da Starwood Hotels — e o CMO mais jovem de qualquer empresa da *Fortune 500* da época. Essa função, na qual trabalhava com o CEO Barry Sternlicht, me deu autoridade completa sobre os recursos de marketing para *todos* os departamentos da empresa no mundo. Juntos, criamos um poderoso conjunto mundial de marcas que oferecia experiências condizentes com nossos hóspedes, não importa quem fossem. Com o passar do tempo, consolidamos os recursos de marketing da Starwood, tudo a serviço da eficiência e consistência global, o mesmo que nossa equipe da Deloitte havia feito.

Havia uma pessoa que lutava contra minha autoridade centralizada. O diretor da Starwood na Europa insistia que ele e sua equipe de marketing estavam mais preparados para decidir onde e como gastar os orçamentos de marketing europeus da empresa. É verdade que ele conhecia o mercado mais intimamente, mas minha ordem era a de investir na marca global. Nós colaborávamos no marketing europeu, mas ele teve de ceder o controle que gostaria de ter.

Então, o presidente global da Starwood saiu, e advinha quem o substituiu? O diretor da Starwood na Europa. Não demorou muito para que minha posição como CMO fosse eviscerada e grande parte de meu orçamento fosse dispersado para diretores de marketing nas divisões regionais pelo mundo. Meu trabalho estava prestes a se tornar um resíduo do que havia sido, e eu estava saindo pela porta.

Levei algum tempo para processar o que aprendi com essa derrota. Ao me lembrar disso, fica claro que, uma vez que conquistei autoridade e uma posição na Starwood, deixei de lado muito dos traços de liderança que haviam me ajudado a conquistar o emprego em primeiro lugar. Eu havia me distinguido em liderar sem autoridade. Era natural nisso. Mas quando obtive minha própria autoridade, não passei tanto tempo construindo relacionamentos fortes como havia feito na Deloitte. Supus que minha nova função daria a mim e a minha equipe a autoridade para conquistar coisas grandiosas. Eu me sentia em uma missão, abençoado pelo CEO da Starwood, e levaria essa missão até o fim. Ou foi o que pensei.

Em 2004, enquanto trabalhava como CEO para uma startup, comecei a escrever meu primeiro livro, *Jamais Coma Sozinho*.[1] Foi um grande sucesso, um guia best-seller para criar oportunidades e desenvolver relações se conectando com pessoas por meio de generosidade, autenticidade e vulnerabilidade — como eu havia feito na Deloitte. Naquela época, como empreendedor, mantinha milhares de relacionamentos com influenciadores e pessoas importantes (inclusive com algumas bastante difíceis) e queria compartilhar minha receita para o sucesso com todos.

Na época, abri minha própria empresa de consultoria, a Ferrazzi Greenlight (FG). Nossa missão era transformar a natureza colaborativa das equipes e acelerar o crescimento organizacional. (Hoje, só digo que transformamos as equipes para transformar o mundo.) Nós nos especializamos na criação de equipes multifuncionais de alta performance dedicadas a inovações revolucionárias. Alguns dos líderes empresariais mais bem-sucedidos do mundo, as maiores organizações não governamentais e até algumas governamentais nos contrataram durantes momentos caóticos para renovar seus comportamentos e sua cultura para torná-los mais engenhosos e mais inovadores do que seus concorrentes.

Ao longo de décadas de treinamento de equipes, comecei a ver que muitas pessoas estão repetindo os mesmos erros que cometi na Starwood há tanto tempo. Muitos gerentes contam com seu cargo, sua posição e seu controle orçamentário para realizar o trabalho. Gastam muito tempo e energia em brigas internas burocráticas e penosas, tempo que seria mais bem empregado liderando outros para colaborar e buscar novas soluções audaciosas. Noto que muitas pessoas sem autoridade formal estão no banco de reservas, esperando sua vez, quando poderiam estar mergulhando de cabeça, como fiz na Deloitte, construindo relacionamentos e liderando sem autoridade para realizar coisas extraordinárias.

Os empregadores *precisam* que aproveitemos as oportunidades, tomemos iniciativa e criemos valor para nossas empresas. Tomadas de decisões tradicionais rígidas do tipo "comando e controle" não são mais suficientes. Uma pesquisa de 2016 com profissionais de RH feita pela minha antiga empregadora, a Deloitte, descobriu que apenas 24% das grandes empresas com 50 mil empregados ou mais estão dependendo de hierarquias organizadas funcionalmente para realizar os trabalhos. "As organizações", de acordo com o estudo, "estão mudando suas estruturas de modelos tradicionais funcionais para equipes interconectadas e flexíveis".

O estudo continuou:

> Todo o conceito de liderança está sendo radicalmente redefinido. Toda a noção de "liderança posicional" — na qual as pessoas se tornam líderes em virtude de seu poder e posição — está sendo questionada. Em vez disso, pede-se dos líderes que inspirem lealdade à equipe por meio de sua perícia, sua visão e seu julgamento.[2]

Liderar sem autoridade nunca foi mais importante, e a necessidade disso fica mais urgente a cada dia que passa. O grupo de consultoria Gartner prevê que, em 2028, os algoritmos eliminarão tantos cargos intermediários de gerência que o trabalho dependerá quase que completamente de redes de equipes multifuncionais. A Gartner as descreve como "conjuntos de equipes autônomas de alta performance que entregam resultados cruciais."[3]

Klaus Schwab, um de meus primeiros mentores e fundador do Fórum Econômico Mundial, escreveu que estamos agora na "Quarta Revolução Industrial", que, de acordo com ele, é tão complexa e rápida que exige um novo tipo de liderança, que "empodera todos os cidadãos e organizações a inovar, investir e agregar valor em um contexto de *colaboração e responsabilidade mútuas*".[4]

> Na Zappos, a cultura da empresa é nossa prioridade. Acreditamos que os funcionários têm muito mais potencial do que a maioria das empresas se dá conta (e até eles mesmos), e é só uma questão de colocá-los no contexto certo. Estou animado em trazer a "coelevação" como um conceito, um livro e uma nova palavra à Zappos para ajudar a criar esse contexto e levar nossa cultura a um novo patamar.
>
> Tony Hsieh, CEO da Zappos.com

A NOVA MANEIRA DE PROGREDIR

Liderar sem autoridade está inevitavelmente se tornando *o* modelo organizacional do século XXI. O problema é que, para a maioria dos gerentes, o segredo de como aplicar o modelo de maneira confiável e impecável ainda é um mistério. A pesquisa da Deloitte revelou que, apesar de equipes multifuncionais serem tidas em alta consideração, "apenas 21% se consideram especialistas em criar equipes multifuncionais e apenas 12% entendem o modo como seus subordinados trabalham juntos em redes".[5] Isso não bastará.

As antigas regras do jogo não estão mais funcionando, mas todos os dias vejo pessoas se agarrando por um fio a essas velhas regras. Por quê? Porque não há regras para os novos jogos em que estamos nos aventurando e nenhum manual para como executá-lo bem.

Até agora.

Este livro é o primeiro a codificar o novo conjunto de regras de trabalho para nosso novo mundo corporativo. Ele dá aos leitores uma metodologia completa, holística e comprovada para ser bem-sucedido em um mundo no qual a habilidade de liderar sem autoridade é uma competência essencial no local de trabalho.

As soluções que prescrevo neste livro pedem um despertar para um novo conceito de liderar sem autoridade e a aplicação dessa mentalidade a um novo sistema operacional de trabalho que chamo de coelevação.

Em poucas palavras, *coelevação* é uma abordagem orientada à missão para a solução de problemas de modo colaborativo por meio de parcerias mutáveis e equipes auto-organizáveis. Quando coelevamos com um ou mais associados, nós os transformamos em colegas de equipe. Criamos relações próximas cocriativas baseadas em retornos sinceros e responsabilidade mútua. Com seu etos orientador de "ir mais longe juntos", a coelevação nutre uma generosidade de espírito e um senso de comprometimento aos nossos colegas e às nossas missões compartilhadas. Os resultados obtidos quase sempre superam o que poderíamos ter alcançado pelos canais tradicionais dentro do organograma.

Pense na coelevação como seu plano de execução para prosperar em momentos incertos e lidar com as enormes pressões disruptivas que afligem cada setor. Cada regra e técnica de coelevação neste livro visa a promoção de um novo princípio de organização no ambiente de trabalho, no qual cada empregado lidera uma ou mais equipes informais a enormes sucessos fora das linhas da hierarquia. Liderar sem autoridade por meio da coelevação requer muitas das práticas e qualidades pessoais que apresentei primeiro em *Jamais Coma Sozinho*: generosidade, gratidão, vulnerabilidade, perdão e celebração.

Acredito que a coelevação seja capaz de transformar até as relações de trabalho mais controversas em parcerias mutualmente benéficas. Quando coelevamos, trabalhamos com mais energia positiva, geramos mais ideias inovadoras, expandimos nossas habilidades e executamos mais rápido. Apesar de essas ideias parecerem ingênuas para alguns, nosso trabalho na Ferrazzi Greenlight provou que tais qualidades pessoais são absolutamente necessárias para prosperar no novo mundo corporativo. Nosso trabalho mostrou como relações de confiança sinceras baseadas em responsabilidade mútua dentro das equipes levam a melhores vendas, mais produtividade, mais inovação, mais engajamento e, por fim, aumento de faturamento, lucros e valor para os acionistas — tudo isso em face das forças imprevisíveis da desordem e de um ritmo de mudança sem precedentes.

Desde que obtive meu MBA, já fui funcionário júnior, executivo da *Fortune 500*, empreendedor, fundador de startup e CEO. Gostaria de ter tido este livro para ler em cada um desses marcos de minha carreira. Para gerentes intermediários e seniores, a coelevação pode revigorar nossa perspectiva e produzir resultados inovadores por todo tipo de divisões e cadeias de comando que estão reprimindo o desempenho. Para pessoas promissoras com pouca ou nenhuma responsabilidade administrativa formal, a coelevação pode servir como uma ferramenta indispensável para demonstrar suas habilidades de liderança. Para empreendedores, a coelevação abre novas possibilidades para trabalho em equipe que podem expandir suas visões para a empresa. Para os diretores, a coelevação pode ser um novo modelo de colaboração e cooperação no topo da empresa — que pode levar a um movimento de mudança comportamental por toda a organização.

A coelevação ajudará líderes, equipes e organizações em todos os níveis a cortar caminho por gargalos burocráticos de autoridade e a atingir resultados melhores mais rápido. Enquanto você coeleva com os outros, pode começar a assumir novas missões transformadoras com sua equipe expandida, colaborando para atingir objetivos que nunca teria imaginado.

Meu objetivo é permitir que você exerça a coelevação como um superpoder, estendendo seu alcance e suas conquistas além dos limites das responsabilidades que lhe foram atribuídas. Praticar a coelevação lhe dará vantagens em sua carreira e vida. Tal é o poder desses princípios. Você será como o Superman caminhando sob o sol da Terra.

Nas páginas seguintes, mostrarei a você como empregar esse superpoder para superar expectativas dentro de sua organização — não importa se trabalhe em uma startup inventiva de crescimento elevado, uma empresa com capital fechado, uma caridosa organização sem fins lucrativos ou uma multinacional.

Liderando Sem Autoridade é produto de mais de uma década de pesquisas, observações e testes feitos por nossos coaches, consultores e pesquisadores doutores na FG, trabalhando com alguns dos maiores líderes transformacionais do mundo. As regras, práticas e receitas que aparecem neste livro se devem muito às ideias e experiências de centenas de executivos de minha equipe, com quem trabalhei e apoiei, bem como aos incontáveis associados a que servimos.

Na pesquisa para este livro, entrevistei mais de mil CEOs e líderes que tive o privilégio de conhecer e com quem trabalhei. E você os ouvirá diretamente ao longo do livro, oferecendo seus próprios conselhos e suas experiências com essas novas regras de trabalho.

Honestamente, estou inspirado vendo-os responder e se adaptar ao ritmo exponencial de mudança que absorveu a economia e seus negócios. Frequentemente fico encantado com sua paixão e determinação para aprender, crescer e se tornar líderes melhores. Este livro não poderia existir sem suas ideias e contribuições.

Empresas de todos os tamanhos estão descobrindo que a coelevação pode atingir objetivos organizacionais que normalmente definhariam nos espaços mortos entre os departamentos e divisões. A verdade simples é que todos os funcionários, desde a sala de correspondência até o alto escalão, podem ser líderes usando a coelevação para recrutar aliados que partilham da mesma opinião para seus esforços.

Já vi os resultados em empresas de Minneapolis e Detroit a Milão e Dubai. Dezenas de empresas da *Fortune 500* contaram com a FG para ajudá-las a estimular mudanças profundas e liberar bilhões de dólares em crescimento de receita e valor para os acionistas. A General Motors, com mais de 180 mil funcionários, adotou muitos dos princípios centrais da coelevação ao transformar sua enorme divisão norte-americana. O CEO da Dun & Bradstreet e sua equipe executiva aceitaram a coelevação para auxiliar as soluções da empresa a adentrar divisões antes impenetráveis. O resultado foi um aumento de 20% no preço das ações naquele ano.

Também apresentamos a coelevação para líderes de startups do Vale do Silício, incluindo Box, Dropbox, Lyft, DocuSign, Uber, Zoom e Coinbase, entre outras. Conforme essas empresas jovens escalam e crescem, elas têm uma oportunidade única de contornar completamente estruturas organizacionais obsoletas e se organizar como redes fluidas de equipes multifuncionais e coelevadas.

E a coelevação é contagiante. Devido à sua concepção, nos força a continuar apelando a cada vez mais pessoas para nossa causa, criando uma tendência à ação e inovação. A coelevação transforma organizações por meio da transformação *pessoal*. A persistente pressão para inovar demanda a coelevação, porque as oportunidades surgem rápido demais para que se lide de qualquer outro modo.

> A revolução digital está diminuindo as barreiras de entrada da concorrência em todos os setores. Estruturas organizacionais antigas que exigem a "permissão do chefe" antes de você participar de um projeto ou iniciativa não conseguem sobreviver. Liderar sem autoridade fornece a maneira essencial de avançar. Mostra o caminho para ser

> engenhoso e formar parcerias colaborativas, não importa o cargo ou a posição.
>
> Scott Salmirs, CEO da ABM

MOMENTO DE RENOVAR O TRABALHO

Em momentos de estresse, os líderes tendem a recorrer a modos familiares de coordenação, então mudanças desse tipo precisam começar com cada um de nós. Na minha infância, vi em primeira mão as dores sofridas pelos trabalhadores quando a gerência resistia em acompanhar as mudanças no mercado. É uma dor que marcou meu coração ao ver meu pai, que era aceiro, sendo demitido repetidas vezes, colocando nossa família em risco financeiro conforme produtos mais baratos e de melhor qualidade do Japão inundavam o mercado estadunidense nos anos 1970 e 1980.

Meu pai frequentemente voltava da fábrica resmungando algo sobre práticas esbanjadoras e ineficientes e como seu chefe o ignorava quando tentava fazer sugestões prestativas. Não era da conta dele falar nada, disseram-lhe, e até por vezes foi aconselhado a diminuir seu ritmo porque estava evidenciando os funcionários lentos e fazendo o chefe parecer ruim. Muitos dos problemas da indústria siderúrgica norte-americana (e da automotiva à qual fornecia) eram óbvios ao meu pai; ele tinha o ponto de vista da linha de frente. Mas a falta de visão da gerência resultou na perda de emprego do meu pai, como tantos outros trabalhadores das cidades industriais do oeste da Pensilvânia.

Não parecia justo para mim. Mesmo como menino, eu me sentia determinado a fazer alguma coisa a respeito. Encorajado pelo meu pai, estudei bastante e conquistei bolsas integrais para duas das melhores escolas privadas do país. Fui para Yale e, quando me formei em 1988, não fui para Wall Street como muito de meus colegas. Fui o único graduado de Yale daquele ano que conseguiu um emprego em manufatura. Queria descobrir como ajudar famílias como a minha.

Eu me tornei especialista em gestão da qualidade total, que usa os princípios de trabalho em equipe capacitado pelos funcionários e da melhoria contínua para atingir níveis mais altos de qualidade. Na fábrica, ajudava funcionários como meu pai a inovar e desenvolver soluções. Esse movimento de qualidade, do qual fiz parte em seus anos iniciais, de fato ajudou os negócios estadunidenses dos anos 1990 a recuperar a competitividade que haviam perdido vinte anos antes.

Bem, lá vamos nós de novo. Chegou a hora de outra grande renovação no trabalho. E acredito que você está segurando o guia para tal renovação nas suas mãos. E se em vez de nos sentirmos sufocados pelas pressões implacáveis do trabalho, nos sentíssemos animados? E se brilhássemos não pela abnegação, mas pelo cuidado mútuo? E se as pessoas que nos restringem passassem a nos apoiar? E se nossas fontes de estresse se transformassem em fontes de poder por meio de parcerias colaborativas?

A boa notícia é que muitas das respostas aos desafios enfrentados pelas empresas estão facilmente disponíveis, mas inexploradas, assim como na época de meu pai. Liderar sem autoridade não é nem de longe uma ideia nova. O ex-presidente dos EUA Dwight D. Eisenhower, comandante supremo das forças aliadas na Europa durante a Segunda Guerra Mundial, definia liderança como "a arte de convencer alguém a fazer algo porque ele quer fazê-lo".[6] Acredito em um conceito similar chamado "encontrar a chama azul de seu colega", que descrevo no capítulo Terceira Regra.

Nas próximas páginas, você aprenderá como construir relacionamentos coelevadores e como criar sua própria equipe coelevadora. Receberá um guia passo a passo de como reinventar a colaboração no trabalho de modo audacioso e abrangente e que gera resultados radicalmente aprimorados. Verá o poder do codesenvolvimento, uma metodologia de treinamento entre pares que cumpre a promessa da coelevação de "ir mais longe juntos". Verá a importância da gratidão, do elogio e da celebração com novos olhos. E verá como estimular um movimento no trabalho que se vale da coelevação pode levar a um movimento mundial para reimaginar como todos nós nos revelamos ao mundo.

Como em *Jamais Coma Sozinho*, ofereço muitas dicas, estratégias e sugestões, ciente de que nem tudo se aplicará nem será atrativo a todos. Veja as muitas sugestões neste livro não como uma lista de afazeres, mas como um conjunto de recursos. Tente uma sugestão, depois outra, e veja o que funciona melhor para você. Em momentos difíceis, pode ser tentador acomodar-se exatamente quando a situação pede que você se abra. Por meio dessas práticas, você aprenderá como resistir à tentação de recorrer à sua autoridade dentro da empresa e ao controle de cima para baixo, em vez de juntar-se aos outros e conquistar o que, de fato, só pode ser feito em grupo.

Os capítulos a seguir apresentam histórias sobre pessoas em etapas diferentes de suas carreiras, desde cargos juniores até CEOs, e em setores diferentes. Não se distraia pelos detalhes das histórias e não as descarte por não serem aplicáveis ao seu caso. É doloroso pensar que posso não ser compreendido por você como leitor porque determinada pessoa que descrevo não reflete exatamente a sua situação. Faça um esforço para identificar a si mesmo e sua situação em cada um dos exemplos. Os princípios da coelevação são exatamente assim: princípios universais que se aplicam a todos, tanto no ambiente do trabalho como em outros locais.

As histórias de lutas e triunfos relatadas neste livro foram incluídas com a permissão das pessoas envolvidas. Em muitos casos, usei pseudônimos e mascarei detalhes importantes para ocultar a identidade da pessoa. Minha intenção é empoderar, não envergonhar aqueles que — como todos nós — algumas vezes erraram e se enganaram. As interações entre pessoas podem ser complicadas, e, como você verá, as histórias de coelevação nem sempre são bonitas ou lisonjeiras. Pessoalmente, já cometi incontáveis erros e me envergonhei o bastante para atestar que o fracasso é uma parte natural de aprender a coelevar.

É preciso tempo, esforço, paciência e prática para desenvolver um relacionamento de coelevação bem-sucedido. Honestamente, é um novo modo de portar-se todos os dias, que exige novos modos de pensamento, comunicação e comportamento. Nesse sentido, este livro é uma receita para um estilo de trabalho mais saudável. E assim como quando se decide a adotar um estilo de vida mais saudável e empenhar-se em uma nova dieta e exercícios, você nem sempre acerta. Tenho certeza de que eu também não, assim como as pessoas cujas histórias compartilho ao longo do livro. Às vezes você fala a coisa errada na hora errada. Pode pensar que conquistou a permissão para oferecer um retorno sincero a alguém de sua equipe, quando, na verdade, não a conquistou.

Haverá momentos em que achará que está sendo vulnerável e aberto ou empático, mas os outros não sentem desse modo. Meu conselho? Apenas persista. É uma estrela-guia a perseguir, uma jornada, não apenas um destino, com muitos desafios e contratempos pelo caminho.

> No ambiente atual de rápidas mudanças, precisamos constantemente fazer transformações nas organizações e como líderes para continuarmos relevantes. Isso exige uma aceleração massiva de inovações, liderança com compaixão e decisões rápidas e ousadas. Também é importante remover obstáculos para que nossa equipe possa colaborar melhor entre si para ser bem-sucedida e impactar positivamente o mundo.
>
> CHUCK ROBBINS, presidente e CEO da Cisco

TRABALHANDO A FAVOR DA GRAVIDADE

Acredito fervorosamente na coelevação. Acredito que o espírito de cocriação revela o potencial humano — servindo para melhorar nós mesmo, os outros, nossas organizações e o modo como tratamos até os problemas globais.

Passei a aplicar a coelevação em todos os aspectos de minha vida. É um padrão de comportamento que tento empregar como pai, construindo amizades e procurando minha alma gêmea. A coelevação tem o poder de inspirar e motivar as pessoas de modo bastante profundo e pessoal. As pessoas me dizem que incorporaram esses princípios em sua vida social e amorosa — e até mesmo em seus votos de casamento. Certo dia, um amigo me mandou uma mensagem com uma foto da tatuagem que tinha acabado de fazer em seu pulso: estava escrito "coeleve" em letras minúsculas e fonte Times New Roman. Ele a fez para honrar sua noiva e estabelecer um padrão para o relacionamento mais importante de sua vida. Na mensagem estava escrito: "Você me marcou permanentemente, caro amigo."

Os primeiros a adotar a coelevação como etos pessoal obterão uma vantagem crucial. E isso se aplica em todos os setores, níveis de governo, bem como grupos sem fins lucrativos, faculdades, universidades e hospitais. Sinto a confiança de que, em cinco ou dez anos, qualquer empresa que não aceite essas práticas terá dificuldades de se manter relevante. Se você está travado fazendo as coisas do modo antigo, o tempo está passando. Uma comoção gigantesca está chegando, e os vencedores serão as organizações engenhosas o suficiente para transformar suas culturas organizacionais e seus funcionários.

O futurista Ray Kurzweil afirma que o impacto real das mudanças tecnológicas ao longo do tempo é *exponencial*, não linear, "então não vivenciaremos 100 anos de progresso no século XXI — será mais algo como 20 mil anos de progresso (no ritmo atual)".[7]

Os próximos anos serão marcados por disrupções transformacionais jamais vistas anteriormente. É um momento empolgante para estar vivo. O autor Peter Diamandis alega que o futuro é de abundância. A tecnologia, como declarou, é um "mecanismo libertador de recursos. Pode tornar o então escasso em abundante". A abundância, sob a perspectiva de Peter, não significa proporcionar a todos uma vida de luxo. "Em vez disso", afirma, "significa dar a todos uma vida de possibilidades".[8]

Peter é empreendedor e cientista mundialmente conhecido, fundador e presidente da XPRIZE Foundation e um dos fundadores da Singularity University, cujo corpo docente sou membro, na área de ciência comportamental. Tenho a sorte de poder considerá-lo um grande amigo e parceiro, e ele me considera seu coach de transformação colaborativa. O futuro que Peter vê com tanta sabedoria clarividente não acontecerá sem a mudança coelevadora fundamental no nosso comportamento com relação ao trabalho e ao próximo. Nas palavras de Peter, para poder desfrutar de uma vida de possibilidades em meio a frutos de mudança "então escassos e agora abundantes", precisamos nos livrar de todos os comportamentos gananciosos, baseados na escassez, fomentados pelas hierarquias e divisões rígidas do antigo mundo de trabalho. Peter conta comigo e com meu trabalho para informar a respeito dessa mudança comportamental.

Eu uso a expressão "trabalhando a favor da gravidade" para aludir às forças básicas por trás de nossa natureza humana intrínseca. Todos nós temos sede de pertencimento. E essa necessidade dá grandes oportunidades para *qualquer* líder, com ou sem autoridade. Desde os primórdios, a lógica por trás de ser membro de uma tribo é sobrevivência, tanto individual quanto coletiva. Nossa vida melhora quando contribuímos para o bem coletivo da tribo, quando coelevamos. A coelevação faz parte de nosso DNA.

Fundei a Ferrazzi Greenlight com base nesse princípio. Começamos nossa pesquisa sobre os comportamentos que impulsionam o crescimento organizacional há quase vinte anos. Eu disse à minha equipe que um de nossos princípios conceptuais seria investigar o que os humanos são fundamentalmente programados a fazer. Por isso, minha estenografia: "Trabalhando a favor da gravidade". Ao revisar uma possível prática ou técnica, pergunto à minha equipe: "Estamos trabalhando a favor ou contra a gravidade neste caso?"

Assim, fica aqui minha observação final antes de começarmos: quando praticamos a coelevação, estamos trabalhando com uma força tão forte e durável quanto a própria gravidade. Somos programados para a coelevação. Mesmo aqueles colegas que podem parecer desinteressados estão esperando um convite para coelevar, cocriar e codesenvolver. O vento está a seu favor.

Novamente, a coelevação é um superpoder que pode ajudar você e aqueles ao seu redor a fazer coisas incríveis e heroicas. É um poder dentro de todos nós. Cada um, não importa o cargo, pode ser um líder melhor, mais eficaz, mais influente e mais engajado. Mas só você pode tomar o primeiro passo. E como aprenderá nos próximos capítulos, tudo depende de você.

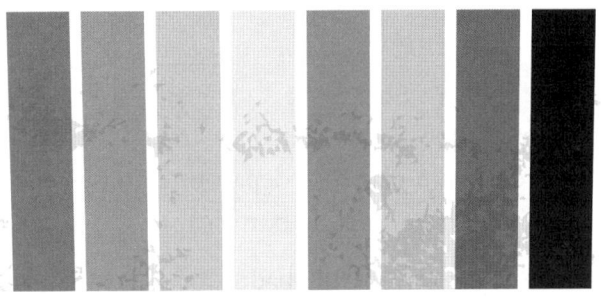

PRIMEIRA REGRA
QUEM É SUA EQUIPE?

A posição não define o poder — e sim o impacto. Este pode ocorrer em todas as funções de qualquer nível, e quando priorizamos evidenciar o melhor daqueles à nossa volta, os negócios crescem e o sucesso segue. Estamos em um momento crítico no qual noções profundamente arraigadas sobre o trabalho evoluem rapidamente. Precisamos cultivar ambientes de trabalhos diversos nos quais exista espaço para feedbacks honestos e construtivos e nos quais os associados promovam o sucesso dos outros. Em resumo, precisamos construir organizações que valorizem e encorajem a coelevação.

MINDY GROSSMAN, CEO DA WW INTERNATIONAL

Sandy estava exausta e nervosa. "Aceitar este emprego foi um grande erro", contou-me. "As políticas corporativas daqui são ridículas. É como *Game of Thrones*, mas sem o cavalheirismo."

Diretora de RH para um banco nacional em Chicago, Sandy estava lidando com problemas que lhe foram empurrados, e ela não tinha autoridade para resolvê-los. Seu maior desafio era um projeto que englobava toda a empresa que ela liderava e que centralizaria o controle do RH quanto aos incentivos monetários de toda a organização. Não muito tempo depois que Sandy lançou a iniciativa, ela e seu chefe escutaram rumores de um plano do departamento de vendas para implementar seu próprio programa de bonificação.

O chefe de Sandy estava preocupado que o RH ficaria em maus lençóis se outros seguissem o exemplo do departamento de vendas e organizassem programas similares e independentes de bonificação. Se isso acontecesse, o programa centralizado do RH muito provavelmente não atingiria a redução de custos projetada. Mas seu chefe não queria confrontar a chefe de vendas sobre a questão, então deixou o problema para Sandy resolver. Pediu que ela persuadisse Jane, chefe de operações de vendas e subchefe do departamento, a desistir de seu plano de bonificação. "Corte o mal pela raiz", disse ele a Sandy.

Sandy não tinha autoridade para dizer a Jane o que fazer, então não ficou surpresa quando Jane respondeu sem rodeios que o departamento precisava de seu próprio sistema de bonificação para remediar os fracos resultados de vendas do quarto trimestre. Sandy ficou em uma posição dificílima. Não tinha a autoridade para forçar o departamento de vendas a colaborar com a nova iniciativa do RH, e seu chefe ficaria bravo se a iniciativa falhasse.

Para mim, Sandy era uma das melhores jovens executivas. Eu a conheci muitos anos antes, durante um trabalho que a FG havia feito com seu empregador anterior. Ela me contatou e convidou para almoçar antes de uma palestra que eu daria em Chicago para um grupo de líderes de RH, e aceitei de bom grado. Outras pessoas que convidei não puderam participar, então, no fim, fomos só eu e Sandy.

Antes de nossa refeição chegar, Sandy depositou seu chá gelado sobre a mesa e confidenciou que estava pensando em procurar um novo emprego. "Acho que não sirvo para este lugar", disse. Ela conquistou o emprego, com um belo cargo e salário, sendo uma boa líder que sempre cuidou de seus funcionários. Eles sabiam que ela cuidaria deles; é por isso que era tão naturalmente hábil em conseguir mais resultados deles do que qualquer um esperava.

Além de sua frustração com Jane, Sandy também se sentia vitimada e abandonada por seu superior, visto que ele se recusara a confrontar a chefe de vendas sobre a questão. Suas reclamações eram muito familiares para mim. As políticas dentro das organizações podem ser extremamente desmoralizantes e criar uma mentalidade de vítima até nas pessoas mais hábeis. Eu certamente me senti vitimado na Starwood quando o novo presidente tirou minha autoridade orçamentária como CMO.

Fiz uma pergunta a Sandy. "Você tem *certeza absoluta* de que um programa de bonificação para toda a empresa é a melhor resposta para as vendas? Seu programa as ajudará a melhorar no trimestre?"

Sandy admitiu que não tinha certeza, mas que isso não era sua principal preocupação. Era responsabilidade do departamento de vendas se preocupar com seus números, algo em que havia falhado repetidamente, e Sandy tinha outros problemas. Ela também havia sido encarregada de liderar uma equipe multifuncional para desenvolver um aplicativo de celular para o RH, e o projeto estava atrasado. As pessoas de outros departamentos, cruciais para o desenvolvimento e lançamento do aplicativo, ficavam faltando às reuniões. Era outro exemplo de pessoas fora de sua cadeia de comando colocando em risco os projetos pelos quais seria responsabilizada.

COMO ESTÁ SUA EQUIPE?

Perguntei a Sandy: "E como está sua equipe?"

"Os integrantes estão tão frustrados quanto eu", respondeu. "Você me conhece. Tento protegê-los como posso."

Então perguntei de novo: "Sim, mas como está sua *equipe*?"

Sandy sorriu, já familiarizada com meus métodos de treinamento. "Qual é o jogo, Keith? Já falei como está."

"Estou dizendo isso como alguém que se importa muito com você e sua carreira", afirmei. "A equipe que você diz estar mal é a que nem percebe que existe."

"Certo", disse ela cautelosamente. "De qual equipe você está falando?"

"Sua equipe", revelei, "é composta por *todo mundo* que é crucial para ajudá-la a atingir sua missão e seus objetivos."

Como quase todos os gerentes, Sandy via sua equipe como aqueles que se reportavam diretamente a ela dentro do organograma. Mas Sandy tinha obstáculos demais em seu caminho, fazendo-a ter uma visão limitada de suas responsabilidades de liderança. O único modo de superar todos esses obstáculos com sucesso seria Sandy aceitar a ideia de que sua equipe era uma rede muito maior de pessoas, muito além dos funcionários de RH que supervisionava.

Essa foi a proposta difícil que fiz a Sandy. Será que conseguiria inspirar o mesmo desempenho e comprometimento em pessoas sobre as quais não tinha nenhuma autoridade? Mais especificamente, conseguiria envolver o departamento de vendas como se fossem membros de sua equipe, com o mesmo senso de objetivo em comum e desejo compartilhado de encontrar soluções?

Meu objetivo nessa conversa era ajudar a mudar a mentalidade de Sandy de se ver como uma vítima, a levando a, em vez disso, ver a si mesma como líder de uma equipe maior. Todo local de trabalho sofre com as políticas corporativas. A solução é liderar uma equipe que você mesmo criou. Liderar pessoas que não são necessariamente subordinadas a você. Em outras palavras, liderar sem autoridade.

E esse é o fundamento da Primeira Regra das novas regras de trabalho. Você deve tomar consciência de que, para cada objetivo que tenha, para cada projeto ou missão, é responsável por liderar um grupo muito maior de pessoas do que os membros formais da equipe. Quanto mais ambiciosa for a missão, maior será o grupo, e, ainda assim, sua liderança deve ser tão comprometida quanto seria se cada um deles fosse subordinado a você.

A maioria de nós sente lealdade e obrigação com relação às equipes formais que nos são atribuídas, como membros ou líderes. Nós nos importamos com as pessoas de nossa equipe — pelo menos nos dias bons. Nós os apoiamos e lutamos por eles; queremos que sejam bem-sucedidos e cresçam. Agora, conforme o trabalho continua a fazer a transição para equipes multifuncionais menos organizadas, precisamos estender o mesmo grau de cuidado, preocupação, comprometimento e camaradagem para *todos* os novos membros da equipe — até para as pessoas que ainda não percebemos que fazem parte dela. É o único modo de alcançar resultados extraordinários.

PERDIDOS NA MATRIZ — ATÉ DEMAIS

A situação de Sandy ilustra como atualmente é comum que os gerentes tenham responsabilidade, mas sem controle total. Sandy era responsável por lançar o novo programa de bonificação, mas não tinha controle sobre se outros departamentos o seguiriam.

Também era responsável pelo projeto de aplicativo móvel do RH, mas não podia forçar os membros que não eram subordinados a ela a participar das reuniões. Do mesmo modo, Jane e o departamento de vendas eram responsáveis por seus números do trimestre, mas o RH estava ameaçando tomar o controle do programa de bonificação de que os gerentes de vendas precisavam para motivar sua equipe.

A partir dos anos 1990, o surgimento de softwares empresariais grandes, como SAP e Oracle, ajudaram as companhias a poupar dinheiro e exercer controle mais direto de cima para baixo com processos automatizados em finanças, RH, compras, cadeia de suprimentos, até jurídico e marketing. Executivos e consultores promoveram os benefícios dessa organização "matricial" cada vez mais centralizada para a consistência global, para reduzir os custos, eliminar redundâncias e agilizar os procedimentos. Mas, durante o processo, divisões e áreas perderam parte de sua autonomia. Naturalmente, surgiram tensões sobre questões de controle, propriedade e autoridade — vestígios de antigos modelos arraigados de hierarquia.

Quando a matriz foi apresentada, um valor extremamente alto foi dado para colaboração entre divisões organizacionais verticais. Mas a ideia foi tomada como papo-furado. Apesar de se esperar que todo mundo trabalhasse de modo multifuncional, os resultados não foram diferentes dos obtidos com trabalho em divisões tradicionais. Foi o mesmo que trocar seis por meia dúzia. No caso de Sandy, essas antigas brigas sobre território, controle, propriedade e autoridade, iniciadas com a introdução da matriz, ainda hoje estão ativas.

Regras tradicionais de trabalho, com o etos equivocado de "preciso de controle para fazer as coisas", "isso não é meu trabalho", "ele não é meu subordinado" ou "não tenho autoridade para fazer isso" ainda não alcançaram as novas realidades corporativas. Essa é boa parte do motivo pelo qual tantas startups engenhosas de rápido crescimento conturbaram com tanta eficiência setores inteiros, mesmo com a presença de líderes gigantes de setores bem estabelecidos e organizados de modo matricial.

Talvez a característica definitória do novo mundo do trabalho seja a *interdependência radical*. O gerenciamento hierárquico ainda define os orçamentos, mas o trabalho em si é feito por essas redes em expansão de relações radicalmente interdependentes. Nenhum gerente pode ter autoridade, meios ou recursos suficientes para atender ao dilúvio de demandas atuais. Nas palavras de um de meus clientes, "precisamos fazer um trabalho tão bom que nunca poderia ser feito por uma pessoa só".

Jamais Coma Sozinho enfatiza a importância vital de criar oportunidade por meio de relacionamentos autênticos, generosos e solidários dentro de sua rede pessoal. Isso é tão verdade hoje quanto em 2005, quando o livro foi lançado. Mas o novo mundo profissional acrescentou outra camada de esforço à equação. Nosso networking evoluiu para o meio principal de executar as coisas. E uma vez que todo mundo na maioria das organizações está ligado por meio desse networking radicalmente interdependente, nossa eficácia é essencialmente determinada por nossa habilidade de liderar, inspirar e servir nossos *contatos*. Pense nisso como um *networking de networkings*.

Considere sua própria situação profissional. Você é um gerente com a autoridade exclusiva sobre todos os recursos necessários para executar o trabalho? Ou, se trabalha para um gerente, ele ou ela tem autoridade sobre todos os recursos necessários para executar o trabalho? Meu palpite é o de que, se você acha que tem esse tipo de autoridade, então provavelmente sua visão é muita restrita sobre o impacto que poderia ter em sua organização. Questione-se sobre quem são as pessoas de quem depende mais para atingir os resultados e que não são subordinadas a você. Muito provavelmente, você conta com muitas pessoas para executar as coisas, muito além de seus subordinados diretos e colegas formais. E ainda assim, muitos de nós, não importa se colegas ou gerentes, continuam obcecados com "quem é o chefe? Quem tem autoridade?"

Se continuarmos operando sob as antigas regras de trabalho, corremos o risco de perceber que estamos defasados. Cada momento que passamos focados em ganhar mais controle sobre os recursos para executar as coisas é um momento precioso perdido. Esse tempo seria mais bem gasto construindo relações e cocriando com pessoas e recursos *fora de seu controle direto*. Você identificará maneiras de ajudar um ao outro a desenvolver novas capacidades e ganhar novas perspectivas, o que, por fim, ajudará a alcançar coisas melhores. A época da interdependência radical exige que nos envolvamos nesses tipos de colaborações mais profundas e ricas com pessoas sobre as quais, com frequência, não temos nenhum controle para cumprir nossa missão e fazer nossa organização evoluir.

Em suma, todos nós precisamos nos ver como líderes e inovadores, independentemente de nossa profissão. Precisamos demonstrar iniciativa e encorajar colaborações mais profundas para podermos contribuir com o que fazemos usando toda a gama de nossas ideias e talentos.

> A disrupção industrial exige uma inovação sem precedentes a uma velocidade e escala que não pode ser produzida dentro dos limites organizacionais tradicionais. Precisamos de uma mudança fundamental de mentalidade que abrace o desafio da inovação ultrapassando fronteiras, dentro e fora da empresa. O futuro da liderança exige foco para identificar os colegas certos para cada projeto, e então, coelevação para gerar novas soluções e resultados extraordinários.
>
> TAMI ERWIN, vice-presidente executiva e CEO do Verizon Business Group

"QUEM ESTÁ EM MINHA EQUIPE?"

Faço a todas as equipes com quem trabalho a mesma pergunta: "Quem são as pessoas mais cruciais para ajudá-lo a atingir seus objetivos atualmente, estando ou não alinhados ao seu organograma?" *Essas* são as pessoas de sua equipe. Não importa a quem reportam formalmente na cadeia de comando, são todas membros de sua equipe e precisam que você lidere sem autoridade para executar as coisas.

Sandy entendeu imediatamente o que eu estava perguntando. O problema é que ela tinha tantos projetos em andamento que se sentia sobrecarregada pelo número de colegas em potencial que poderia contatar.

"Então, comece de algum lugar", falei. "Escolha *uma* pessoa que é absolutamente necessária para o sucesso de um projeto importante. Comece por aí. Onde quer começar para ganhar um pouco de força?"

Sandy soube instantaneamente que essa pessoa era Jane, de vendas. No entanto, por diversos motivos, tentar coelevar — estabelecer uma relação profunda e atenciosa com essa colega formidável — parecia impossível.

Para começar, Sandy desconfiava profundamente de Jane, e o comportamento desta não fez nada para acalmar suas preocupações. Jane omitiu informações de Sandy e deixou de convidá-la para reuniões nas quais foi discutida e amadurecida a bonificação de vendas. Suas ações mostraram que ela não queria que Sandy participasse do projeto da equipe de vendas. O que deixou Sandy ressentida e ainda mais desconfiada de Jane.

"Você está me dizendo para tratá-la como se fizesse parte da minha equipe", questionou Sandy. "Bem, quando alguém está na minha equipe, eu o apoio, cuido dele, oriento-o. Trabalho para entender seus objetivos e ajudá-lo a conquistá-los. Faço o melhor para protegê-lo da burocracia, das bobagens corporativas e da pressão dos chefes. Está sugerindo que me sinta e aja do mesmo modo com Jane? Está brincado, né? Ela faz parte da besteira corporativa da qual preciso proteger as pessoas!"

Disse a Sandy que não estava brincando de modo algum. Para de fato vestir o manto da liderança, Sandy precisava aceitar Jane, independentemente de suas suspeitas para com ela. "Ao longo de nossas carreiras, todos nós fizemos parte de uma equipe tendo pelo menos uma pessoa com quem estivemos em conflito", falei. "Durante o trabalho, descobrimos como fazer funcionar. Agora você precisa descobrir como fazer funcionar com Jane."

Eu sabia que pedir a Sandy para aceitar Jane — alguém que via como uma concorrente perigosa — como parte de sua equipe não seria fácil. Sandy e Jane não tinham nenhuma experiência compartilhada, que é geralmente como criamos conexões emocionais com os outros. Para se coelevar com Jane, Sandy precisava construir uma relação íntima com ela do zero, o que é muito difícil.

Quando o mais novo de meus filhos adotivos veio morar conosco, ele tinha 12 anos. Nós não o tínhamos concebido. Não presenciamos quando deu os primeiros passos. Não pudemos responder às perguntas de um menino curioso ou correr atrás de um garoto travesso. Quando entrou em nossa vida, tivemos que fazer a escolha consciente de amá-lo como nosso filho, mesmo quando, durante um ataque de raiva, gritou: "Você *nunca* será meu pai!" Ele havia passado por tantas casas antes da nossa — não deixaria outra família lhe dar esperanças apenas para destruí-las novamente. Não foi fácil, mas dei tudo de mim para aceitá-lo com amor, compaixão e compreensão. Porque, afinal, agora ele *é* meu filho. Esse foi meu compromisso para com ele — e conosco. Eu tinha de dar tudo de mim. Já seria difícil o suficiente para todos nós, eu sabia, e sem tal nível de comprometimento da minha parte desde o começo, não haveria a esperança de termos um relacionamento e de ele tomar seu lugar na nossa família.

Agora estava pedindo a Sandy para se esforçar e aceitar Jane, e o restante de sua equipe de vendas, como parte de *sua* equipe, com um objetivo em comum. E havia mesmo um objetivo em comum que Sandy e Jane precisavam compartilhar, que Sandy não poderia contestar: as duas precisavam assumir a responsabilidade partilhada para ajudar a impulsionar o faturamento da empresa.

Entretanto, a realidade era a de que Sandy ainda precisava aceitar o panorama geral. A pressão feita pelos chefes deixou Sandy tão obcecada com a possibilidade de o programa de Jane envergonhar o departamento de RH, que ela não pensou seriamente se os elementos do plano de Jane poderiam, de fato, ser mais eficientes em aumentar as vendas.

"Ninguém ganha se a equipe de venda perder", disse para Sandy. "Será que não há uma missão compartilhada entre você e Jane para encontrar um modo de utilizar o plano de bonificação para estimular o crescimento de receita e inovar em relação à concorrência? Essa missão não merece uma análise completa? Você não trabalhou com Jane e sua equipe para investigar as melhores soluções." Encorajei Sandy a tratar Jane do mesmo modo que faria com um novo subordinado que quisesse que se sentisse bem-vindo. Sabia que Sandy era muito boa nisso. Sugeri que abordasse Jane com a seguinte mentalidade: "Como posso ajudá-la a criar um programa de bonificação que melhorará o desempenho de sua equipe no próximo trimestre? Que manterá os custos na linha, aumentará o faturamento e deixará a empresa mais forte como um todo?"

Uma vez que Sandy começou a olhar Jane e a situação inteira sob uma perspectiva mais racional, pôde ver a oportunidade à sua frente. "Talvez", disse ela, "possamos planejar uma vitória maior para todos".

Essa nova consciência do relacionamento é o primeiro passo no processo de coelevação. Você precisa chegar com a intenção de mudar sua opinião. Se quer conquistar um resultado que tenha um impacto maior do que conseguiria sozinho, precisa chegar com um senso de curiosidade em sua mente. Deixe de lado a convicção de que sua maneira é a correta. Abra-se para a hipótese de que outros em sua equipe têm ideias que podem ser melhores do que as suas.

No fim da jornada de trabalho, Sandy foi ao escritório de Jane e, pela primeira vez, falou com ela como colega. Pediu desculpas por ser tão resoluta nos encontros anteriores e perguntou se poderiam recomeçar o relacionamento.

Jane começou a se abrir conforme a conversa progredia. Sandy ficou surpresa ao descobrir que Jane, na verdade, a tinha deixado de fora das reuniões da equipe de vendas sobre a bonificação não como uma manobra de poder, mas porque sentia vergonha da falta de compromisso de sua equipe. Previa-se que os resultados dos representantes de vendas não seriam bons naquele trimestre, e Jane estava preocupada que seu plano estava tão atrasado a ponto de não poder ser concluído rápido o suficiente para impactar os resultados do trimestre.

Sandy e Jane estavam no mesmo barco. Ao se aceitarem como *colegas*, cada uma se livrou do fardo de ser defensiva e começou a gastar mais tempo e energia na verdadeira missão iminente.

Nos dias seguintes, Sandy trabalhou muito no projeto de bonificação com Jane e sua equipe de vendas. Com Sandy envolvida e representando o RH, alguns membros da equipe de vendas foram mais atenciosos ao projeto porque poderiam levar outras questões relacionadas que impactavam as vendas e a bonificação. Com o RH e o departamento de vendas trabalhando como uma equipe coelevadora, surgiu um programa de bonificação divisional que funcionava como complemento do sistema centralizado do RH. Outros departamentos copiaram elementos desse novo programa semicustomizável e até acrescentaram suas próprias inovações. Com o envolvimento ativo de Sandy, elementos do plano de cada departamento foram compartilhados com os outros, transformando o programa de bonificação inteiro do banco e fazendo o RH parecer melhor do que nunca.

Juntas, Sandy e Jane criaram um sistema completamente novo de bonificação específica para cada departamento da empresa. Mas esse resultado transformador não foi possível até Sandy ser capaz de mudar o conceito de quem fazia parte de sua equipe.

> A transformação é um desafio no qual todos têm de contribuir. As organizações vencedoras serão aquelas que conquistarem inclusividade mais ampla na tomada de decisões e erradicarem a ideia de "isso não é meu trabalho". Os melhores e mais engenhosos trabalhadores são aqueles capazes de se coelevar com os membros de sua equipe e de se envolver com quem quer que seja necessário para executar as coisas e cumprir a missão.

> Não há habilidade mais importante do que criar e liderar equipes que ultrapassam divisões e repartições funcionais para atingir resultados revolucionários.
>
> Milind Mehere, fundador e CEO da YieldStreet

PRIMEIRA REGRA: AS PRÁTICAS

Quando lideramos sem autoridade, consideramos *todas* as pessoas que podem ser cruciais para atingirmos nossos objetivos. E as alistamos como membros de nossa equipe. É uma oportunidade única de deixar de lado os limites impostos pelos recursos que você controla e, em vez disso, considerar o impacto pretendido.

Mas por onde começar? Qual é a missão? Como pode elevá-la? Talvez você seja do departamento de vendas e queira reestruturar como vai ao mercado trazendo o pessoal do marketing e da gestão de produtos para sua equipe. Ou talvez haja algum ponto de fricção entre seu departamento e outro grupo e seu objetivo é eliminá-lo, consertando o que incomoda mais agora, como Sandy fez. A liderança de cada empresa precisa de seus funcionários mirando o mais alto possível para criar soluções inovadoras e atender às pressões do mercado, e o único modo de fazê-lo é trazer todos que podem contribuir com a missão para sua equipe.

Aqui vão algumas dicas de práticas recomendadas para começar a coelevação, como aprofundar o sucesso prematuro e definir o melhor modo de monitorar e organizar suas equipes coelevadoras.

Comece Pelo Mais Fácil

Liderar sem autoridade não precisa ser algo tão difícil quanto foi para Sandy. Meu conselho, logo no início, é encontrar alguém que em sua concepção terá uma experiência positiva coelevando. Escolha alguém que tem mais chances de compreender por alto a visão que acha que merece sua atenção coletiva. Melhor ainda, eu o incentivo a começar a construir relações coelevadoras antes de precisar delas. Quanto mais tempo passar promovendo e construindo laços com um associado que respeita e com quem você pensa que pode querer trabalhar em algo grande, mais fácil será depois para convidá-lo a se juntar e enfrentar projetos desafiadores e ambiciosos juntos.

Depois, mude seu foco para parceiros em potencial e novos colegas que podem ajudá-lo a conquistar uma dinâmica positiva rapidamente. Não perca muito tempo tentando convencer os resistentes a se juntarem à diversão. Ao orientamos mudanças de grande escala, descobrimos que quando você cria impulso com pessoas positivas primeiro, os resistentes tendem a mudar de ideia quando começam a ver os resultados.

Verifique Suas Prioridades

Algumas vezes, não temos escolhas. Precisamos começar a formar uma equipe em meio a uma crise, quando todos se sentem em uma posição desfavorável. Para Jane e Sandy, não havia muito tempo para avaliar as possíveis vantagens e desvantagens de trabalharem juntas. Elas tinham de tentar.

Então, o que o está estressando? O que o deixa acordado à noite? O que está ocupando sua mente? Onde pode introduzir a conversa de coelevação como uma solução possível? Provavelmente descobrirá, assim como Jane e Sandy, que a urgência da situação ajudará a criar os laços necessários para uma relação produtiva de coelevação.

Procure Aqueles que Admira e com quem Quer Aprender

Em um dado dia, encontramos pessoas extraordinárias que podem ajudar a melhorar nossa estratégia e a atingir nossos objetivos com mais eficiência. Na próxima reunião de projeto, em vez de checar seu e-mail ou pensar o que dirá quando for sua vez, preste atenção às pessoas que trouxerem as ideias mais interessantes. Há algum projeto que pode imaginar cocriando com alguém que admira, não só pelo impacto do projeto, mas pela experiência de aprendizado ou para melhorar a relação entre vocês? Há alguém que tem um conhecimento em particular ou uma experiência única com quem pode aprender? Você vê alguém que é um diamante bruto, alguém que está sendo mal aproveitado pela empresa, alguém que pode ficar bastante motivado se lhe levasse uma ideia? Se vai introduzir ideias realmente revolucionárias, quem seria o parceiro ideal para tal missão? Bem, traga-o para sua equipe.

Coelevar-se com membros da equipe que trabalham remotamente pode ser um desafio. É preciso mais esforço para se conectar com eles. Faça teleconferências ou videochamadas como modo de se apresentar para as pessoas que quer conhecer melhor. Dê continuidade fazendo uma ligação ou reunião individual, para poder conversar sem uma agenda. É bastante raro que um membro da equipe, depois de uma ligação, entre em contato com membros remotos da equipe se não for necessário. Vá além e você se destacará.

Identifique Alguém que, em Sua Opinião, se Beneficiaria com Sua Ajuda

Todos nós trabalhamos com pessoas que podem melhorar seu desempenho com as orientações ou estímulos certos. Se está realmente comprometido com uma missão ou projeto e acredita que o desempenho de uma pessoa está prejudicando o grupo, por que não fazer o que qualquer líder bom faria e treiná-la? Assuma responsabilidade por fazer uma diferença positiva na carreira dessa pessoa para fazer uma diferença positiva no projeto ou missão em questão.

Você ficará surpreso com os resultados ao abrir canais para discussão, colaboração ativa e desenvolvimento mútuo. Coelevar-se com um colega não só permite que sua equipe vá mais longe, mas também o ajuda a melhorar seu próprio desempenho e aliviar suas frustrações reprimidas, às quais ninguém precisa se apegar.

Encare a Pessoa ou Problema que Está Evitando

Admita — há um projeto que você está adiando, certo? Isso acontece com todos nós. Você está procrastinando? O código está difícil demais de decifrar? Está com medo de fracassar? Ou simplesmente não sabe por onde começar?

E talvez o problema não seja algo, mas *alguém*. Talvez a pessoa seja um mestre Jedi em tirá-lo do sério — ou você faz isso com ela. Pode ser que você se sinta em uma luta emocional no ringue de MMA com ela, seja com discussões feitas abertamente ou por baixo dos panos. Tome isso como um sinal de uma relação que pode melhorar e se dedique a isso. Algumas vezes, evitamos certas pessoas e projetos porque são uma chave importante para nosso sucesso. No ensaio *"Heroism"* [sem publicação no Brasil], Ralph Waldo Emerson transmitiu a seguinte sabedoria popular: "Sempre faça o que tem medo de fazer."

Seja Sistemático e Crie Escalas

Conforme ficar mais confortável com essa abordagem de construção de equipes, será importante tornar-se mais sistemático sobre como usa a coelevação para alcançar uma escala maior. Como jovem executivo na Deloitte, criei um sistema rápido e fácil para gestão de relacionamentos que nomeei de RAP (sigla em inglês para Plano de Ação de Relacionamento). Desde então, ensinei-o para CEOs (bem como a alguns candidatos presidenciais) e o usamos na FG como nossa ferramenta para conceber e administrar equipes coelevadoras.

Nas palavras do perito em administração Peter Drucker, "O que pode ser medido, pode ser gerenciado". Uma vez que você começar a se coelevar com diversas pessoas em projetos variados, passará a ver um RAP para cada projeto ou equipe com que trabalhar. Comece fazendo uma lista de prioridades de suas relações mais cruciais para o projeto em questão. Pergunte-se: "Qual é meu objetivo para este RAP em particular?" Faça notas e defina o resultado específico que deseja criar com cada membro da sua *equipe* coelevadora. Precisa do suporte de quem para ser bem-sucedido?

Para cada projeto ou missão, a lista de RAP inicial deve ter entre cinco e dez nomes. Para Sandy e Jane, sua missão compartilhada era criar o melhor programa de bonificação possível, que ajudaria a equipe de vendas a fechar mais negócios, aumentar o faturamento e tornar a organização mais bem-sucedida. Sandy e Jane colocaram seus chefes em seus RAPs. Depois, identificaram vários influenciadores essenciais dentro da organização de vendas, de cujo conhecimento precisavam para realmente compreender o que motivaria os representantes. Será que os representantes de áreas diferentes reagiriam de modo distinto? Conforme aprendiam mais, acrescentaram mais membros aos seus RAPs.

Primeiramente, agrupe sua lista de RAPs em um sistema de prioridades simples do tipo A-B-C, porque alguns projetos sempre são mais importantes do que outros. Depois, dentro de cada RAP, monitore a qualidade de sua relação com cada um na lista, dando nota para cada um na escala que chamo de **Continuum de Coelevação**.

A maioria de nossos relacionamentos existe dentro de um dos cinco estados desse continuum. O mais comum, que engloba a maioria dos relacionamentos de negócios, é o que chamo de *estado de coexistência*. Nesse estado, as pessoas trabalham juntas para executar seus trabalhos, mas permanecem respeitosamente fora do caminho dos outros, mesmo se forem atribuídas à mesma equipe.

Tipicamente consentimos ao próximo estado, o *estado colaborativo*, quando descobrimos que não podemos realizar nossos trabalhos com os recursos e as responsabilidades sob nosso controle. Chegamos a esse estado por necessidade. Colaboramos quando precisamos, mas apenas pelo tempo que for necessário, e depois nos apressamos para o estado padrão de coexistência.

Quando a colaboração se torna muito desafiadora, tendemos a cair no que chamo de *estado de resistência*, que se manifesta como tensão e estresse entre nós e um colega. Durante esse estado, evitamos, de modo passivo ou consciente, o envolvimento colaborativo autêntico — mesmo se ele puder aumentar nossas chances de sucesso.

Quando não há afinidade ou confiança pessoal e as tentativas de colaboração levam à frustração, temos uma relação no *estado de ressentimento*. Nesse estado de espírito, nos afastamos das tentativas de desenvolver mais a fundo um relacionamento profissional ou pessoal e fazemos pouco além de tentativas superficiais de colaboração. Pense em uma tartaruga se fechando em seu casco.

O último dos cinco, o *estado de coelevação*, é o final, o Santo Graal dos relacionamentos transformativos. É o estado que deveríamos batalhar para alcançar em todos os relacionamentos.

Depois de identificar a qualidade de cada relacionamento ao longo do continuum, atribua um número de acordo com a seguinte escala:

  -2   Estado de ressentimento
  -1   Estado de resistência
   0   Estado de coexistência
  +1   Estado colaborativo
  +2   Estado de coelevação

Digamos que você atribuiu a Bob da contabilidade um -2 (estado de ressentimento) porque tiveram uma relação particularmente tensa no passado. Agora que reconheceu que ele é membro da equipe em um dos projetos de prioridade A, é importante que você seja proativo ao tratar de quaisquer problemas que teve com ele para que possa aumentar a qualidade de seu relacionamento dentro do continuum para alcançar o estado de coelevação.

Coloque o RAP para Trabalhar

O RAP lhe dá foco, para que saiba quais relacionamentos cruciais em projetos prioritários precisam de atenção urgente e especial. Ter múltiplos RAPs lhe dá um atalho administrativo para priorizar relações coelevadoras que precisa focar mais e os objetivos compartilhados que precisam de mais atenção.

Monitorar esses números permite que você fique de olho em seu progresso com cada indivíduo, ao mesmo tempo em que monitora seu progresso agregado. Ao somar todas as notas do RAP, quanto mais perto estiver de uma média de +2, melhor será. Meses depois de Sandy usar o sistema de RAP para se coelevar com diversas equipes, ficou feliz em descobrir que sua média de RAP geral havia subido de -1 para +1,6. Isso lhe deu uma prova clara de que seu trabalho penoso tinha valido a pena.

Medir os relacionamentos dessa forma não os torna transacionais. Para mim, apenas ajuda a distinguir quão importantes são. Ocasionalmente, compartilho minha nota com uma pessoa com a qual estou me coelevando para discutir o que espero que realizemos juntos. Posso abordar Niles, por exemplo, e lhe dizer: "Estou monitorando os relacionamentos que acredito serem os mais cruciais neste projeto e sinto vergonha de dizer que não me envolvi com você e seus colegas do grupo o tanto quanto deveria. Foi falha minha. Eu adoraria trabalhar com você para consertar isso."

> Ao aceitar a coelevação, estamos quebrando divisões históricas na Hudson's Bay. A coelevação apoia uma cultura de responsabilidade — na qual não só reconhecemos nosso próprio trabalho, mas tomamos iniciativas na

organização com trabalhos que nos levarão mais longe. Só podemos ter sucesso se trabalharmos como equipe, nos dedicarmos uns aos outros e nos empenharmos para entregar o melhor aos nossos clientes. Sem limites, sem divisões.

Helena Foulkes, CEO da
Hudson's Bay Company

EQUIPES TRANSFORMATIVAS, RESULTADOS TRANSFORMATIVOS

Seguindo o sucesso do programa de bonificação, Sandy foi promovida e começou um novo projeto que visava transformar os recursos humanos de um papel subordinado e funcional dentro da empresa para um fator-chave de crescimento corporativo. Esse é um movimento mundial crescente dento da área de RH, e Sandy, desde então, se tornou uma especialista e palestrante respeitada no assunto.

Antes de Sandy e Jane se aceitarem como *colegas*, estavam em competição uma com a outra, função *versus* divisão. O setor de bancos, assim como a maioria, está sob enorme pressão para reduzir custos conforme startups de tecnologia financeira de baixo custo e bem financiadas afastam clientes jovens dos bancos tradicionais. O setor bancário inteiro está sob ataque. Cada um dos quatro gigantes de tecnologia — Google, Apple, Amazon e Facebook — lançou ou ameaçou lançar produtos bancários que diminuirão ainda mais as margens de lucro do setor.

Em resposta a essas ameaças, a chefia do banco de Sandy e Jane precisava que o RH controlasse os custos e que o departamento de venda aumentasse o faturamento. Essencialmente, o banco estava procurando resultados transformativos contando com melhorias incrementais. Estava fadado ao fracasso. Não havia modo de Sandy e Jane criarem um novo programa de bonificação eficiente fazendo cara feia uma para outra dentro de suas próprias divisões. Primeiro, precisavam transformar sua relação pessoal e, depois, tinham de se tornar colegas coelevadoras com uma missão em comum.

Antes da primeira reunião entre as duas, sugeri que Sandy se preparasse para dizer a Jane, no fim da reunião, as coisas pelas quais sentia gratidão. Sandy ficou indignada com a ideia. "Vai demorar um tempo até que consiga fazer isso", informou, citando todo o ressentimento que havia entre as duas. Então, pedi para Sandy simplesmente escrever seus sentimentos de gratidão depois da reunião e compartilhá-los comigo, se não o fizesse com Jane. Para a surpresa de Sandy, uma semana depois, ela sentou-se para escrever e conseguiu listar várias coisas pelas quais se sentia grata. Eis o que escreveu:

> Sou grata pela ajuda de Jane na semana passada em recrutar pessoas essenciais do departamento de vendas para nosso pequeno grupo de trabalho às quais, sem ela, eu não teria acesso.
>
> Apesar de ser versada em criar programas de bonificação abrangentes, sou grata por Jane ter experiência de vendas que não tenho.
>
> Sou grata por Jane estar disposta a arranjar tempo em seus dias caóticos para fazer isso direito.
>
> E sou muito grata pelo outro dia no qual Jane me escutou sobre um modo que poderíamos estruturar o programa de bonificação que não estava completamente fora do protocolo da empresa.
>
> Quer saber? Sou muito grata por Jane estar trabalhando em parceria comigo, uma vez que estou fazendo progresso de verdade, ao contrário de algumas semanas atrás, quando não estava chegando a lugar algum.

Sandy acabou compartilhando esse bilhete com Jane na reunião seguinte delas e enviou uma versão polida e apropriada aos chefes de

RH e de vendas, este, o chefe de Jane. A relação entre as duas melhorou tão drasticamente que nenhuma das duas podia acreditar. Sandy, ao aceitar Jane como parte de sua equipe, foi capaz de confiar nela e contar com ela de um modo que parecia inimaginável apenas algumas semanas antes.

É uma história incrível — mas não tão incomum. E tudo isso se torna disponível a você uma vez que se perguntar: "Quem está na minha equipe?"

Antiga Regra de Trabalho: sua equipe está limitada àqueles que são subordinados a você ou ao seu gerente.

Nova Regra de Trabalho: sua *equipe* é formada por todos — dentro e fora da empresa — que são importantes para realizar seu projeto ou missão.

Antiga Regra de Trabalho: relacionamentos profissionais acontecem organicamente ao longo do tempo e se desenvolvem sem esforço proposital.

Nova Regra de Trabalho: relacionamentos profissionais devem ser criados de modo proativo e autêntico com as pessoas da sua *equipe*. Essa é a nova competência de colaboração e produtividade. É crucial para executar as coisas mais rápido.

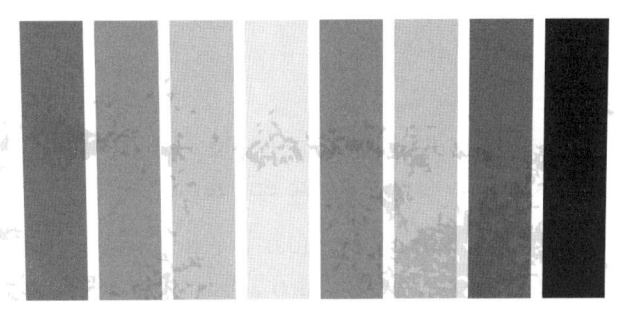

SEGUNDA REGRA
ACEITE QUE *TUDO* DEPENDE DE VOCÊ

> Queremos ir atrás de problemas que mais ninguém resolveu e criar coisas que mais ninguém conseguiu descobrir. Para fazer isso, precisamos de pessoas que não dão desculpas, que podem liderar inovando e sem autoridade quando for necessário para realizar as coisas. Líderes em inovação aprendem naturalmente fazendo. Isso significa que tentam coisas como esboço de protótipos rápidos, dry runs ou testes A/B. Eles aprendem com os testes que funcionam e, sobretudo, com os que não funcionam. Cada surpresa é um novo aprendizado para o inovador.
>
> SCOTT COOK, PRESIDENTE DA INTUIT

"Pelo menos cinco anos."

É o tempo que disseram para uma médica emergencista chamada Zina esperar para ser promovida à gerência no hospital em que trabalhava em Los Angeles.

Com 31 anos, Zina se sentia pronta para assumir mais responsabilidades em sua carreira médica. Refinou suas habilidades na linha de frente de um hospital central movimentado e queria impactar mais as políticas e o atendimento ao paciente em geral.

"Minha verdadeira paixão é ajudar a repensar a gestão dos hospitais, e não só do nosso — me refiro ao sistema de saúde como um todo", disse ela. "Quero fazer diferença de verdade em como nossa profissão trata os pacientes." Mas sua chefe lhe disse que, como era relativamente nova no hospital, levaria pelo menos cinco anos antes que fosse considerada para um cargo de gerência.

Eu estava tomando *brunch* com Zina no WeHo Bistro, não muito longe de onde moro em Los Angeles. Zina é parente de um amigo e cliente meu, e foi um prazer encontrá-la e conversar sobre sua carreira.

"Certo", falei a Zina. "Então vamos conversar sobre como fazer isso em três anos, não cinco. E vamos quebrar sua missão em três etapas. Enquanto você ajuda o PS a se tornar líder em assistência ao paciente, vamos progredir para ajudar o hospital inteiro a fazer o mesmo, para que seu trabalho seja respeitado o suficiente para dar o passo final antes de reconstruir a assistência ao paciente no sistema de saúde como um todo. Compreendi certo?"

Zina meneou a cabeça como se eu houvesse sugerido uma loucura. "Eu perguntei por aí", disse ela. "Todo mundo fala que o normal são pelo menos cinco anos. Entrar para a gerência mais rápido simplesmente não acontece na área de saúde."

Ouço objeções como essa o tempo todo: "Suas ideias não funcionam no nosso setor" ou "Você não sabe como fazemos as coisas por aqui". É uma bobagem absoluta. Sempre. O fato é que as organizações com as culturas hierárquicas mais inflexíveis necessitam desesperadamente de liderança transformacional dentro da estrutura. E os hospitais são um excelente exemplo — quando não se adaptam, ficam extremamente vulneráveis a mudanças, rupturas e à concorrência. Hierarquias rígidas são cheias de ineficiências, o que as tornam prontas para o impacto por alguém disposto a liderar sem autoridade.

Quando pensamos e agimos como líderes coelevadores, nosso potencial de liderança será reconhecido antes do que imaginamos. É a mensagem fundamental que quero passar neste capítulo. Não importa qual seja seu status dentro da organização, o jeito de se tornar um líder é começar liderando. Agora. Faça o trabalho antes de conquistá-lo. A escolha está sempre completamente em suas mãos. E o modo de começar é aceitando que *só depende de você.*

ASSUMA RESPONSABILIDADE

Depois de meia hora falando com Zina, estava confiante de que ela estava pronta para fazer um imenso impacto no hospital. Ela exalava a confiança, o entusiasmo, a inteligência e a energia necessários para ser uma líder excepcional. E ela sabia que queria ser defensora da assistência ao paciente, um objetivo perfeitamente alinhado com a missão declarada do hospital. Zina sentia que o PS *precisava* de uma gestão melhor. Tinha problemas reais que não eram abordados, e ela queria enfrentá-los. Esse seria seu caminho para a oportunidade.

"Se você tivesse uma varinha mágica", perguntei a Zina, "melhoria o desempenho de quem em seu departamento? Quem faria a maior diferença no PS se fizesse um trabalho melhor?"

Sem hesitação, escolheu um enfermeiro-chefe chamado Devon. Dentre suas responsabilidades, Devon era encarregado de pedir os suprimentos médicos para o PS. Mas ele não estava fazendo um bom trabalho. Certos suprimentos esgotavam-se com frequência, fazendo com que médicos e enfermeiros precisassem se desdobrar para pegar compressas de gaze, luvas de exame ou lenços antissépticos emprestados de outros hospitais.

Sugeri que Zina considerasse modos de ajudar Devon a melhorar seu desempenho em manter o PS abastecido. "Se você puder ajudar a acabar com a escassez de suprimentos, provavelmente impactará a assistência ao paciente. É um começo", falei. "E é um ótimo modo de exercitar suas habilidades de liderança."

Mas Zina balançou a cabeça, rejeitando a ideia de ajudá-lo. "Esse não é meu trabalho", disse, acrescentando que Devon era um homem mais velho com uma personalidade irritadiça que trabalhava no hospital havia 25 anos. "Tento evitar Devon o máximo possível", relatou.

Fiz Zina se lembrar de que ela tinha acabado de identificar uma área que estava impactando negativamente sua equipe no PS *neste momento* e atrapalhando sua habilidade em servir aos pacientes. Mas Zina foi inflexível. Devon não veria com bons olhos qualquer pessoa tentando ajudá-lo, disse. Havia médicos seniores satisfeitos em tolerar o problema dos suprimentos. Nenhum deles tinha tratado do problema com Devon.

Eu tinha acabado de conhecer Zina e não queria desencorajá-la, mas tinha uma mensagem difícil para passar. Então baixei minha voz e assumi um tom intimista. Queria que soubesse que me importava com ela, com seus desafios e seu futuro.

"Zina, o problema não é Devon", disse delicadamente. "É você."

Pedi para que pensasse que seu medo de falar com Devon significava que estava desapontando seus pacientes, o PS e o hospital inteiro. Zina me disse que melhorar o desempenho de Devon ajudaria o PS. Agora estava alegando que não faria nada sobre isso porque não era sua responsabilidade.

"Você fez o juramento de 'nunca causar dano ou mal a alguém'", relembrei-a. "Por que manteria em segredo essa solução? Você parece Ebenezer Scrooge* escondendo seu dinheiro."

Zina reagiu vigorosamente, o que apreciei. "Não faço ideia de como tornar Devon melhor em seu trabalho. Como posso abordá-lo e

---

* Personagem de *Um Conto de Natal,* de Charles Dickens, que mais tarde seria a inspiração para o Tio Patinhas de Carl Barks [N. da T.]

dizer como consertar o problema de estoque quando nem mesmo eu sei fazer isso?", perguntou. "E mesmo que soubesse como consertá-lo, ele não vai querer me ouvir. Eu o conheço. Vai ficar defensivo. Sempre faz isso quando alguém diz alguma coisa relacionada à sua área, mesmo que não seja uma crítica."

Ouvi Zina listar todos os motivos pelos quais Devon precisava mudar e por que ela não poderia ajudá-lo, antes de lhe dizer: "Francamente, não me importo com Devon. Vamos nos concentrar em *você*! Se vai esperar que as outras pessoas mudem, é como se suspendesse sua carreira e se conformasse em desempenhar mal para seus pacientes."

Ouvi isso muitas vezes antes: "Ninguém me ouvirá, de qualquer modo. Nunca funcionará." É uma desculpa comum para não tomar a responsabilidade para liderar, especialmente quando liderar não é uma de suas funções. Mas a verdadeira liderança não é dizer aos outros o que fazer. É sobre convidar, encorajar e animar os outros quanto a novas possibilidades.

A liderança verdadeira não supõe já ter as respostas. De fato, o oposto também é verdade. Os melhores líderes começam com mente aberta e convidam outros para buscar soluções com eles. Líderes realmente bons se importam genuinamente com o sucesso dos outros conforme aprendem e crescem ao mesmo tempo. Isso é verdade para qualquer liderança bem-sucedida. E é absolutamente crucial ao liderar outros quando sua posição não tem autoridade.

"Não estou sugerindo que marche até o PS e comece a falar umas verdades para Devon sobre como gerenciar melhor o estoque", falei a Zina. "Você precisa começar fazendo boas perguntas." Zina não precisava saber nenhuma das respostas para o problema de suprimento do PS antes de dar o primeiro passo para se tornar líder. Só precisava aceitar que dependia dela começar a se coelevar com Devon para encontrar uma solução.

ASSUMA O CONTROLE DOS PRINCIPAIS RELACIONAMENTOS

Devon provavelmente estava ciente de que tinha um problema, sugeri a Zina. Mas também era provável que ele considerasse aquele um problema que deveria resolver sozinho — mesmo que não soubesse como. Talvez ele estivesse tentando resolvê-lo, mas havia outros fatores em jogo. Também fazia sentido supor que Devon não se sentia confortável em pedir a ajuda de ninguém. Talvez estivesse com medo do risco à sua reputação. Todos nós fazemos isso às vezes — temos medo de discutir o problema óbvio porque não temos certeza se podemos encarar as consequências.

Pude ver que Zina tinha me escutado. E suspeitei que ela estava despertando de verdade pela primeira vez sobre seu próprio papel em se tornar líder. Ela havia clarificado seu primeiro objetivo — melhorar a assistência ao paciente no PS. E havia identificado que Devon era a primeira pessoa de que precisava em sua equipe para ajudá-la a obter sucesso nesse objetivo. Pela primeira vez, ela pôde ver que contatar um colega representava uma oportunidade para crescer como líder.

Construir tais relacionamentos representa uma nova competência no novo mundo de trabalho. É absolutamente crucial ao abordar mudanças transformadoras. Os relacionamentos vêm e vão de nossa vida profissional com tanta frequência atualmente que não temos o luxo de deixá-los se formarem casualmente. Em vez disso, devemos desenvolvê-los de modo proativo e autêntico, tendo em mente as tarefas específicas que queremos conquistar em parceria com os outros.

Minha recomendação era a de que Zina conhecesse Devon, e que ele a conhecesse também. Ela tinha de deixar de lado suas suposições sobre ele para descobrir o que era importante no trabalho e na vida pessoal dele. Quando estou nessa situação, acredito que o melhor modo de começar é pedir o conselho da pessoa com relação a algo o qual eu gostaria de saber mais.

"Aprenda mais sobre o dia dele, pergunte sobre suas responsabilidades e até seus interesses pessoais", sugeri. "Mas mantenha a conversa positiva e fique longe de fofocas do trabalho. Faça um elogio sobre o trabalho dele, mas apenas se for autêntico. Se estiver indo ao refeitório, pergunte se ele gostaria de uma xícara de café. Da próxima vez, pergunte se gostaria de se juntar a você. Passe no posto de trabalho dele com mais frequência, tente conhecê-lo melhor. Melhor ainda, convide Devon para almoçar. Compartilhe sobre seu fim de semana, sobre você. Conte a ele o que a levou a se tornar médica ou como é viver em Los Angeles em contraposição a Nova York. Arrisque-se e se permita ser um pouco mais vulnerável. Mostre a ele que você é acessível. Acima de tudo, mostre seu interesse nele. Tenha curiosidade sobre os interesses e a vida dele. Seu objetivo é construir uma conexão genuína. Compartilhe ideias. Por fim, vocês encontrarão modos de melhorar e progredir juntos. Aliste-o para sua *equipe*."

Grandes líderes sabem como isso é importante. Cheryl Bachelder, que, como CEO da Popeyes, liderou uma tremenda restruturação nos restaurantes da empresa, frisou a importância desse tipo de construção de relacionamentos. "Quão bem você conhece as pessoas que trabalham para você?", questiona ele em seu livro, *Dare to Serve* [sem publicação no Brasil]. "Você conhece os três ou quatro eventos da vida delas que moldaram quem são hoje?"[1] Líderes com esse discernimento são capazes de entender as motivações e os desejos de sua equipe, levando a conversas melhores e a menos mal-entendidos.

Continuei lançando ideias a Zina. "Ele gosta de cozinhar? Yoga? Afinal, mora em Los Angeles." Dei risada. "Ler, teatro, esportes? Se compartilhar o bastante sobre você com ele", disse a Zina, "ele pode começar a se abrir sobre os desafios que está enfrentando na vida."

Zina estava cética. Na sua cabeça, Devon era uma pessoa difícil a quem ela preferia evitar. Falar com ele era como pisar em ovos. E lá estava eu sugerindo que o conhecesse melhor.

"Acha mesmo que ele estará aberto a um relacionamento comigo?", questionou.

"Na minha experiência", falei, "a maioria das pessoas está". Apesar das barreiras organizacionais de insegurança e hierarquia, nosso coração clama por relacionamentos mais próximos e de mais confiança no trabalho. As pessoas estão ávidas por ajuda para conversar sobre seus problemas e resolvê-los, e também por ajudar os outros a resolver os deles. Mas isso acontece apenas no contexto de um relacionamento construído com confiança e preocupação autêntica. Quando as pessoas não se sentem conectadas, não tendem a colaborar. Quando não se sentem seguras, elas se fecham.

No caso de Devon, eu tinha bastante certeza de que ele não se sentiria seguro abrindo-se para Zina até que os dois criassem um relacionamento de mais confiança do que tinham no momento. "Conforme você trabalhar mais colaborativamente com Devon", disse a Zina, "conforme se ajudarem a crescer e se desenvolver, um dos modos mais fáceis de encorajá-lo será celebrando seu progresso juntos. Chame a atenção para o que ele está fazendo que você respeita. Sem ser condescendente, anime-se por cada vitória dele que presenciar".

Zina assentiu. Isso fazia sentido para ela. Estava tomando notas.

"Depois de passar um tempo conhecendo um ao outro e ter desenvolvido um pouco de confiança e o começo de uma relação, então pode naturalmente migrar para o próximo nível, que é começar a colaborar com ele sobre como tornar o PS melhor. Comece contando-lhe sobre em que está trabalhando — que quer se tornar uma doutora melhor e uma líder mais forte, servir aos pacientes melhor e aumentar a qualidade do serviço como um todo. Pergunte a ele se tem ideias de como fazê-lo. Faça algumas sugestões modestas — você não precisa começar pedindo mais eficiência nos suprimentos. Peça-lhe suas opiniões. Tenha um diálogo, uma conversa genuína, com os dois lados participando, na qual você lança ideias, ouve as dele, pede um retorno e lhe dá um também. Esse tipo de colaboração deveria se tornar a fundação de qualquer relacionamento que construir. Encontrar soluções juntos para a missão compartilhada de melhorar o PS pode ser uma das coisas que anseia fazer com ele. É importante você colaborar constantemente. É um dos princípios centrais de uma relação coelevadora. Garanto que haverá ideias ainda melhores com as quais se depararão depois que começarem a se conhecer melhor.

"Depois que começar a se sentir confortável lançando ideias de como melhorar o funcionamento do PS, pode lhe pedir um retorno específico para ajudá-la a crescer e se desenvolver profissionalmente. Diga a ele com o que está tendo problemas e peça seu conselho em como resolver. Um dos objetivos da coelevação é ir mais longe, criar uma sinceridade entre vocês e um convite para crescerem e se desenvolverem juntos. Ele tem anos de experiência; pergunte-lhe como você pode melhorar seu trabalho e a qualidade de seu desempenho. E, se não concordar com o que ele disser, só agradeça. Ele não a está avaliando — você só pediu sua opinião. Se ele responder, o fará com um espírito de generosidade. Diga que ficará feliz em retornar o favor a qualquer momento, se e quando ele pedir.

"Um modo de fazer a transição dessa situação para melhorar o sistema de gestão do estoque no PS é perguntar a Devon se há algo que você possa fazer para ajudá-lo. Tente arrumar um modo de ser útil ao trabalho dele. Nesse momento, provavelmente terá permissão para fazer uma observação, no espírito de ser útil, que a gestão do estoque parece ser algo que precisa de atenção. Questione sobre como funciona. Diga que gostaria de saber mais sobre o assunto. Que talvez poderia ajudá-lo dando uma mãozinha. O que estou descrevendo não precisa acontecer rápido. Se ele recusar, volte a construir uma relação mais forte com ele, a conhecê-lo melhor. O objetivo é continuar tentando. Lembre-se, é preciso fazer esse trabalho, desenvolvendo essas habilidades, por anos."

Dito isso, mencionei a Zina que poderia não dar certo com Devon. É sempre uma possibilidade com qualquer relacionamento. A importância de dar o primeiro passo é que, até você tentar, nunca saberá se alguém será um bom colega. Se Devon não se mostrar receptivo, falei, ela poderia mudar seu foco para outras pessoas e outro problema no PS.

"Sei que é bastante coisa para processar", afirmei. "Mas o que acabei de descrever — construir uma relação coelevadora com Devon e talvez com outros — é como você começa liderando a transformação do hospital hoje, e talvez tenha de esperar menos de cinco anos para se tornar gerente."

Zina assentiu e respondeu: "Quero tentar fazer isso."

Quando o *brunch* chegou ao fim, Zina estava pronta para dar o primeiro passo: tentar conhecer Devon melhor e, por fim, estabelecer uma relação coelevadora com ele.

"Trabalhe nisso", disse a ela, "e tente o mesmo com outros além de Devon conforme a oportunidade surgir. Comece a ser uma líder com aqueles no PS agora, e garanto que será gerente em pouco tempo".

E o ponto principal é que, acrescentei, "mesmo que não consiga o cargo de gerente em três anos, no mínimo terá aprendido bastante. Terá passado esses anos trabalhando para cumprir sua missão de melhorar a assistência ao paciente."

CONTINUE TESTANDO OS LIMITES

Mantive contato com Zina pelos meses seguintes, e ela me atualizou sobre seu progresso. Ela levou a sério que era sua responsabilidade contatar e criar um relacionamento com Devon. Essencialmente, já havia começado o processo de coelevação, sem que Devon estivesse ciente. Para ajudar em seus esforços, abordou também uma enfermeira mais velha e bastante respeitada, uma figura materna para vários no departamento, para lhe pedir conselhos sobre como trabalhar mais perto de Devon. A enfermeira ficou feliz em compartilhar sua visão sobre ele, que conhecera quando jovem. Depois de se convencer de que as intenções de Zina eram genuínas, foi generosa ao oferecer conselhos.

Com o passar do tempo, Zina e Devon começaram a conversar com mais frequência, primeiro sobre os desafios do trabalho, e depois sobre si mesmos. Zina contou a Devon sobre seu marido e seu neném, e Devon, cujos filhos eram crescidos, recordou-se de memórias da criação de seus filhos. Com frequência, passavam suas pausas ou o almoço juntos. Conforme ficaram mais próximos, Devon passou a se ver um pouco como mentor de Zina. Discutiram as dificuldades do trabalho. Quando o relacionamento ficou mais próximo, eles começaram a colaborar em soluções para melhorar o PS.

Com o tempo, passaram a trocar ideias. Foi Devon, com frequência instigado pelas perguntas por vezes ingênuas de Zina, que encontrou as soluções para os problemas de estoque do PS. Não demorou muito para que as carências de suprimento do PS fossem coisa do passado.

No processo, Zina aprendeu que havia muito mais nos bastidores do hospital do que havia imaginado. Muitas das soluções que ela e Devon encontraram demandavam mudanças em aquisição e contabilidade, áreas bastante fora do controle de Devon. Suas conversas inspiraram a ambos a criar relacionamentos coelevadores com pessoas nesses departamentos. Zina sentiu vergonha por ter culpado Devon tão rápido por todos os problemas de estoque do PS.

Nunca conheci Devon, mas já encontrei centenas deles ao longo dos anos. Ele se abriu para solucionar os problemas do PS por causa da decisão de Zina em se coelevar com ele. Nela, encontrou alguém que tinha boas intenções sobre o futuro do PS e que também tinha a melhor das intenções. Zina o apoiava. Devon aceitou parte do treinamento de Zina e, observou ela, se tornou menos defensivo e mais aberto para os outros no hospital. Ele também ficou mais confortável para expressar sua curiosidade inata, porque estava surtindo resultados. "Eu não sei" tornou-se uma expressão de questionamento, em vez de uma admissão de ignorância. E juntos formaram uma relação realmente coelevadora.

Zina me disse que achava que Devon só precisava engajar-se novamente com alguém em que podia confiar. Nenhum chefe lhes atribuiu as tarefas que fizeram juntos — simplesmente tomaram a iniciativa e foram em frente. Posição e autoridade não entraram em jogo. Como médica, Zina estava mais alto na hierarquia do hospital, mas Devon, com seus 25 anos de experiência, tinha mais tempo de casa. Trabalharam como colegas, focados em agregar valor à missão do PS e um ao outro.

Equipes coelevadoras como essa têm um poder tremendo. Aqueles que estudaram tais relacionamentos — de Hewlett e Packard a Lennon e McCartney — sugerem que esses tipos de relações dinâmicas são profundamente arraigadas na natureza humana. Rich Karlgaard, editor da *Forbes*, e Michael S. Malone escrevem em seu livro *Team Genius* [sem publicação no Brasil]: "Pode-se afirmar que muito mais do que a linguagem [...] é esse talento que distingue nossa espécie, uma compreensão inata de que, ao fazer parceria com outra pessoa, podemos realizar coisas que não faríamos sozinhos."[2]

Acho que isso é parte do motivo pelo qual filmes hollywoodianos de amizade como *48 Horas*, *Thelma & Louise*, *Butch Cassidy* e *MIB: Homens de Preto* são tão populares. Somos naturalmente atraídos por histórias de duas pessoas que se unem em circunstâncias extremas para fazer o que é preciso, formar um laço e enfrentar seus medos e desafios como parceiras. De certo modo, todos os filmes de amizade são essencialmente um conto de coelevação. Em filmes de amizade, como na vida, a mudança ocorre quando uma personagem contata a outra, e depois outra, provocando a transformação. *Os Miseráveis*, *Erin Brockovich: Uma Mulher de Talento*, *Selma: Uma Luta pela Igualdade*, *Milk*, *Silkwood: O Retrato de uma Coragem* — cada um conta a história de alguém que recorre a outra pessoa e, por fim, a um grupo inteiro para assumir um desafio e realizar mudanças abrangentes. Zina e Devon mudaram o status quo. Ao se coelevar com os funcionários do hospital, propagaram sua paixão pela causa: uma assistência de excelência ao paciente.

E os cinco anos para se tornar gerente? Da última vez que nos falamos, Zina contou que havia sido promovida em apenas dois anos! Também foi nomeada para diversos projetos de melhoria em todo o hospital. Ao liderar sem autoridade, aprendeu que havia conquistado uma excelente reputação no hospital como alguém que mostrava iniciativa e visão, alguém que realizava as coisas. Ela deixou seus talentos de liderança visíveis para todos ao gerar resultados pela coelevação. E, ao fazê-lo, começou a mudar a cultura do ambiente de trabalho em todo o PS.

Cada um de nós tem a capacidade e a oportunidade de dar o passo para se tornar um novo líder no novo mundo do trabalho. Eu diria que temos a responsabilidade de fazer isso. Para Zina, essa mudança começou no momento em que colocou de lado suas desculpas de "isso não é o meu trabalho" e "essa pessoa é muito difícil". Cada um de nós tem a capacidade de dar um passo semelhante e começar a liderar.

Agora.

> Nós usamos a coelevação para enaltecer nossa equipe de liderança e a adotamos para descobrir soluções inovadoras para problemas corporativos com nossa organização mais ampla, multifuncional e multiperspectiva. Quando você aceita a responsabilidade de desenvolver relacionamentos próximos e coelevadores com seus colegas, descobre que pode vencer obstáculos que pareciam insuperáveis. A coelevação oferece uma abordagem prática para o desenvolvimento pessoal e profissional que oferece uma fundação sólida para equipes de alto desempenho. Francamente, funciona.
>
> JEFF BELL, CEO da LegalShield

SEGUNDA REGRA: AS PRÁTICAS

Se você é como outras pessoas que treinei ou o público a quem palestrei, deve estar pensando: "Você não entende com quem tenho que lidar", "Não sabe o quanto de trabalho tenho", "Não tem ideia de como é difícil fazer as coisas aqui" ou "O que está sugerindo não tem nada a ver com meu trabalho".

Se está assentido a qualquer uma dessas frases, então aperte os cintos. Gostaria de ajudá-lo a descobrir como esse tipo de pensamento é uma desculpa autossabotadora que o levará à mediocridade.

Compreendo as pressões bastante reais, os chefes difíceis ou os relatórios de baixo desempenho que as pessoas enfrentam no trabalho. Já usei muitas dessas desculpas. Mas não passarei a mão em sua cabeça, pois os riscos são muito altos. Sei que está ocupado. Sei sobre as políticas corporativas; como as empresas diferem, atrasam e detonam as iniciativas e novas maneiras de fazer as coisas. Reconheço que, superficialmente, pode parecer mais fácil e mais seguro simplesmente se acomodar, fazer seu trabalho, ficar na sua e deixar que as pessoas se saiam bem ou mal por conta própria.

Eu entendo. E nada disso importa.

Chegamos a um ponto de inflexão no qual ficar na sua não é mais uma opção. Para ter qualquer chance de sucesso hoje, com a pressão persistente para transformar, inovar e reinventar, temos de sair da nossa zona de conforto e contatar as pessoas que formam nossas equipes. E quando as encontrarmos, temos de trabalhar juntos: conhecendo-as, trabalhando de forma colaborativa, dando retornos genuínos e oferecendo orientação — e ficando aberto para receber, em troca, tudo isso de nossos colegas.

Não podemos esperar que nossa equipe nos encontre.

Se virmos uma oportunidade, precisarmos abraçá-la, assim como Zina o fez. E se descobrirmos que as outras crianças não querem compartilhar seus brinquedos e se comportar bem, é nosso trabalho nos coelevarmos com elas, dar o passo e liderar.

Redefinir e ampliar nossos relacionamentos desse modo, e de incontáveis outros, começa com o reconhecimento de que cada um de nós é responsável por fazê-lo. Não é responsabilidade de nossos colegas, nosso chefe, da liderança da empresa ou da cultura geral da organização. Resumindo, nós criamos as reações daqueles à nossa volta por meio dos nossos comportamentos. A coelevação não exige que os dois concordem. Mas, no fim, é preciso assumir a decisão se quiser ter uma relação bem-sucedida com seus colegas, chefes, clientes ou parceiros.

Essa é a mentalidade necessária para transformar a passividade, o ressentimento ou a resignação em determinação energética para construir uma equipe solidária que conquista a grandeza.

Deixe-me dar outro exemplo de minha vida pessoal. Já mencionei que meu filho adotivo mais novo teve dificuldades para se adaptar quando veio morar conosco aos 12 anos. Ele já havia morado em quinze casas e se magoado tantas vezes que seu impulso era o de se afastar das pessoas antes que pudessem rejeitá-lo.

Seria apropriado ou racional que eu esperasse que meu garoto assustado, furioso e emocionalmente frágil colaborasse comigo? Claro que não! Eu sou o pai e minha missão é ser bom nessa função e cuidar dele. Era minha responsabilidade engolir minha dor e frustração e dar o máximo de mim. Tive de sair para implorar por ele aos seus professores e depois ir mais além e conseguir ajuda externa. Fazer o que fosse necessário.

Em diversas ocasiões, falhei em ser o adulto calmo da relação, mas sempre soube que era minha responsabilidade me recompor e tentar novamente. E havia outra alternativa? Cruzar meus braços e esperar que ele "crescesse"? Claro que não!

Se sua missão é importante, você também não pode esperar.

Compartilho essa história não porque nossa equipe é como nossos filhos, mas porque sei que as crianças não são diferentes de qualquer outro ser humano. Todos nós, não importa a idade, respondemos positivamente à liderança e ao apoio oferecidos com um comprometimento inabalável ao nosso sucesso.

Também não estou ignorando a realidade de situações difíceis. Em vez disso, digo que, se o sucesso lhe é importante, então você é o único que pode superar os obstáculos em seu caminho. Mesmo ao enfrentar os problemas mais assustadores, temos poder completo sobre como escolhemos reagir.

Assim como Zina reconheceu que poderia realizar mais no hospital ao recorrer à ajuda de Devon, todos nós podemos realizar mais em nosso próprio mundo. Fazer isso, com comprometimento total e integridade, é uma das definições da liderança verdadeira.

Imagine um grupo de executivos bebendo cerveja e fazendo piadas sobre como fraudaram as contas de despesas. Seria uma enorme violação de integridade. Ainda assim, quando treino equipes executivas, com frequência ouço coisas que, ao meu ver, são igualmente objetáveis.

Por exemplo, quando você está em uma situação sobre a qual tem um ponto de vista que acredita que fará diferença, mas o suprime por medo de que o comentário abale alguém. É profissional ficar de boca fechada?

Se duvida da eficácia da instrução de um colega, mas escolhe ficar quieto sobre os riscos, é um comportamento aceitável ou inaceitável?

Falar pelas costas de um colega sobre seu fraco desempenho (sem informá-lo diretamente) é uma conduta profissional boa ou ruim?

Se seu objetivo é agir com integridade, ser um líder entre seus colegas e em sua organização, então a resposta é não — deixar de dar sua opinião é uma abdicação de responsabilidade. Deixar de aceitar o manto da liderança e de se coelevar com seus colegas é uma violação de integridade profissional. Minha esperança é a de que, algum dia, deixar de liderar quando a liderança é necessária não será mais aceitável do que fraudar contas de despesas.

A verdade é que você pode criar uma relação e trabalhar em parceria com qualquer pessoa. Antes de eu elaborar sobre como fazê-lo, quero eliminar todas as desculpas que nos impedem de coelevar.

Evite as Seis Desculpas Capitais

Já ouvi de tudo.

Sei que está ocupado. Compreendo. Sei que algumas pessoas o desafiam, testam e aborrecem. As pessoas às vezes são difíceis. Diabos, na maior parte do tempo!

Não duvido dos obstáculos que enfrenta.

Mas nenhuma de suas desculpas importa. Todos esses "motivos" são irrelevantes para seu objetivo real.

Acredite, já enfrentei desafios que me fizeram querer fugir e desistir. Só estou dizendo que temos de navegar nosso caminho para o sucesso, e com frequência esse caminho tem obstáculos árduos e passa por pessoas difíceis. Também é verdade que podemos falhar de vez em quando. Isso é inevitável. O autor Seth Godin, o famoso guru do marketing com quem aprendi muito ao longo dos anos, diz que a expressão "isso pode não funcionar" pode ser encontrada "no centro de todos os projetos importantes, de tudo que é novo e vale a pena ser feito".[3] É na incerteza que o novo valor é criado. Tudo o que você quer na vida está do outro lado de todas suas desculpas por não tentar.

Não importa a situação, temos o poder sobre o que e quem nos frustra. Mas se não tentarmos transformar as relações cruciais ao nosso redor em novas relações coelevadoras, estaremos escolhendo ser medíocres.

Já ouvimos falar dos Sete Pecados Capitais. Bem, aqui estão as Seis Desculpas Capitais que precisamos superar para coelevar e liderar — com ou sem um cargo e autoridade oficial.

Primeira Desculpa: Ignorância

Agora que você conhece as novas regras de trabalho e sabe que liderar sem autoridade é uma escolha só sua, a ignorância não é mais uma desculpa.

Até Zina entender que poderia ser líder em seu trabalho *agora*, pensava que era perfeitamente aceitável deixar quieto e não fazer nada enquanto os suprimentos periodicamente acabavam no PS, colocando em risco a assistência ao paciente. Minha mensagem para Zina é a de que era responsabilidade *dela* lidar com o que havia de errado no hospital. Ela não tinha mais desculpas para não agir.

E agora você também não!

Segunda Desculpa: Preguiça

Às vezes, deixamos de seguir adiante e de nos coelevar com os outros com perfeição porque parece trabalhoso demais. O problema é que, no mundo atual do trabalho, apesar da dificuldade compreensível que todos nós temos de riscar itens de nossa longa lista de afazeres, não podemos nos dar ao luxo de abdicar da responsabilidade de liderar. Se você ficar afastado com a atitude de "isso não é meu trabalho", pode acabar sem emprego. Se a missão for importante, então você fará o que for necessário para concluir o trabalho. Sim, a coelevação é trabalhosa — mas se abdicar de sua função de líder, pode se encontrar forçado a abdicar de seus negócios.

A maioria de nós está satisfeita com relacionamentos baseados simplesmente na coexistência. Estamos ocupados. Relações coelevadoras exigem tempo. Exigem que sejamos proativos. E, certamente, muitos de nós temos agendas malucas e somos arremessados em várias direções. Mesmo quando estamos nos sentindo sobrecarregados, é simples enviar um e-mail rápido e agendar uma ligação de quinze minutos.

A coelevação leva tempo, então você precisa arranjar espaço para ela. Isso pode significar delegar outras responsabilidades ou priorizar novamente sua agenda. Se supervisiona uma equipe ou tem pessoas subordinadas a você, considere lhes dar mais tarefas. Alguns agarrarão a oportunidade de crescer, melhorar suas habilidades e aumentar as responsabilidades.

Se sente que não faz ideia do que fazer, tente isto: pergunte àqueles à sua volta o que deve parar de fazer ou o que deveria fazer menos — ou seja, como ganhar tempo. O feedback pode surpreendê-lo.

E se não tem alguém em sua equipe que pode assumir mais responsabilidades, considere isso seu projeto de coelevação. Coeleve alguém de sua equipe que pode, com o tempo, ser capaz de assumir mais responsabilidades. Ao se preparar e treiná-lo, também estará liberando tempo para nutrir outros relacionamentos coelevadores.

Terceira Desculpa: Deferência

Com muita frequência, ouço pessoas resistindo a dar o primeiro passo para a coelevação em deferência ao organograma. Quando uma tarefa cruza fronteiras e requer a ajuda de colegas de outros departamentos ou envolve defender uma nova iniciativa, escuto: "Está fora da minha alçada" ou "Não é minha decisão".

Alguém me disse certa vez: "Não é meu trabalho ser o coach do meu chefe." Mas se seu chefe for exatamente a pessoa com quem você precisa colaborar para fazer a diferença, então, sim, se a situação mandar, você terá de ser o coach de seu chefe. Se você se pegar sendo tão respeitoso com a cadeia de comando que deixa de dizer o que pensa e esconde a verdade, não estará desapontando apenas você, mas a empresa inteira. Está trapaceando seu empregador. Não é diferente de falsificar um relatório de despesas. É um comportamento não profissional e sem integridade.

A verdade é que, com frequência, as pessoas estão esperando que você mergulhe de cabeça e se envolva mais.

Anos atrás, fundei uma empresa de software de coaching chamada Pocketcoach. O chefe de desenvolvimento de produtos, Mateo, tinha ideias brilhantes para levar o software em uma nova direção, mas se continha porque acreditava que precisava da aprovação do CEO e do COO. Como fundador, eu o incentivei a ir em frente, dizendo que, se acreditava tanto em suas ideias, deveria preparar uma apresentação e convidar o COO a uma reunião comigo e o CEO.

Mas Mateo resistiu. Ele era muito jovem e fora magoado por rejeições anteriores pelo CEO e COO. Não queria arriscar passar por essa experiência novamente. Lembro-me de como me senti frustrado quando ouvi suas desculpas por não tentar. "Eles não são seus inimigos", garanti a ele. "Eles fazem parte da sua equipe. Trate-os desse modo. Recrute mais pessoas do escritório para verem seu ponto de vista. Ou prepare a apresentação e a dê a mim!"

Então Mateo criou um PowerPoint e marcou a reunião. Levou apenas quinze minutos para ele convencer todos nós de que sua ideia era exatamente a direção que precisávamos seguir. E mudamos algumas de nossas ofertas de produtos por causa disso. Por fim, essas ofertas nos ajudaram a vender a empresa.

E tudo isso aconteceu porque Mateo parou de abdicar de sua responsabilidade de liderança. Hoje tem sua própria empresa e ensina seus funcionários a liderar sem autoridade por meio da coelevação. Ele sabe que colaborar sem esperar por permissão é o caminho para inovação, agilidade e crescimento.

Quarta Desculpa: Agir Como Vítima

Uma das melhores coisas sobre aceitar a mentalidade de liderar sem autoridade é que isso pode curar a doença que é se ver como uma vítima.

Quando as pessoas ou eventos o decepcionarem, não fuja, não se conforme à situação ou sucumba à autopiedade. Reaja de modo racional e trate a aceitação das decepções do mesmo modo como aceita as forças do mercado — como uma realidade com a qual deve lidar.

Trabalhando com empresas grandes, constantemente ouço reclamações de que os colegas não cooperam, que a organização torna a mudança muito difícil ou que o mundo não é justo. Ouço mais apelidos negativos para departamentos internos rivais do que para a concorrência, que é onde o foco da organização seria mais adequado.

Conheço essa desculpa intimamente, pois a vivi durante anos, contando a mim mesmo e aos outros histórias que justificavam minha falha em agir em certas situações cruciais. Eu me senti vitimado depois que meu cargo de CMO foi extinto no Starwood Hotels. Também culpei um de meus primeiros sócios por não contribuir. Usava tais histórias quando queria justificar por que um projeto não acontecera do modo que antevira ou porque precisava encontrar uma parceria melhor, tanto empresarial quanto pessoal.

Em certas questões, estava cego para a realidade de que apenas desistira, em vez de fazer o trabalho árduo de enfrentar o conflito e assumir meu papel no fato de o relacionamento não estar funcionando. Falhei em desenvolver completamente o potencial das parcerias disponíveis para mim. Estava aquém de minhas expectativas em minha vida profissional e pessoal.

Levei anos para perceber que era tudo culpa minha. Agora posso ver, com mais compaixão, como as pessoas podem ficar tão envolvidas em se verem como vítimas que tornam o sucesso impossível. É quando a autopiedade se torna uma doença.

Em vez de fazer o que for possível para conquistar resultados verdadeiros, muitos de nós bancam a vítima, agarrando-nos à mentalidade de vítima como um escudo. Quantos de nós nunca alcançam as maiores ambições porque colocamos a culpa nas circunstâncias, em alguém ou em alguma coisa? Quantos de nós sentimos um *déjà vu* quando um relacionamento ou emprego acaba sinistramente do mesmo modo que um anterior?

Uma vez que aceitamos a ideia de que tudo depende de nós, a desculpa de que somos a vítima desaparece. Essa compreensão nos dá total autonomia para agir, para construir relacionamentos coelevadores e liderar sem autoridade.

Quinta Desculpa: Covardia

Reitero, se uma situação o assusta, provavelmente há algo nela que o convoca a crescer.

Com frequência, deixamos de escolher a coelevação porque somos muito tímidos, temos muito medo do conflito ou muito receio de sermos recusados ou rejeitados. Essa inibição pode estar só na sua cabeça, mas o medo do relacionamento é forte e está arraigado. A maioria de nós não gosta de confrontar os outros — e eu também sinto o mesmo! Estudos mostram que a dor da rejeição é indistinguível da dor física.[4] Mas ao vivenciar o que pode ser conquistado ao aceitar esse desconforto, tudo começa a ficar um pouco mais fácil.

Alguns anos atrás, eu estava ajudando Kyle, um CEO recentemente nomeado, a guiar a empresa durante sua restruturação e a abertura do seu capital. Kyle nunca deteve um cargo tão alto e estava inseguro sobre sua capacidade de ser bem-sucedido na enorme tarefa diante dele. Seu medo se transformou em raiva, e ele começou a ignorar as pessoas e até a desvalorizá-las. Muitos se sentiram sofrendo bullying.

A equipe subordinada a Kyle recuou, com medo de falar com ele. Começaram a duvidar de suas habilidades e a enviar memorandos pedindo sua aprovação até dos menores detalhes. Kyle ficou sobrecarregado com suas decisões, o que o deixou ainda mais estressado.

Os resultados sofreram, e os investidores da empresa de capital fechado começaram a temer que perderiam seus objetivos financeiros. Connie, responsável pela área de atendimento ao cliente, percebeu que a situação não melhoraria até que alguém da equipe engolisse o medo de conflito e abordasse Kyle.

Depois de uma reunião executiva especialmente hostil, Connie disse a Kyle: "Eu realmente quero que todos nós possamos ir mais longe juntos. Você é o CEO, mas também é um membro desta equipe que precisamos apoiar." Ela lhe pediu um dia para se reunirem e discutirem a lista atual de projetos dele. Juntos, chegariam a um acordo sobre o procedimento para cada um, junto com datas de entrega claras.

Muitos da equipe reclamaram que Kyle lidava com muitas coisas ao mesmo tempo. Mas Connie foi a primeira a transformar essa reclamação em ação, pela qual tomou responsabilidade. E Kyle foi receptivo às sugestões de Connie porque ela apresentou as ideias como algo benéfico para ele e a empresa.

Kyle certamente sabia que seu hábito de dar patadas não era a solução. Ele só precisava que aqueles à sua volta o ajudassem a superar esses momentos, o ensinassem um modo melhor de se comportar, mesmo que não soubesse pedir a ajuda deles.

Connie, que deixou de lado seu medo de conflitos para oferecer uma solução, deu o primeiro passo para a recuperação da equipe. Kyle continuou a evoluir como líder, e a empresa superou as expectativas do grupo de investimento em capital fechado — uma conquista nada fácil.

"Há pressões suficientes das forças do mercado com que temos que lidar, então por que deixar nosso próprio medo ser mais um obstáculo?", perguntou-me Connie posteriormente. "Toda mudança precisa de coelevação. Tive que me arriscar, pois me importava muito com nossa missão. E apesar de ele ter dificultado, eu tinha que me importar com Kyle também."

Sexta Desculpa: Indulgência

Indulgência pode ocorrer de diversas formas. Tomados por memórias dolorosas, com frequência ficamos relutantes em abrir mão de nossa raiva, ressentimento ou frustração. Quando um relacionamento está desgastado, podemos nos sentir orgulhosos demais para abrir mão de estar certos ou até não estar dispostos a ver o conflito sob outra perspectiva. Mas não há lugar para se apegar ao ressentimento se ele o está impedindo de alcançar o sucesso profissional ou pessoal.

O ressentimento pode ser prejudicial à nossa saúde mental e à produtividade. Quando nos permitimos sentir ressentimento no trabalho, ele só cresce e fica pior, sabotando nossa carreira de modos que podemos nem perceber. Os ressentimentos entre duas partes podem se arrastar por anos em uma queda vertiginosa, custando a ambas incontáveis oportunidades de crescimento pessoal e sucesso profissional.

Lembre-se, só depende de você! Liberte-se de julgamentos indulgentes, de histórias egoístas e do hábito perigoso de precisar estar certo ou insistir que a outra pessoa aproxime-se de você primeiro. Há um custo profissional, emocional e físico para sentimentos indulgentes que nos mantêm presos e ressentidos. Quando insistimos que as coisas devem ser do nosso jeito e deixamos de coelevar, cedemos o nosso poder.

Você Sempre Primeiro

Se queremos obter sucesso em um mundo no qual a pressão por mudanças constantes, inovações e agilidade é imensa e crescente, temos de tomar a iniciativa. Temos de mudar como trabalhamos com as pessoas à nossa volta. Se seu objetivo é importante o suficiente, se é uma missão que você acredita que fará a diferença para sua equipe, departamento ou empresa, então deve a si mesmo e à sua organização dar o primeiro passo.

Foi isso o que Zina fez com Devon. Ela teve de dar o primeiro passo. Teve de fazer um esforço conjunto e consciente para mudar seu relacionamento com Devon. Assim que Zina parou de evitá-lo e começou a mostrar preocupação tanto por ele quanto pelo desempenho do PS, os dois conseguiram se juntar para formar um relacionamento produtivo e coelevador que os permitiu chegar mais longe, ao mesmo tempo em que tratavam dos muitos problemas do departamento.

Mas deixe-me esclarecer uma coisa. A coelevação não exige consenso ou que dois indivíduos concordem. Só exige que você assuma a *responsabilidade* e *decida* ser coelevador. Se seu relacionamento com seus colegas será bem-sucedido ou não só depende de *você* e de suas ações.

Ou seja, você não precisa esperar os outros — só precisa começar.

Ao enfrentar os desafios de criar meu filho adotivo, eu não tinha a opção de dizer à criança rebelde: "Ei, quando você se comportar, eu serei seu pai." O mesmo se aplica ao seu trabalho. Se o que faz é importante para você, precisa dar tudo de si. As desculpas não importam. Se sua visão para seu trabalho, seus colegas e sua carreira são importantes o suficiente — e, francamente, precisam ser —, então aja. Talvez não acredite na missão de sua empresa. Mas a questão principal é que, se está ganhando um salário, sua obrigação com a empresa é dar o seu melhor. E deve o mesmo comprometimento aos seus colegas. Mesmo se as pessoas com quem tem de lidar sejam difíceis ou o relacionamento seja tenso. Na verdade, até mais nesse caso.

Reconfigurar seus relacionamentos desse modo começa com o reconhecimento de que é sua responsabilidade desenvolvê-los e nutri-los. O Navy SEAL aposentado Jocko Willink chama essa mentalidade de "propriedade extrema".[5] Para ser um líder genuíno, não importa seu cargo, você precisa ser a pessoa que detém essa função em sua equipe. Essa é a mudança de mentalidade mais importante pela qual precisamos passar para conquistar coisas grandiosas. Você não pode esperar pelos outros. Mas precisa começar por eles.

Sempre Questione, "Qual É o Meu Papel?"

Com frequência, não percebemos, mas quando mudamos como nos comportamos e interagimos com as pessoas, mudamos a resposta delas a nós. Lembra-se de como Zina evitava Devon? Ela achava que ele era irremediável, que era difícil conversar com ele e que era muito protetor de seu território. Mas Zina mudou tudo isso falando com Devon sobre si mesma e sobre o PS. Depois que o conheceu melhor e as limitações que ele enfrentava no hospital, ela reconheceu que a natureza hostil de seu relacionamento era responsabilidade dela. Para poder transformar seu relacionamento, ela tinha de questionar o que se mostraram ser julgamentos infundados sobre Devon.

Todos nós fazemos esses tipos de suposições e crenças sobre as pessoas em nossa vida. Nós fazemos erros de julgamento tão natural e automaticamente que os psicólogos têm um termo para isso: erro fundamental de atribuição. Nós observamos o comportamento de alguém e decidimos *quem* é essa pessoa.[6] E o único modo de superar esse erro fundamental de pensamento é perguntar: "Qual é o meu papel nesse julgamento?" E então agir para corrigi-lo.

Quando encontro alguém que sinto que desdenha de mim ou não está me dando um retorno sincero, tento avaliar meu papel no relacionamento, em vez de culpar a outra pessoa. Mesmo depois de anos de sucesso, com frequência me sinto uma criança insegura de Latrobe, na Pensilvânia. Criei a persona de alguém briguento como um mecanismo de defesa. Autorreflexão não é meu instinto natural e é algo que fiquei anos sem praticar.

Hoje eu me pergunto: "Por que ele não se sente seguro para expressar sua opinião para mim?" Então reflito em como posso mudar meu comportamento.

Quando encontro alguém que, na minha opinião, carece de responsabilidade ou comprometimento, primeiro questiono a clareza de minhas expectativas e a efetividade de meu acompanhamento. Reforçando, esse não foi um hábito facilmente aprendido. Na realidade, nasceu de meu trabalho com um astuto coach de Los Angeles chamado Sean McFarland (eu o chamo de "Seano").

O conselho de Seano resultou de seus muitos anos de trabalho em recuperação de dependências. Eu o conheci quando estava pesquisando para meu livro anterior e achei seu conselho incrivelmente preciso. Na essência do tratamento de Seano está o reconhecimento de que qualquer pessoa tentando se recuperar de uma dependência deve assumir total responsabilidade pela sua recuperação, com a ajuda dos outros. Não é possível escalar do fundo do poço da dependência enquanto você está agarrado à mentalidade de vítima.

Passei a acreditar que todos nós somos dependentes de alguma maneira. Todos nós somos profundamente dependentes ou viciados em comportamentos que não nos servem bem. Mas os adotamos de qualquer modo. Ao pegar emprestado alguns conceitos e práticas de recuperação que aprendi com Seano, ajudei muitos executivos a se recuperar de suas dependências prejudiciais das velhas regras de trabalho e das expectativas no centro de tanta miséria corporativa que as acompanham.

Ao ser honesto consigo mesmo, você terá o poder para melhorar qualquer relacionamento em sua vida. Depois de tomar ciência do que está fazendo — e isso é um processo contínuo —, ficará surpreso ao descobrir a frequência com a qual abre mão de responsabilidades importantes que sempre foram apenas suas.

Repito, sempre que o relacionamento com alguém estiver dando errado, você precisa se perguntar: "Qual é o meu papel nisso?"

Idealmente, você deveria compartilhar a resposta com seu colega. Se isso for impossível, então, pelo menos, é importante compreender totalmente como seu papel influencia a direção que o relacionamento está tomando. Se um colega é crucial para o sucesso da equipe ou da divisão, mas você percebeu que resiste em coelevá-lo — talvez porque isso desencadeia seus gatilhos emocionais ou porque não gosta da personalidade dele —, bem, então a culpa é sua.

Embora a outra pessoa provavelmente só se coelevará com você se você assumir a sua parte autenticamente, muitas vezes você consegue fazer a diferença mesmo sem que ela mude o comportamento.

Em muitos casos, a bagagem emocional e os estilos pessoais aparentemente estão em tamanho conflito que parece impossível se desvencilhar de qualquer atrito ou ressentimento acumulado.

Confie em mim, já passei por isso. Há algumas pessoas com quem tenho relacionamentos produtivos e coelevadores hoje e que, há alguns anos, eu diria que isso nunca aconteceria.

Quando falo aos outros sobre a necessidade de perdoar alguém, geralmente sugiro que avaliem como reagiram à pessoa e a trataram.

Normalmente, não é fruto de seus melhores comportamentos.

Você se surpreenderia com a maneira como as pessoas podem ser receptivas, até mesmo aquelas que pareciam antagônicas no passado, se você disser "me desculpe", se lhes entender uma mão.

Abra Mão de Estar Certo

Um dos principais obstáculos para superar o ressentimento é desistir da insistência em estar certo. É difícil. Somos condicionados a defender nossos pontos de vista e posições. Mas deixar outra pessoa estar certa é o ato de priorizar sua missão a despeito de sua própria certeza.

Um grande conglomerado petrolífero do Texas solicitou minha ajuda, pois precisava de que dois executivos de alto escalão de duas divisões trabalhassem mais próximos. Robin, que liderava toda a prospecção e os primeiros acordos de produção, e Chris, que tratava do comércio, compartilhavam muitos dos mesmos clientes, e caso seus esforços fossem mais bem coordenados, a experiência do cliente seria aprimorada.

Infelizmente, Chris e Robin nunca se deram bem. Nas poucas ocasiões em que tiveram de trabalhar juntos, dificilmente concordavam, e às vezes tinham discussões acaloradas em reuniões da equipe executiva.

Chris era um executivo bem-sucedido que atingia suas metas e pensava que suas visões sobre estratégias e acordos estavam sempre corretas.

Robin, que também atingia suas metas, tinha certeza de que sempre estava certa. Nenhum dos dois tentou superar as diferenças e ver a perspectiva do outro.

No começo, eu não sabia ao certo como fazer Chris e Robin quebrarem suas barreiras. Comecei discutindo como suas divisões destrutivas podem afetar o valor para os acionistas; então notei que alguém estava usando um anel de casamento enorme (afinal, estava no Texas). Olhei para todos os dedos anelares da sala e vi que todos eram casados.

Então interrompi o que estava falando e perguntei: "Alguém aqui tem um casamento decente?" A princípio, todos pareceram confusos, então fiz a pergunta novamente, e alguns deles levantaram as mãos, curiosos com o que eu estava tramando. Chris e Robin foram uns dos que levantaram as mãos.

"Parabéns", falei. "Vocês aprenderam uma das maiores lições da vida: como abrir mão de estar certo para conseguir o que quer." Algumas pessoas riram, e continuei: "Pessoas em casamentos sólidos sabem o que um 'sim, amor' ou 'você tem toda razão' bem cronometrado pode fazer pelo relacionamento e para alcançar um resultado positivo."

Salientei que, no panorama geral, quando há divergências, ser mais agradável pode abrir espaço para um diálogo mais saudável. Dizer algo como "posso não estar certo sobre isso, amor", mesmo quando não se sente exatamente dessa maneira no momento, comunica que se preocupa mais com a outra pessoa e com seu relacionamento do que com estar certo. É só tirar o "amor" das frases, e também terá uma solução para o trabalho.

"Em quais situações está na hora de abrir mão de estar certo?", perguntei. "Há algum relacionamento aqui em que está na hora de abrir mão de estar completamente certo?" Eu lhes prometi que não os faria dizer: "Posso não estar certo sobre isso, amor."

Conforme falava, notei que muitos estavam sorrindo e acenando com a cabeça. Até aproveitei a oportunidade para brincar sobre a relação entre Chris e Robin, fazendo com que rissem de si mesmos.

Chris e Robin são pessoas boas. E são executivos orgulhosos que confiam em seus julgamentos. Só precisavam ser lembrados de que permitir sentir ressentimento ou irritação com o outro não era o caminho para dar o melhor de si no trabalho — ou atingir melhores resultados para a organização.

Trabalhei com os executivos e suas equipes por vários meses. Sempre que um batia o pé, o outro se comportava de modo notoriamente diferente, na tentativa de preservar a paz e "abrir mão de estar certo".

É incrível o quão rápido e fácil as pessoas podem deixar de se sentir ressentidas. E quando o ressentimento se for, você nunca ouvirá ninguém dizer que sente falta dele. Por que sentiriam? O ressentimento nos deixa cegos e impotentes; é como beber veneno com a esperança de que a outra pessoa morra. Se tirar um momento para analisar qualquer situação que o faça sentir-se ressentido, perceberá que, seja lá a que esteja se agarrando, está, sobretudo, causando a miséria — a você.

> Para realizar a missão de empoderar cada pessoa e organização do planeta a ir mais longe, queremos que todos os funcionários adotem uma mentalidade de crescimento e colaborem de maneiras novas e inovadoras. Acreditamos que todos da Microsoft podemos e devemos ser líderes, por isso desenvolvemos um conjunto de Princípios de Liderança — criar transparência, gerar energia, entregar sucesso — para garantir que cada um se sinta empoderado a trazer suas perspectivas e experiências diversas para coelevar rumo à nossa missão compartilhada.
>
> KATHLEEN HOGAN, diretora de RH da Microsoft

UMA SUBIDA RÁPIDA COM O PÉ NO CHÃO

Depois de Zina ser convidada a participar da equipe de gestão do hospital, continuei treinando-a por meio de mensagens e ligações. À medida que os anos passaram e sua confiança aumentou, ela ficou impaciente às vezes, querendo mudar as coisas mais rapidamente. Isso é natural, é claro, quando você está desfrutando do sucesso e a missão é algo tão importante quanto a segurança do paciente. Mas achei ter notado Zina perder de vista sua humildade.

Ela parecia querer que outros médicos, enfermeiros e administradores ouvissem suas ideias sobre como mudar o sistema e já começassem a agir, porque acreditava que via coisas que eles não viam. Começou a se permitir sentir impaciência e deixou de lado a necessidade de construir relacionamentos de confiança e recrutar outros para sua missão compartilhada.

Às vezes, quando compartilhou comigo sua frustração pelas pessoas não agirem tão rápido quanto gostaria, tive de lembrá-la de permanecer humilde, para primeiro criar um relacionamento com o hospital. Quando se deixou levar pela impaciência e pelo orgulho, colocou em risco perder o superpoder que a havia levado tão longe.

"Você passou um tempo criando relacionamentos com os outros do PS?", perguntava a ela. "Descobriu como pode ser útil para cada um deles? Está se envolvendo com eles e ouvindo suas ideias de forma colaborativa? Está lhes pedindo maneiras de melhorar seu desempenho?"

Lembrei-a de separar quinze ou vinte minutos, algumas vezes por semana, para convidar as pessoas que a frustravam para tomar café. Lembre-se, falei, ainda é sua responsabilidade iniciar esses relacionamentos.

Antes de ter um cargo e responsabilidades de gestão, Zina tinha mais facilidade de se lembrar de que era sua responsabilidade construir tais relacionamentos. Apesar de ser uma médica emergencista ocupada, tinha relacionamentos próximos com enfermeiros, médicos e administradores em todo o hospital. Com cada novo colega, concentrou-se em conhecê-lo primeiro, antes de alistá-los à sua missão de melhorar o hospital e o atendimento ao paciente como um todo.

Ao se lembrar do que havia impulsionado sua rápida ascensão à gerência, Zina logo voltou aos eixos. Participou de conferências em que o futuro da tecnologia para o setor de saúde era explorado e ajudou a expandir sua equipe coelevadora além dos limites do hospital. Hoje, Zina está a caminho de impactar a ampliação da longevidade humana, que foi a razão pela qual escolheu a medicina como profissão.

Antiga Regra de Trabalho: a liderança é algo atribuído a você pela empresa ou organização. Inclui a autoridade associada ao seu cargo.

Nova Regra de Trabalho: a liderança é responsabilidade de *todos*. Você deve ajudar a liderar sua equipe, independentemente de seu cargo ou nível de autoridade.

Antiga Regra de Trabalho: para avançar em sua carreira, precisa fazer o que é esperado de você de acordo com suas funções.

Nova Regra de Trabalho: para avançar em sua carreira, precisa fazer o que é necessário para criar valor para sua equipe e organização, mesmo se isso não for esperado e estiver além das suas funções.

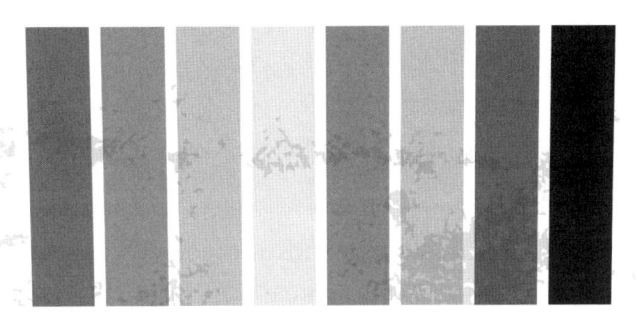

TERCEIRA REGRA
CONQUISTE PERMISSÃO PARA LIDERAR

> Conquistar permissão para liderar dialoga com algo que acredito ser uma verdade sobre liderança: o modelo do líder forte, motivado, inteligente e carismático que fornece orientações, define metas e garante que todos as cumpram é uma coisa do passado. As pessoas não querem ser mandadas. Querem fazer parte de algo. Um novo tipo de liderança é necessário, um que seja humano, autêntico, intencional e crie o ambiente certo para que os outros prosperem. Esse tipo de liderança criará confiança, desbloqueará a automotivação e é necessário para possibilitar um desempenho extraordinário.
>
> **HUBERT JOLY, PRESIDENTE EXECUTIVO DA BEST BUY**

Minha startup de tecnologia, Pocketcoach, estava ficando sem dinheiro.

Eu não estava pronto para desistir porque acreditava muito no negócio — que levava desenvolvimento *peer-to-peer* a uma plataforma online. Mas estava com dificuldades. Depois de investir milhões na empresa, me preparava para injetar mais de meu dinheiro para realizar a missão. Mas não podia fazer isso sozinho. Eu já arrecadara muito dinheiro de várias pessoas que conhecia e respeitava. Precisava logo de novos investidores.

Meu amigo da escola de negócios me colocou em contato com Ken, um investidor-anjo proeminente e uma figura bem respeitada na comunidade tecnológica de Los Angeles. Tudo o que eu ouvi sobre Ken fazia ele parecer excecional — sua inteligência, seus sábios investimentos em startups de tecnologia, até mesmo o fato de ser dono de um bar icônico em Los Angeles. Ken também tinha a reputação de ser um investidor bastante comprometido, que era o que eu queria. Encontrei-o para um *brunch* em um restaurante em Brentwood com a apresentação de minha empresa pronta.

Nossa conversa começou com a Pocketcoach, mas eu queria que Ken entendesse minha motivação para fundar a empresa. Falei sobre minha infância na região oeste da Pensilvânia, uma região siderúrgica. Eu lhe contei sobre minha família e como ficávamos à beira da pobreza sempre que havia demissões na fábrica. Minha missão pessoal, expressada por meio da Pocketcoach, era ajudar as pessoas a mudar seu comportamento e perceber seu potencial em um mundo de trabalho onde o coaching estava praticamente ausente. Também queria que a tecnologia expandisse as ofertas da Ferrazzi Greenlight para empresas que ainda não alcançáramos.

Falávamos havia uma hora quando percebi, no meio de uma frase, que eu passara tanto tempo falando sobre mim mesmo que não havia descoberto quase nada sobre Ken além do que já sabia quando me sentei.

O fato de que a conversa foi tão unilateral não é incomum na arrecadação de fundos para startups. O investidor o está avaliando, não o contrário. E Ken, como muitos investidores-anjo inteligentes, é experiente em incitar as pessoas e descobrir o que as motiva.

Mas falar apenas sobre mim não me permitiria criar um interesse mais profundo nele para ter um relacionamento mais importante. E falar sobre mim provavelmente seria pouco para ganhar a permissão de Ken, de modo que eu não seria nada além do que um investimento em potencial em seu portfólio.

Então mudei de direção no meio da frase. "Fale-me a respeito de você", disse eu. "Mais importante, o que posso fazer para ajudá-lo?" Ouvi dizer que uma das empresas de Ken estava desenvolvendo uma nova plataforma de tecnologia de blockchain e perguntei se havia algum CEO da *Fortune 500* a quem gostaria que o apresentasse.

Acho que Ken foi desarmado por minhas perguntas. Ele parecia desconfortável e hesitante. Então tentei outro ângulo: perguntei se alguma das outras empresas em seu portfólio poderia fazer uso de meus relacionamentos corporativos. Mais uma vez, recusou educadamente, dizendo que a maioria não estava pronta para o público.

Foi quando me dei conta de que Ken poderia estar mais focado em outros aspectos da vida do que nos negócios. Se não estava interessado em minhas conexões profissionais, talvez pudesse servi-lo pessoalmente. "O que o próximo ano significa para você e sua família?", perguntei. "Pessoalmente, em seus maiores sonhos, como gostaria de terminar o ano?"

Ken fez uma longa pausa, ponderando se deveria dizer o que estava pensando. Dei um pequeno empurrão compartilhando minha própria situação: solteiro pela primeira vez em vinte anos. "Cara", falei, "que ajuste".

Durante os vinte minutos seguintes, Ken se abriu sobre seus dolorosos e prolongados procedimentos de separação matrimonial. Havia levado meses, e ele estava preocupado que seus filhos haviam ficado presos entre ele e sua ex. Além disso, confidenciou, começara um novo relacionamento que estava lutando para compreender. Todos esses problemas estavam em sua mente. Falando aberta e autenticamente sobre minha criação e até minha vida pessoal, preparei o terreno para Ken falar comigo com vulnerabilidade sobre sua própria vida.

À medida que Ken desabafava, perguntei se tinha alguma ajuda profissional. Ele admitiu que nunca fora a um psicoterapeuta. Então, ofereci-me para apresentá-lo a Sean McFarland — Seano —, que se tornou meu coach pessoal. Até me propus a pagar pela primeira sessão de Ken.

"Sério", continuei. "Isso é o quanto acredito nesse cara e quanto realmente quero ajudar. Faço isso o tempo todo para meus amigos. Prometo que ele fará a diferença."

Ken me encarou. Ponderei se tinha ido longe demais, mas deixei esse medo de lado e, sem hesitar, peguei o celular e enviei uma mensagem introdutória a Seano e Ken.

Quando você contata os outros com esse tipo de generosidade ousada, algumas pessoas se surpreendem. Podem sentir desconfiança, temendo que de alguma forma estarão em dívida com você. Ou podem se sentir muito assustados e vulneráveis para admitir que querem ajuda, como talvez Ken tenha feito em sua vida profissional anteriormente em nossa conversa. Mas fiz a única coisa que pode ser feita em tais circunstâncias: deixei minhas motivações claras e assegurei a Ken o quanto a possibilidade de nosso relacionamento significava para mim, mesmo tendo acabado de conhecê-lo. E era verdade — comprometer-se a coelevar significa assumir o compromisso de estar a serviço de modo ousado.

"Ken, sua reputação é extraordinária", falei. "Quero que você seja um investidor. Mas seria uma honra um dia também considerá-lo um amigo. Acho que poderíamos fazer muito juntos." Agradeci-lhe por suas ideias e por seus conselhos generosos. "Realmente não quero deixar que isso seja visto como qualquer outra reunião de investidores", acrescentei. "Estabelecer uma amizade e uma colaboração profissional de benefício mútuo real seria incrível."

Ele disse que também se sentiu tocado por nossa conversa e me agradeceu por meu gesto generoso e palavras calorosas. E sim, concordou em investir naquela manhã — mesmo sem ter visto a apresentação do meu *pitch*. Mas o que começou naquela manhã foi muito mais do que uma relação de investidores para mim, e para ele.

Após nossa reunião, Ken começou a fazer sessões com Seano, e, nos meses subsequentes, vi que se abriu a um novo caminho de crescimento pessoal. Ao longo do tempo, Ken e eu desenvolvemos um dos meus relacionamentos de coelevação mais poderosos. Nós nos saímos bem como resultado de nossa colaboração profissional, mas a melhor parte do investimento de Ken foi nossa grande amizade.

Quando convidamos as pessoas a fazer parte de nossa vida para desempenhar funções importantes em qualquer missão que tenhamos, temos de estar dispostos a dar mais de nós mesmos. Temos de dar muito — mais do que esperamos receber em troca. Liderar sem autoridade exige que nos envolvamos e recrutemos outros dessa forma para ganhar a confiança e a fé necessárias para liderar.

Invariavelmente, quando a empresa enfrentou desafios, Ken foi um de meus confidentes e conselheiros mais próximos e mais úteis — e, do mesmo modo, quando uma de suas empresas sofreu um sério contratempo, eu estava ao seu lado, sendo que muitos outros se afastaram.

Anos mais tarde, Ken me disse que nunca antes tivera uma reunião de investidores como nosso primeiro *brunch* — nem depois. Nunca alguém fora tão direto e pessoal tão rapidamente, e ele nunca havia visto tal generosidade de um praticamente desconhecido.

A maioria das pessoas que abordam Ken só quer seu dinheiro. Muitos também querem seu conselho. Eu sabia, pela minha pesquisa, que queria muito mais. Queria conquistar sua permissão para termos um relacionamento coelevador que nos levaria mais longe juntos. E, para isso, eu não podia me conter.

Fui além com Ken porque era uma pessoa bem-sucedida com quem senti uma afinidade. Queria que ele fosse da minha *equipe*. Tinha de criar um valor real para ele, muito além de qualquer retorno sobre o investimento em minha empresa. Queria que entrasse como investidor com fervor e se *sentisse* conectado e comprometido comigo, pessoal e profissionalmente.

POROSIDADE: ABRINDO-SE PARA A COELEVAÇÃO

Para nos coelevar com nossos colegas, precisamos ser adeptos a nos abrir para eles, assim como a permitir que eles se abram para nós e nossa missão. Se quisermos que alguém entre para nossa equipe, repito, precisamos fazer o trabalho primeiro. E se e quando se tornar uma dificuldade, precisamos ser os primeiros a deixar de lado qualquer preconceito ou senso de ego e autodefesa. Precisamos continuar oferecendo até que nossos colegas vejam o valor de participar e reciprocar — em compartilhar nosso tempo, nossa energia, nossos recursos, conhecimentos e nosso compromisso emocional.

Abrir-se para um colega e sua jornada deve ser um esforço deliberado, como fiz com Ken. Precisamos de que nossos colegas vejam o valor de compartilhar tempo, energia, recursos e conhecimentos conosco. Precisamos que digam "sim" a se juntar a nós em uma jornada compartilhada.

Essa habilidade de alistar colegas e preservar seu compromisso talvez seja a competência mais amplamente *subvalorizada* entre os líderes que estão tentando conquistar a mudança transformacional. Por quê? Porque, enquanto o ritmo de mudança está crescendo exponencialmente, nossa abertura à mudança e aos outros é rara e não está nem um pouco em crescimento.

Desde meus dias na Deloitte até hoje, vi tentativas de mudança organizacional falharem porque pessoas essenciais não estavam abertas à mudança. Se elas não estão preparadas para sentar à mesa e participar de um movimento de mudança, nada do que for gasto no processo, na estratégia ou em tecnologia entregará os resultados desejados. A mudança é sobre as pessoas, e se elas não estão abertas a isso, não haverá nenhuma mudança.

Esse único fator é tão fundamentalmente importante para o sucesso das iniciativas de mudança que, na FG, criamos um mecanismo para mensurar o nível de abertura que as pessoas têm à mudança. Nós o chamamos de *porosidade*. É a qualidade característica do que é poroso. Líquidos são absorvidos em substâncias com porosidade do mesmo modo que queremos que nossos convites para mudanças ousadas sejam absorvidos por nossas equipes.

Usamos a porosidade na FG para medir a capacidade de cada indivíduo de absorver novas ideias e assumir novos comportamentos. Quanto mais porosidade inspirarmos nos outros, maior a chance de que ouçam nossa mensagem, entrem para nossa missão e mergulhem de cabeça em ideias revolucionárias. Minha conversa com Ken foi sobre inspirá-lo a expandir sua porosidade em relação a mim e imaginar o que colaborar comigo poderia lhe oferecer. Com o passar do tempo, nossa porosidade mútua se expandiu a tal ponto que, se um de nós chegasse com uma ideia, o outro geralmente estava dentro sem mesmo ouvir os detalhes.

Anos atrás, em uma palestra oferecida pela Landmark,[1] uma organização de desenvolvimento pessoal, ouvi uma boa definição para uma "conversa significativa": você tem uma conversa significativa quando deixa o outro se sentindo "tocado, movido e inspirado". Essa simples frase sempre me pareceu muito verdadeira e poderosa. Para qualquer conversa importante com um possível membro da equipe ou parceiro coelevador, deixe essas três palavras poderosas — *tocado, movido* e *inspirado* — servirem como referência. Queremos que eles vejam novas possibilidades, e estarão predispostos a dizer: "É isso aí. Vamos nessa!"

A fórmula para a porosidade e para preparar os outros para se coelevar começa com o que chamo de *servir* e *compartilhar*. Esses dois conceitos complementares são tão importantes que são temas dominantes em quase tudo o que escrevo. Pense em servir e compartilhar como cada uma das hélices do DNA, cada uma delas apoiando e fortalecendo a outra. Servir é liderar com generosidade. Compartilhar é se abrir e construir os laços de uma conexão e comprometimento verdadeiros com os outros.

PRIMEIRO, SEJA ÚTIL...

Meu sucesso em construir um networking eficaz sempre dependeu da generosidade. É minha principal diretiva. Em qualquer situação, sempre me pergunto: "Como posso ser útil?" Não importa com quem construí uma conexão, eu me pergunto: "O que tenho a oferecer que faria sua vida melhor, mais fácil, prazerosa, produtiva, cativante, satisfatória ou gratificante?" Se o possível relacionamento é particularmente importante para mim, preparo-me para uma reunião pesquisando e reunindo pelo menos cinco "pacotes de generosidade" — cinco ideias ou abordagens sobre as quais pensei antecipadamente e que acredito que possam ser úteis para a pessoa com quem me reunirei. Para minha reunião com Ken, fui preparado para abrir minha rede para ajudar a ele ou a qualquer uma de suas empresas. Também sabia que ele tinha filhos na época de faculdade, então estava preparado para dar conselhos e oferecer contatos para estágios. Quando, por fim, o grande problema de Ken era sua separação e possível necessidade de assistência, estava pronto para marcar uma sessão, já paga, com meu coach pessoal. O ponto é que eu não me segurei. Fui àquele *brunch* cheio de generosidade para dar.

Adam Grant, autor do best-seller *Dar e Receber: Uma Abordagem Revolucionária Sobre Sucesso, Generosidade e Influência*, passou anos estudando os benefícios de ser generoso com nosso tempo e expertise. Eu o conheci quando era aluno de pós-graduação na Wharton School. Ele me contatou depois de ler *Jamais Coma Sozinho* e queria saber mais sobre o papel especial da generosidade com o *networking*, que chamei de "dar sem marcar pontos". Desde então, nos tornamos amigos e compartilhamos e aprendemos um bom tanto com o outro. Ele me citou em seu livro: "Resumirei a chave para o sucesso em uma palavra: generosidade. Se suas interações forem governadas pela generosidade, as recompensas seguirão o exemplo."[2]

Adam descobriu que os indivíduos a que chama de "doadores" são aqueles que dão como forma de ser, como forma de se mostrar ao mundo. Dão aos outros seu tempo, sua energia, seus recursos e conhecimentos. Criam mais valor para os outros do que esperariam receber em troca. Adam desenvolveu um volume significativo de pesquisas provando que os doadores estão entre as pessoas mais bem-sucedidas, produtivas e eficazes no mundo dos negócios. Isso se dá parcialmente porque os doadores estão mais aptos do que as outras pessoas a solicitar e aceitar ajuda e recursos quando precisam deles.

"Isso é o que acho mais magnético sobre doadores bem-sucedidos", escreveu Adam. "Chegam ao topo sem eliminar os outros, encontrando modos de expandir os benefícios para eles mesmos e para as pessoas à sua volta".[3]

Se a generosidade é importante para construir sua rede profissional, é ainda mais crucial para cultivar uma equipe coelevadora e impulsionar mudanças verdadeiras. A coelevação demanda um esforço real e também comprometimento, sacrifício e abrir mão de antigos hábitos confortáveis.

Não é o suficiente perguntar: "Como esta missão compartilhada beneficia a outra pessoa?" Em vez disso, perguntamos: "Como a vida da outra pessoa melhorará ao se juntar à nossa missão?" Pense bastante; o que *nós* temos para dar a essa pessoa, que esperamos que seja nossa colega, além do chamado para se alistar e se envolver? Mostrarei diversos métodos para fazer isso nas próximas páginas.

Quando perguntamos a outra pessoa "como posso ser útil?" com a intenção de impressioná-la, podemos criar um momento impressionante e poderoso de "espera um pouco, o que está acontecendo?" Esse é um momento vital de porosidade expandida. A pessoa está pronta para se abrir a nós e à nossa mensagem, mesmo que só um pouco no começo. Sua oferta de serviço pode deixá-la comovida, emocionada e inspirada a se abrir de uma maneira que ela não teria imaginado alguns segundos antes. Garanto que no dia que conheci Ken em Brentwood, a última coisa em que ele estava pensando era: "Será que Keith pode me ajudar com meu divórcio?" Esse é o poder apelativo de oferecer sua ajuda, de dar com generosidade e não marcar pontos.

... DEPOIS, COMPARTILHE A SI MESMO

Depois de servir e receber uma modesta permissão para construir um relacionamento mais profundo com a pessoa, você pode começar a mudança para se abrir à partilha autêntica que estreitará a conexão.

Quando você fala com alguém de um modo humilde e vulnerável, acessa a humanidade do outro e o encoraja a se abrir e assumir mais riscos com você. Você não será mais o "Cody da contabilidade" ou a "Alyssa do jurídico". Você é um indivíduo, com sentimentos, experiências, objetivos, alguém com quem seu colega pode se identificar. Além disso, quando compartilha mais sobre sua conexão com seus objetivos e sonhos junto com suas dificuldades, seus colegas ficam mais propensos a se sentir comovidos, tocados e inspirados a compartilhar o que é importante para eles.

Conversa genuína não é um bicho de sete cabeças, mas é uma arte frequentemente negligenciada. Não importa o quanto você esteja ocupado: tomar um tempo para conversar e se conectar genuinamente com outros de sua equipe, ou com quem deseja que faça parte dela, é, na minha opinião, uma das atividades mais produtivas e gratificantes que você pode realizar.

Conforme você ouvir e aprender mais sobre a outra pessoa, sempre pense: "Como posso ser útil? Como posso ajudá-la a superar seus desafios? Como posso elevá-la? Como posso ajudá-la a conquistar suas ambições e seus sonhos?" Pense em termos da missão compartilhada. "Como alistar e envolver essa pessoa pode ajudar a missão e a ela?"

Foi isso que fiz no *brunch* com Ken. À medida que a porosidade de seu colega de equipe aumenta, você se torna mais bem equipado para dar mais. E conforme recebe mais de você, mais ele se sente confortável em compartilhar mais, o que permite que você sirva mais e compartilhe mais sobre você. Isso desperta um círculo virtuoso; o relacionamento cresce e sua missão compartilhada fica mais clara.

Aumentar a porosidade é o caminho para a conexão e a confiança mútuas que acredito pelas quais cada um de nós anseia, no escritório, onde passamos tanto tempo, assim como em nossa vida pessoal. É por meio dessas conexões reais e humanas que ganhamos a permissão para liderar nossas equipes, conquistar nossos objetivos e elevar nossos colegas — e nós mesmos — no processo.

> A coelevação descreve muitas das capacidades cruciais que são exigidas para cultivar nossa cultura "a serviço de", que é tão crucial para nosso sucesso. Conforme o ritmo da transformação digital acelera, nós redesenhamos nosso modelo operacional para refletir as realidades da interdependência radical, confiando em equipes ágeis e diversas que podem quebrar divisões organizacionais e impulsionar os resultados do negócio sem a necessidade de autoridade tradicional e controle dos recursos. O sucesso nesse novo ambiente requer um novo nível de vulnerabilidade e autenticidade, criando a fundação da confiança necessária para a transparência radical e a sinceridade completa.
>
> CHARLES MEYERS, CEO da Equinix

ESCOLHA SE IMPORTAR

Há um antigo provérbio: ninguém se importa com o quanto você sabe até que saibam o quanto você se importa. A moral da história é que, para liderar com eficácia, seus colegas devem sentir que você se importa com eles. "Francamente, querida, não dou a mínima." Por mais suave que isso seja quando dito por Rhett Butler para Scarlett O'Hara, não é uma atitude que dará certo para construir um relacionamento coelevador com seus colegas.

Você precisa fazer a escolha de se importar e precisa que seus colegas saibam disso. Precisa lhes contar. Melhor ainda, precisa lhes contar e lhes *mostrar*. De qualquer modo possível, garanta que não apenas ouçam, mas *experienciem*.

Durante meu primeiro *brunch* com Ken, servi e compartilhei bastante. Mas, no fim de nossa conversa, ainda senti que algo estava errado, que não tínhamos realmente uma fundação sólida. Parecia para mim que o que faltava era uma expressão direta de meu compromisso com o relacionamento. Eu não podia deixar de afirmar isso.

"Ken", falei, "estou determinado a encontrar maneiras de ser útil e servir a você — profissional ou pessoalmente. Não acredito em relações unidirecionais, mesmo com investidores."

Às vezes, você precisa simplesmente dizer: "Como posso ajudá-lo?" O outro precisa saber que você é sincero, que sua generosidade é real e que você realmente quer ajudar.

Certas expressões de cuidado são inesquecíveis. Décadas depois, ainda fico emocionado quando me lembro de como Pat Loconto, antigo CEO da Deloitte, pagou pelas flores do funeral de meu pai quando eu era um jovem sobrecarregado por dívidas escolares. Mas deixo um aviso: não diga que se importa se ainda não se sente assim ou não acredita. As pessoas perceberão de longe a sua falta de sinceridade.

Algumas pessoas colocam lemas em seus cartões de visita como "o conector" ou "dando antecipadamente". Sempre desaconselhei isso, porque receio que, para alguns, pareça muito autopromocional. Já vi pessoas revirando os olhos por isso. Para deixar claro, pessoalmente me importo e admiro algumas pessoas que usam esses lemas e acredito na sinceridade delas. Só acredito que é melhor ser um conector e doador sem anunciar que você é isso.

Por que importar-se é tão importante? Porque quando seus colegas e possíveis colegas sabem que você se importa com eles, isso lhe concede uma incrível permissão para iniciar o verdadeiro trabalho de coelevação: promover uma colaboração mais profunda e um desenvolvimento mútuo. Relacionamentos coelevadores requerem um *feedback sincero* e recíproco — discussões francas e debates sobre seus objetivos, a missão da equipe e o desempenho do outro.

Nunca é demais enfatizar o poder que todos temos de crescer pessoal e profissionalmente quando concedemos permissão a outra pessoa para criticar nosso trabalho. A criatividade e a inovação são estimuladas pela troca de ideias e por opiniões honestas sobre quais dessas ideias são sensatas e realmente podem funcionar. Para fazer isso de forma eficaz com sua equipe e em um relacionamento coelevador, é necessário cuidado e confiança.

Você pode ser resoluto e focado em como expressa sua preocupação sem ser manipulador. Se realmente entende e aceita que só depende de você criar sua equipe no novo mundo do trabalho, então esse é um desafio que pode buscar com sinceridade e autenticidade.

Você pode não *gostar* realmente de algumas das pessoas com quem precisa se coelevar. Mas não tem problema, desde que lhes dê respeito e queira genuinamente ajudá-las a crescer em prol da missão. Quando você está no processo de identificar quem está em sua equipe, não gostará de todos com quem precisa interagir para fazer seu trabalho ou concluir um projeto — isso é normal. Você pode precisar deixar de lado ou abandonar seus preconceitos e julgamentos daqueles com quem teve um passado conturbado.

Apenas seja sincero em seu desejo de se coelevar com eles. O segredo é que entendam que você está ciente deles e de suas necessidades — e que quer ajudá-los a crescer e ascender. Repito, não se trata apenas do que você quer que façam por você ou pela organização. Eles precisam sentir que você se preocupa com o que é do interesse deles e que é sincero quanto a equilibrar as necessidades deles com as da organização. Não há espaço para intenções egoístas. Muitos de nós nos apegamos a um desejo de mais poder, influência, subordinados diretos ou orçamentos maiores como medida de sucesso. Se a pessoa com quem está trabalhando perceber isso, não há muita chance de que ela queira se coelevar com você. A diretriz é vencer como *equipe*, juntos, não sua glória pessoal ou progredir seus próprios planos.

> A liderança hierárquica é, muitas vezes, a ordem mundial natural — especialmente no mundo das startups. No entanto, simplesmente não é viável (ou desejável), uma vez que a verdadeira dimensão é atingida. Quando ouvi falar pela primeira vez do conceito e da implementação de coelevação da Ferrazzi, ressoou comigo imediatamente como uma metodologia moderna para a liderança servil e ágil — uma abordagem que adoto, permitindo que líderes e equipes respondam, apoiem e sirvam à medida que as necessidades mudam. Deixando claro, isso requer um enorme investimento de tempo, mas é necessário para atender às pressões do mercado atual, e achei um tempo muito bem gasto.
>
> DAN SPRINGER, CEO da DocuSign

TERCEIRA REGRA: AS PRÁTICAS

Deixe-me lhe contar um segredo: contanto que embarque nessa jornada de modo genuíno e autêntico, não tem como você errar. Como diz Adam Grant: "Leva tempo para os doadores construírem boa vontade e confiança, mas, por fim, eles estabelecem reputações e relacionamentos que aumentam seu sucesso."[4]

Servir, compartilhar e cuidar é uma jornada de curiosidade, sinceridade, vulnerabilidade e ação conjuntas, uma jornada que só *você* pode liderar. Não é um processo passo a passo. Você deve buscar constantemente o que realmente move e inspira aqueles com quem se coeleva para torná-los parte de sua equipe. Deve pensar constantemente sobre as coisas que realmente querem e precisam em sua vida e as carreiras que você pode ajudá-los a obter.

A melhor maneira de ajudá-lo a abrir caminho é oferecendo sugestões específicas e deixá-lo escolher qual usar em sua busca para expandir a porosidade nas outras pessoas. Eis algumas das maneiras mais poderosas que descobri pelas quais você pode ser útil aos seus colegas e incorporar um compartilhamento mais profundo em suas interações com eles. Não precisa usar todas as sugestões de uma só vez, só precisa escolher a certa para cada situação, mas acho que você as considerará úteis.

Esqueça a Regra de Ouro

"Trate os outros como gostaria de ser tratado." Essa é a regra de ouro que me ensinaram na escola dominical metodista. Como um código de ética, é bastante confiável. Antes de fazer algo, considere como se sentiria se isso fosse feito com você. Para a maioria de nós, isso nos ajuda a levar uma vida honesta.

Como ferramenta de mudança, porém, a regra de ouro tem algumas limitações óbvias. O que *o* motiva e *o* deixa animado para mergulhar de cabeça não é necessariamente a mesma coisa que motiva aqueles com quem se coeleva, seus colegas de equipe.

Ganhar permissão depende, em vez disso, do que chamo de regra de platina: "Trate os outros como eles desejam ser tratados." Requer uma curiosidade sincera, escuta paciente e aprendizado sobre a outra pessoa. É muito mais difícil de fazer, e é apropriado que a platina seja muito mais rara do que o ouro. Toda a platina já extraída cabe dentro de uma garagem para dois carros.[5]

Por ser mais fácil, a regra de ouro pode ser uma espécie de armadilha. Pode fazer com que você pense bem de si mesmo quando, na verdade, está agindo como idiota, presunçoso e sem noção. Já caí nessa armadilha muitas vezes.

Depois de fundar a Ferrazzi Greenlight, estava trabalhando com Miles, o diretor de marketing de um grande varejista de alimentos. Gostava muito dele. Ele me lembrava de mim mesmo naquela idade, e, em parte, é por isso que fiquei cada vez mais frustrado com ele. À medida que nossa jovem empresa trabalhava para ajudar a equipe executiva a transformar a estratégia de entrada no mercado da empresa, vi Miles como a única pessoa entre seus pares que poderia realmente acelerar e precipitar essa mudança.

Enquanto bebíamos antes de um jantar da equipe executiva certa noite, tentei motivá-lo. Sugeri que sua iniciativa o diferenciaria de seus colegas, que haviam se tornado um tanto acomodados em seus cargos. Seu futuro na organização era promissor, e ele estaria por lá para ver as estratégias que estávamos discutindo serem executadas, enquanto outros já teriam se aposentado. Sugeri que um dia ele poderia até ser candidato ao cargo de CEO. Muitos dos outros líderes não pareciam ser os certos para a oportunidade de sucessão. No entanto, nos meses seguintes, enquanto trabalhávamos juntos, eu não conseguia entender por que Miles evitou uma série de riscos razoáveis que poderiam ter avançado significativamente a sua carreira e a participação de mercado da empresa. O CEO de Miles deixou clara sua sede por inovação; acreditava que não era apenas importante, mas vital para que a empresa se mantivesse à frente do Walmart e de outras varejistas muito maiores que entravam para o setor alimentício. Então, continuei pressionando Miles a desafiar a sabedoria convencional da equipe executiva e dele mesmo. Pensei em meus dias como CMO corporativo e em como teria aproveitado as incríveis oportunidades de realização e avanço que Miles ignorava.

Apesar de minha frustração, meu relacionamento com Miles havia se transformado em uma amizade verdadeira. Eu sabia que provavelmente tinha permissão para pressioná-lo mais do que os outros. No entanto, Miles era obstinado. Por mais que o incentivasse, ele não cedia.

Eu ainda era relativamente novo no coaching, então demorei um pouco para reconhecer que era *eu* que tinha um problema, não Miles. Ele simplesmente não era tão ambicioso ou motivado a conseguir o cargo mais alto quanto eu era na idade dele. Ele valorizava muito o cargo que tinha como CMO da empresa e a segurança que isso o proporcionava. Ele não tinha vontade de subir na empresa, de olho no próximo cargo. Estava onde queria estar. Minha conversa presunçosa de como ele poderia ser CEO e gerenciar melhor sua carreira foi tão perturbadora que ele começou a evitar meus conselhos, mesmo quando lhe fazia sentido. Foi uma lição inicial importante que precisei aprender.

Eu não estava ouvindo quem era Miles e o que *ele* queria. Ele só queria fazer seu trabalho da melhor forma possível e servir à empresa. Isso era algo com que eu poderia trabalhar. Mas, para fazer isso, eu precisava abandonar a promessa autopromocional da ascensão de Miles, porque isso o impedia de me ouvir. Precisava apenas me concentrar em nossa missão compartilhada e ajudá-lo a ter sucesso, *do seu modo*, como o melhor CMO que podia ser, para o bem da competitividade em longo prazo da empresa.

Não que Miles não tivesse interesse em perceber o potencial profissional que eu via nele. Eu o vi enfrentar e vencer as gigantes que entraram no mercado e liderar uma transformação bem-sucedida dentro da estratégia de produto, propaganda, marketing e distribuição da equipe executiva. Enquanto outros negócios do setor implodiam, sua empresa prosperou conquistando uma posição defensável e lucrativa. Miles nunca se tornou presidente ou CEO da empresa. Estava feliz liderando a nova estratégia de marketing e distribuição e conduzindo seus colegas a avançarem também. Ele se aposentou cedo para ir atrás do que era mais importante para si: sua paixão pelo ciclismo e criar uma vida maravilhosa com sua nova noiva. Minha experiência com Miles me ajudou a reconhecer a importância de conhecer a percepção de valor único da outra pessoa e encontrar maneiras de encaixar nossa missão compartilhada a ela.

No entanto, haverá momentos em que os desejos de um colega não se alinharão com o projeto em questão. Bons profissionais muitas vezes terão visões perfeitamente viáveis, mas diferentes, sobre como lidar com um determinado desafio. É em situações como essa que você será lembrado, devido a por que se esforçou tanto para construir relacionamentos coelevadores verdadeiros. Quando ambos valorizam seu relacionamento e reconhecem que estão colaborando em prol da missão e do outro, estão mais dispostos a dedicar tempo para gerar excelência a partir de discordâncias. Sempre haverá desentendimentos, e às vezes a solução mais fácil é reconhecer, após refletir, que sua ideia deve ficar em segundo plano e que deve deixar que o outro seja o herói. Ou então, ambos podem concordar abertamente em trabalhar duro para superar as posições opostas e encontrar uma solução melhor — mas isso exige um profundo comprometimento à missão e ao outro.

Quando você estiver procurando maneiras de servir à sua equipe, tenha cuidado para não impor sua própria ideia de generosidade a eles sem entender seus desejos e objetivos. Ouça-os para obter *insights* poderosos sobre quem são. Você não precisa abraçar suas escolhas, preferências, aspirações ou seus objetivos. Mas é preciso entendê-los.

É uma lição que vale o peso em platina.

Busque a Chama Azul

Você pode ganhar permissão para se coelevar com alguém rapidamente uma vez que identificar seu propósito emocional ou o que chamo de "chama azul". Todos nós temos uma. A chama azul é o que dá sentido à nossa vida, é o que mais valorizamos — nosso propósito, nossa paixão, nosso chamado. É a aspiração que vive dentro de nós. E quando essa chama azul é acesa dentro de nós, é o que nos faz pular da cama pela manhã, ansiosos para fazer a diferença no mundo.

Você pode encontrar a chama azul de alguém como fiz com Ken — sendo genuinamente curioso. Faça perguntas sobre a pessoa e veja como ela reage. Acima de tudo, *ouça*. Em alguns de meus trabalhos com curandeiros espirituais indígenas, aprendi sobre a prática de ter um "bastão de fala" para diálogo em grupo. Um bastão cerimonial é passado de uma pessoa para outra, e apenas o detentor do bastão tem permissão para falar, garantindo que ninguém o interrompa ou tente conduzir a conversa. Para se forçar a ouvir, finja que entregou o bastão ao seu colega.

Você verá que as pessoas se revelam de maneiras extraordinárias quando as ajuda a alimentar e atiçar suas chamas azuis. Se conseguir alinhar a paixão delas com a missão compartilhada, o aumento da porosidade e a abertura à mudança serão os resultados naturais. As pessoas que antes eram fechadas se tornam abertas a ouvir sua mensagem e a se envolver com você.

Essa foi a sugestão que fiz a Rachel, chefe de RH de uma das grandes empresas de telecomunicações, quando reclamou comigo de seu chefe, Malcolm, provável futuro CEO. Apesar de seus anos de serviço a Malcolm, Rachel me confidenciou que não acreditava que a lealdade que sentia por ele era recíproca. Ele provavelmente se tornaria CEO, e não sinalizara se ela estava na disputa para um cargo mais alto, como a chefe global de RH da empresa.

Perguntei a Rachel se ela sabia qual era a chama azul de Malcolm. Seria a busca pelo cargo mais alto? Dinheiro? Ego? Poder? Impacto? Sem querer ser um pseudopsiquiatra, eu me perguntava se ele não estaria tentando provar algo para outra pessoa — talvez até mesmo a alguém que não estava mais vivo, como um pai de quem desesperadamente queria aprovação. Qual era chama azul dele, e por quê?

Rachel percebeu que não fazia ideia, apesar de ter trabalhado com Malcolm por vinte anos. Mas, depois que pensou um pouco, reconheceu que Malcolm sempre se orgulhara de ser um visionário em sua indústria. Aí percebeu outra coisa. Em seus vinte anos trabalhando com Malcolm no organograma, ela sempre fora uma executiva de RH muito eficaz, mas nunca fizera nada para contribuir com o status de visionário de Malcolm.

Quase imediatamente, Rachel começou a organizar uma proposta para um documento estratégico que previa as necessidades futuras de capital humano da empresa em meio às inovações no setor e às mudanças nas forças do mercado. Trabalhar juntos nesse projeto foi exatamente aquilo de que a relação de Malcolm e Rachel precisava. Era o tipo de documento que Malcolm poderia levar à diretoria para ser visto como um visionário liderando uma equipe de visionários — uma equipe que agora incluía Rachel.

A chama azul de cada pessoa é tão distinta quanto suas impressões digitais: encontre uma maneira de servir a alguém, ajudando-o a aumentá-la e queimar mais intensamente. É um dos maiores investimentos que você pode fazer em alguém — eu garanto.

Depois de identificar a chama azul de um colega, pode continuar a abordar a chama azul dele, direta ou indiretamente, em todas as conversas que tiverem. Seu papel em um relacionamento coelevador é ser responsável pelo crescimento e desenvolvimento de seu parceiro, assim como um gerente tradicional faria por um subordinado direto décadas atrás. Você deve se tornar o tipo de pessoa da qual seu colega, anos mais tarde, se lembrará e à qual se sentirá verdadeiramente grato por ter estado ao seu lado e o apoiado em seu crescimento e suas aspirações.

Assim, quando descobrir a chama azul de um colega, celebre-a e o ajude a alimentá-la. Compartilhe sua própria chama azul com ele. Acima de tudo, permita que cada um de seus colegas saibam que você se importa com a paixão deles. Eles se tornarão naturalmente mais porosos a você e às suas ideias, e, juntos, vocês terão preparado o terreno para um poderoso relacionamento coelevador.

Prometa Alegria em Sua Parceria

Falando sem rodeios, muitas pessoas sentem que muito do que fazem no trabalho é totalmente enfadonho. Regularmente, se sentem desinteressadas, desconexas e desmotivadas por seus empregos. Talvez você seja uma delas. A Gallup, organização de pesquisa e consultoria, acompanha os níveis de engajamento no local de trabalho há quase vinte anos e relatou, em 2018, que o engajamento dos trabalhadores havia atingido um recorde histórico — de apenas 34%.[6] Em outras palavras, dois terços de nós estamos apenas sobrevivendo no trabalho todos os dias, emocional e intelectualmente afastados do que fazemos.

É por isso que a promessa de alegria em sua parceria de trabalho com seus colegas é uma maneira incrível de ser útil. Nunca subestime o quanto isso pode significar para uma pessoa se você puder lhe oferecer um senso renovado de propósito, possibilidade, vitalidade, emoção ou diversão em seu trabalho.

Para algumas pessoas, apenas serem convidadas para trabalhar com você enquanto lidera sem autoridade em um projeto especial lhes alegrará o dia e as fará se sentir engajadas e conectadas. Se fizer seu trabalho de aumentar a porosidade, pode até mesmo construir sua marca em torno de coisas legais nas quais trabalhar com um grande grupo coelevador que realmente se preocupa com a equipe e a missão.

A maioria das pessoas, quando faz entrevista para um emprego, sente uma onda de possibilidade, um lampejo de empolgação sobre o que pode fazer e realizar em sua nova função. Anos depois — ou, às vezes, em poucos meses —, a realidade do trabalho acaba não sendo nada parecida com o que imaginavam. Nós devemos ser aqueles que trazem de volta essa sensação de possibilidade para aqueles que trabalham conosco e ao nosso redor.

Estudos mostram que cerca de metade de todos os funcionários dizem que seu trabalho carece de significado real.[7] Sentem que seus trabalhos não importam, o que, por sua vez, os deixa alienados e desmotivados. Essa deve ser uma preocupação prática séria em todos os níveis de gestão, porque os mesmos estudos sugerem que os funcionários que veem significado em seu trabalho têm pelo menos três vezes mais chances de permanecer com seus empregadores atuais do que aqueles que não veem.

Mas a preocupação não deve se limitar aos gestores interessados na retenção. Essa triste realidade deveria ser preocupação de *todos*. Precisamos fazer a diferença e nos tornar a mudança que queremos ver. É realmente uma escolha.

Encontrar sentido em nosso trabalho é uma necessidade humana importante, mais importante do que a felicidade, em muitos aspectos. Há uma diferença entre uma vida feliz e uma vida *significativa*. Muitas pessoas podem ser felizes apenas satisfazendo suas próprias necessidades e desejos. Para levar uma vida significativa, no entanto, é preciso fazer coisas pelos outros, muitas vezes deixando de lado seus próprios desejos e, às vezes, até mesmo sua própria felicidade em curto prazo.

Isso é o que está em jogo quando você lidera sem autoridade — o sentimento de verdadeira realização que sentirá quando oferecer aos colegas um caminho para encontrar e alcançar algo significativo. Como a coelevação é baseada em relacionamentos, e não em uma hierarquia mecânica, ela tem o potencial de injetar os sentimentos de propósito e significado que faltam em tantos locais de trabalho hoje. E você pode tornar tudo divertido novamente.

Na França, Fale Francês

Embora possa ser menos verdade hoje do que há alguns anos, você definitivamente terá uma estadia melhor em um país estrangeiro se tentar falar a língua local.

Em nosso mundo dos negócios do "o que ganho com isso?", o pragmatismo e o pensamento transacional são a linguagem esperada. Um ponto de vista convicto não é suficiente para fazer com que alguém se envolva com você e seus objetivos. A paixão funciona melhor quando é apoiada por fatos concretos.

Conheci Devin Wenig, antigo CEO do eBay, quando ele estava na Reuters e eu treinava sua equipe executiva durante uma grande fusão. Na época, John Reid-Dodick, então diretor de RH da Reuters, me disse que o que inicialmente deu a ele e a Devin confiança nos métodos da FG tinha pouco a ver com minha retórica. Em vez disso, ficaram impressionados com os artigos que publiquei na *Harvard Business Review* e em outros lugares, com argumentos bem desenvolvidos, apoiados em dados de pesquisas.

Devin e John acreditavam profundamente na necessidade desse tipo de trabalho com sua equipe, mas ambos também eram advogados experientes e formalmente treinados que esperavam que suas crenças fossem confirmadas por dados. Nossa pesquisa empírica demonstrou que a sinceridade, a conectividade, a vulnerabilidade e a responsabilidade dos pares tiveram impactos mensuráveis no desempenho da equipe e no valor para os acionistas. Os artigos falavam sua língua.

Esse foi um caso em que pesquisas e dados bem fundamentados aumentaram a porosidade nos estágios iniciais do relacionamento — o suficiente para serem seguidos pela autenticidade e generosidade. Portanto, embora alguns CEOs possam certamente apreciar o crescimento pessoal e emocional que esperariam sentir com a coelevação, no fim das contas, é a promessa de benefícios mensuráveis que atrai sua atenção desde o início. Todos precisamos ser abordados primeiro com uma lógica clara e reforçada, a linguagem com a qual a maioria de nós no mundo dos negócios se sente confortável, e não apenas com a promessa de relacionamentos mais profundos.

Conte Sua História

A empatia é a ponte para levá-lo de onde está hoje para um relacionamento mais forte, pronto para a coelevação. E a chave para acessar essa ponte? A vulnerabilidade.

A maioria das pessoas não acredita quando digo que sou naturalmente introvertido e aprendi a ser extrovertido. Faço muitas coisas com determinação e propósito que os verdadeiros extrovertidos fazem naturalmente e com facilidade.

Quando quero me conectar com as pessoas, seja no palco ou em uma conversa individual, aprendi a compartilhar minhas lutas, falhas e meus desafios com elas. A boa notícia é que tenho bastante dessas coisas. Posso falar sobre minha criação de operário e a insegurança que sentia ao frequentar escolas de elite com crianças ricas que tinham de tudo. Falo sobre meus desafios com meus filhos adotivos, nossa luta para encontrar o caminho juntos. Até me abro sobre minhas dificuldades em estar solteiro novamente. Sou aberto sobre minhas falhas em empregos passados e as habilidades de liderança nas quais continuo trabalhando para melhorar atualmente. Essas são coisas que escondia por medo de ser julgado por minhas fraquezas.

Faço isso para que todos saibam que estou na mesma jornada humilde em que estão. É assim que ganhamos a confiança dos outros: demonstrando autenticidade e expressando nosso desejo de um sucesso compartilhado. Esse tipo de conversa franca, que inicialmente pode deixar alguns desconfortáveis, rapidamente leva à quebra de barreiras. A máscara cai quando compartilhamos histórias profundamente pessoais; é um caminho seguro para criar empatia e maior porosidade.

Faço tudo isso propositalmente, com ponderação e intenção. Isso não quer dizer que seja falso ou manipulador. Apenas reconheço que a vulnerabilidade serve como um importante ponto de acesso em nossas relações pessoais e corporativas. Não há nada de falso ou forçado em ser proposital em estabelecer e fortalecer relacionamentos dessa maneira. É o reconhecimento de que a construção de relacionamentos mais profundos é importante demais para ser deixada ao acaso.

Nem sempre fui assim. Quando comecei minha carreira, muitas vezes, me sentia profundamente inseguro (ainda me sinto às vezes). Ao conhecer alguém, me gabava, utilizava nomes de pessoas importantes que conhecia e lutava para estabelecer credibilidade o mais rápido possível. Escondia minhas fraquezas. Hoje, no entanto, me parece falso subir em um palco e falar aos outros como enfrentar as incertezas da mudança transformadora sem também reconhecer minhas próprias falhas e meus defeitos. Temos de descer do pedestal engenhosamente construído que usamos para sustentar nossa insegurança. Temos de sair de trás de quaisquer muros e barreiras que nos "protejam" e nos juntar de braços dados aos nossos colegas nesta confusa jornada compartilhada.

A autora Brené Brown define vulnerabilidade como uma mistura de incerteza, risco e exposição emocional. Professora pesquisadora da faculdade de pós-graduação em serviço social da Universidade de Houston, Brown estudou por muitos anos os efeitos enfraquecedores da vergonha e desenvolveu uma teoria sobre a resiliência com relação à vergonha. Em seu best-seller *A Coragem de Ser Imperfeito: Como Aceitar a Própria Vulnerabilidade, Vencer a Vergonha e Ousar Ser Quem Você É*, ela escreve: "Somos sedentos por pessoas que tenham a coragem de dizer: 'Preciso de ajuda', 'Admito esse erro' ou 'Não estou mais disposto a definir o sucesso simplesmente pelo meu cargo ou renda'."[8]

A questão não é ser vulnerável por uma questão de vulnerabilidade, mas para estabelecer uma conexão autêntica e confiança com outra pessoa. Assim como você precisa ser o primeiro a trabalhar pela coelevação, também precisa ser o primeiro a estabelecer uma conexão com a outra pessoa se estiver interessado em criar um relacionamento com ela. Muitas vezes, você precisa ser o primeiro a se abrir, a compartilhar suas lutas, seus desafios profissionais e pessoais e sua jornada de modo franco, sincero e sem esconder os defeitos. Às vezes, porém, me atrapalho e me reprimo. Posso estar preocupado que um executivo de outra cultura talvez não aprecie minha abertura ou julgue negativamente a mim e à minha empresa. Porém, conter-se nunca funciona. Inevitavelmente, nesses casos, vejo como minhas palavras alcançam as pessoas me ouvindo de um modo muito mais fraco do que esperava. Todas as vezes que fiz isso, acabei me arrependendo de minha escolha de não ser eu mesmo.

Anos atrás, as pessoas podiam tentar construir um relacionamento com um colega entrando em seu escritório e conversando casualmente, olhando para as fotos na parede ou mesa em busca de experiências compartilhadas para criar laços. "Ah, você joga golfe? Vou ao campo todo fim de semana!" Por mais que jogar conversa fora seja custoso para mim, ainda há lugar para esse tipo de diálogo. No meu bate-papo com Ken, por exemplo, descobrimos um amor compartilhado pelo festival Burning Man, no deserto de Black Rock, em Nevada. Compartilhamos algumas risadas enquanto relembramos nossas experiências lá, o que foi divertido, mas não realmente importante. Com a coelevação, uma troca desse tipo é apenas uma porta para nos levar além do superficial para descobrir paixões ou objetivos que são verdadeiramente significativos.

Para encontrar uma paixão compartilhada, tente perguntar sobre uma destas quatro categorias: família, ocupação, recreação ou desejos. (As iniciais formam a palavra "FORD", o que facilita a memorização.) Faça perguntas curiosas a alguém nessas quatro áreas e verá a chama azul dessa pessoa queimando intensamente em alguma delas. Muitas pessoas nem sequer estão plenamente conscientes de suas chamas azuis, e isso pode ser parte de seu valor para o relacionamento — alguém curioso e paciente o suficiente para ajudá-las a identificar sua paixão e alinhar a vida delas nessa direção.

Encontrar uma paixão compartilhada não é necessário para se conectar com os outros. Só temos de compartilhar nossas próprias paixões, o que é mais significativo para nós. Nesses momentos, conseguimos nos revelar verdadeiramente, e de um modo que convida nossos colegas a também se revelar. Para inspirar empatia e criar conexões, esteja preparado para se aprofundar no que faz você ser quem é, o que lhe dá arrepios ou o faz engasgar, em vez de dar tudo de si na esperança de encontrar algum ponto superficial de afinidade.

Realmente Se Comunique

Muitos de nossos clientes na FG construíram e mantiveram relacionamentos pessoais mais profundos com um exercício que chamamos de comunicação pessoal/profissional. É uma prática que incentiva cada membro da equipe a divulgar o que é mais importante em sua vida *no momento*. A ideia é tentar evitar o bate-papo educado e ir direto a uma compreensão mais profunda do que está sobrecarregando a mente de cada um.

Introduzimos esse conceito pela primeira vez enquanto treinávamos equipes executivas de alto escalão para acelerar sua empatia e comprometimento, e hoje as pessoas me dizem com frequência que o usam religiosamente com todos da empresa. Eu mesmo faço isso em uma escala menor em quase todas as interações. Ao fazê-lo, tento me abrir, compartilhar o que está em minha mente e convidar outras pessoas a fazerem o mesmo. Pode ser feito pessoalmente, por telefone ou em uma videochamada. Eu poderia ligar e dizer: "Oi, Joe, aqui é Keith Ferrazzi. Como está a chuvosa Londres hoje? Como foi seu fim de semana? Ontem foi o Dia dos Pais aqui, e tenho que admitir, foi o melhor Dia dos Pais que já tive. Foi a primeira vez que meus dois filhos adotivos abraçaram a ocasião. Fiquei emocionado — significou muito para mim. De qualquer forma, não vejo a hora de realmente colocar o papo em dia. E aí, como vai? O que está acontecendo na sua vida?"

Para fazer esse tipo de comunicação pessoal/profissional, basta a sua vontade de ser o primeiro e compartilhar o que está acontecendo em sua vida — pessoal e profissionalmente. Em seguida, pergunte o que está acontecendo na da pessoa e ouça o que ela tem a dizer.

Faça dessa prática um hábito com os membros de sua equipe e observe a magia acontecer, os prejulgamentos queimando como névoa no Sol da manhã. Gosto de contar a história de Nancy e Jim, dois executivos com quem trabalhei. Nancy era responsável pelo desenvolvimento de produtos em uma fabricante tradicional, enquanto Jim liderava as vendas na empresa. Os dois estavam permanentemente em pé de guerra. Jim era sarcástico e muito territorial. Ele excluiu Nancy e sua equipe de todos os aspectos de vendas, exceto os mais triviais. Nancy tinha medo de conflitos e, embora parecesse muito agradável, reclamava amargamente pelas costas de Jim de que sua equipe com frequência era descartada e rejeitada. Deus nos livre de Jim permitir que ela e sua equipe sugerissem, mesmo que uma só vez, uma abordagem melhor sobre como levar ao mercado os produtos que haviam desenvolvido.

Antes do próximo jantar trimestral da equipe executiva, Nancy obteve a aprovação do CEO para realizar uma conversa pessoal e profissional com todos que participariam do jantar. Para a surpresa de Nancy, Jim genuinamente se esforçou no exercício. Ele revelou aos seus colegas que sua esposa, que era sua namorada desde o ensino médio, estava lutando contra um câncer nos últimos anos. Admitiu que batalhava com a pressão e pediu desculpas a todos pelas vezes em que fora impaciente ou grosso com eles. Disse a eles que começou a considerar a aposentadoria precoce para poder dedicar mais tempo aos cuidados da esposa.

Ao ouvir a história de Jim, Nancy, pela primeira vez, sentiu profunda *empatia* por ele. Percebeu que ele estava sob imensa pressão emocional em casa — o tipo de pressão com a qual ela mesma teria dificuldade em lidar —, além da pressão extraordinária que tinha no trabalho. Quase instantaneamente, ela se tornou mais porosa para uma relação mais próxima com ele.

Uma semana depois, Nancy convidou Jim para almoçar. Ela não tinha certeza se ele aceitaria — era a primeira vez que o chamava —, mas ele aceitou sem hesitar. Durante o almoço, ela disse a Jim que queria ser mais solidária com ele e sua situação. Propôs uma maneira para que o setor de vendas e o de desenvolvimento de produtos trabalhassem juntos para aliviar Jim de algumas das tarefas demoradas de análise de dados pelas quais ele era responsável e das quais ela sabia que o colega não gostava.

No passado, Jim poderia ter se recusado a renunciar parte de seu território. Em vez disso, ele estava aberto à oferta dela e a agradeceu pela generosidade. Ela, então, perguntou se havia algo que poderia fazer para ajudá-lo em casa, como fazer apresentações a alguns especialistas respeitados que conhecia em um hospital universitário local. O primo de Nancy era um médico proeminente lá, e ela se ofereceu para apresentar Jim a ele. "Nancy, eu ficaria muito grato", disse Jim. "*Obrigado*."

A esposa de Jim se recuperou totalmente. Jim permaneceu na empresa e seu relacionamento com Nancy renasceu.

Hoje, sempre que a equipe de Nancy envia perguntas para a equipe de vendas — os tipos de perguntas que Jim nunca teve tempo de responder antes —, ele responde com atenção e rapidez. Jim e Nancy até começaram se juntar em novas iniciativas.

E o novo relacionamento começou porque Nancy sugeriu uma comunicação pessoal e profissional. Sabendo da situação de Jim, ela ficou mais disposta a perdoar sua conduta passada e liderar com generosidade, procurando maneiras de ajudá-lo, de servi-lo, o que, por sua vez, aumentou sua porosidade. Criar um relacionamento mais próximo não apenas eliminou a maior fonte de frustração de Nancy no trabalho, mas também facilitou o caminho para que se associassem em vários projetos. E quando seus esforços os ajudaram a superar suas metas de faturamento, toda a empresa se beneficiou.

Ajude-os a Fazer Parte de Algo Maior

Lembre-se, o mantra de toda grande equipe coelevadora é "comprometidos com a missão *e* com os outros". É uma fórmula poderosa, porque responde a duas necessidades humanas fundamentais: pertencer e fazer parte de algo maior do que si mesmo.

A alienação é uma doença dos tempos modernos, e inevitavelmente encontraremos indivíduos alienados em nossas equipes. O oposto de poroso é "impermeável", e cada local de trabalho tem pessoas fechadas e aparentemente inacessíveis. O desafio é despertar nelas o desejo de pertencer, essa necessidade inabalável de fazer parte de uma tribo que está arraigada no nosso DNA. É o que Alfred Adler, um dos fundadores da psicologia individual, chamou de "sentimento comunitário", e é essencial para nossa saúde mental.

Eu estava treinando uma equipe executiva em uma grande empresa de produtos químicos quando o tema no jantar ficou pessoal. Os membros da equipe começaram a compartilhar suas lutas atuais e passadas e estavam fazendo isso com excepcional sinceridade e vulnerabilidade. Em seguida, um executivo chamado Doug de repente anunciou: "Não vou compartilhar nada com vocês sobre minha vida pessoal. Não acho adequado."

A conversa na mesa cessou de modo desconfortável. Depois de uma breve pausa, ela recomeçou, mas com muito menos intimidade. Foi uma pena; a equipe percorreu um longo caminho em apenas alguns meses. Em reuniões passadas, o estresse do grupo era palpável, mas nesse jantar, ficou claro que haviam se unido mais como equipe. Pude ver a alegria e o carinho em suas interações, e os resultados foram aumentando.

Depois do jantar, puxei Doug de lado. Delicadamente, argumentei que, é claro, ele poderia compartilhar o que quisesse. Mas tinha uma pergunta mais importante: ele queria que seus colegas confiassem nele? Queria estar conectado com eles, ser um membro valioso e confiado dessa equipe recém-surgida e fortemente conectada? E, se sim, qual era sua estratégia para chegar lá?

Todos têm o direito de se revelar ou não aos seus associados, como acharem melhor. Mas eu estava sinceramente curioso sobre o que Doug estava tentando sinalizar ao julgar nosso exercício como inapropriado.

Fazer esse tipo de pergunta — *sem julgamento ou crítica* — pode ser extraordinariamente poderoso para fazer pessoas resistentes se abrirem, pessoas que ficam fora da equipe, apenas olhando. Qual é sua intenção; qual é seu objetivo? Gosto de perguntar como se sentem em relação aos seus projetos atuais e aos membros da equipe. Gosto de perguntar do que gostam, ou não gostam, sobre a dinâmica de alguns dos projetos em que estão trabalhando. Há alguma equipe em que gostaram de trabalhar no passado? Ao descobrir o que está faltando em sua situação de trabalho atual, posso procurar maneiras de incluir esse fator ausente no futuro. Aqueles que com frequência alienam os outros muitas vezes estão carregando alguma ferida que dificulta a interação com os demais. Eles merecem compaixão, porque é uma maneira triste de passar a vida.

O que vi na reação de Doug foi seu medo e sua relutância em ultrapassar seus limites pessoais. Quando lhe perguntei, depois do jantar, por que havia dito aquilo, ele não falou muito, apenas reiterou que sua vida pessoal era exatamente isso — pessoal. Garanti-lhe que respeitava sua escolha de não compartilhar.

Mas em nossa reunião seguinte, notei Doug se abrindo para seus colegas um pouco mais do que antes. Ele se ofereceu para emprestar um funcionário de sua equipe de apoio a outra colega que estava sofrendo para cumprir um prazo e ainda expressou admiração por ela ter admitido que precisava de ajuda, uma raridade na empresa. Quando a conversa se tornou mais pessoal, Doug disse ao grupo, de forma bastante casual, que estava animado com o fim de semana porque seu filho mais velho, com quem falava muito pouco, estava voltando da faculdade. Poucas pessoas o tinham ouvido expressar empolgação com qualquer coisa antes.

O que mudou para Doug? Com apenas um simples empurrão, na forma de uma pergunta empática minha e sua reflexão subsequente, percebeu que realmente queria fazer parte de algo maior. Uma equipe cada vez mais unida estava surgindo dentro da empresa, e Doug queria fazer parte dela.

Acho que mesmo os indivíduos mais alienados muitas vezes só precisam de alguma orientação segura para adentrar águas desconhecidas, para liberar a criança insegura que só fica olhando, temendo entrar por medo de ser rejeitada.

Não posso enfatizar o suficiente: todos estamos programados para o pertencimento. Todos nós sentimos a necessidade de ser um membro valioso e participante de uma tribo. Todos nós ainda ansiamos por essa conexão. E mesmo que nossas raízes de caçadores-coletores estejam em nosso passado distante, percebemos instintivamente que nossa sobrevivência moderna depende de nossa redescoberta da comunidade.

Mantenha o Tanque Cheio (Uma Lição de Vida)

Conquistar permissão não é um exercício que você conclui e acabou. Se um de seus relacionamentos coelevadores esmaecer ou começar a cair no continuum de coelevação em direção ao estado de coexistência ou resistência, você deve entender que cabe a você recuperá-lo.

Se quiser ser um líder em sua equipe e no mundo, não há outro caminho. Quanto mais longe estiver no caminho para a coelevação, mais de perto terá de observar se o tanque de gasolina do relacionamento está com pouco combustível.

Já vi inúmeros relacionamentos coelevadores bem-sucedidos voltarem ao estado de coexistência (ou pior) quando os colegas não conseguem manter o tanque cheio. Anos de coelevação — e do crescimento pessoal que vem com ela — podem desaparecer em pouco tempo quando novos estresses surgem ou novas prioridades interrompem seus objetivos compartilhados.

Foi exatamente o que aconteceu entre Jennifer, COO de uma grande empresa regional de movimentação de cargas, e Meg, CFO da empresa. Meg tinha uma personalidade irritadiça, e, no passado, a relação das duas havia sido tensa. Mas quando foram encarregadas de elaborar um novo plano estratégico para apresentar à equipe executiva, Jennifer passou meses construindo um relacionamento coelevador bem-sucedido com Meg.

Seu plano estratégico foi um sucesso, e elas lideraram um genuíno esforço mútuo de criatividade para chegar lá. Mas depois, sem essa tarefa compartilhada para trabalhar, o relacionamento de Jennifer e Meg ficou à deriva. Começaram a cancelar seus encontros semanais e, por fim, acabaram parando de marcá-los por completo. Também pararam de reservar um tempo para se reunir em sessões de preparação antes das reuniões de equipe maiores.

Um dia, Meg abruptamente anunciou cortes orçamentários, conforme determinado pelo CFO da matriz. Os outros membros da equipe executiva ficaram chocados com notícias tão ruins vindo à tona dessa maneira. Após a reunião, Jennifer perguntou a Meg se poderia acompanhá-la ao escritório da colega. Sugeriu que, no futuro, Meg deveria considerar dar à equipe a chance de resolver os problemas financeiros da empresa antes que chegassem ao ponto de sofrerem cortes orçamentários rigorosos pela matriz. Meg não aceitou bem a sugestão. Falou rispidamente que estava apenas cumprindo as ordens dentro da cadeia de comando. E, retrucou, se os outros executivos estavam descontentes com as reduções, deveriam ter prestado mais atenção ao cumprimento de suas próprias metas de faturamento, ou então reduzir voluntariamente seus orçamentos.

Jennifer ficou furiosa. E depois de ter trabalhado tão perto de Meg apenas alguns meses antes, ela se sentiu traída pela forma como a colega falou com ela. Mas como eu disse a Jennifer quando me ligou, fora de si de raiva, ela não deveria ter ficado tão surpresa. Jennifer parara de fazer os esforços cruciais para servir a Meg e compartilhar com ela, uma pessoa sabidamente difícil. Ela havia parado com as trocas. Não estava mais curiosa sobre a chama azul de Meg. A abertura de Meg, sua porosidade, havia se fechado, e suas velhas atitudes em relação a Jennifer haviam ressurgido — tudo porque esta parou de fazer o trabalho duro que a coelevação exige. Então, quando Meg recebeu uma diretriz para fazer cortes orçamentários, não se preocupou em avisar Jennifer. Nem pensou em colaborar com a colega sobre alternativas. Como resultado, Jennifer, sua equipe e toda a organização sofreram.

Quando Jennifer me contou o que tinha acontecido, lembrei-a do princípio "pense no seu papel". Quando os comportamentos de nossos companheiros de equipe escorregam, temos que nos perguntar: "Qual foi o nosso papel nisso? Por que não fomos mais diligentes em entrar em sintonia com suas necessidades?"

"Como culpar Meg ajuda você e a missão da equipe?", perguntei. "A culpa é irrelevante quando é o nosso objetivo e nossa missão que estão sendo sacrificados. Você não manteve o fogo aceso. Era seu trabalho."

> Em um mundo onde todos têm muito o que fazer e algumas das pessoas mais importantes para sua equipe não precisam fazer o que você diz — mesmo que trabalhem para você —, precisamos nos envolver e recrutar outras pessoas de forma diferente para alcançar a missão em questão e ganhar a confiança e a fé para liderar. A maioria dos funcionários atualmente faz parte de equipes nas quais nenhum de seus colegas são seus subordinados diretos. É aí que as habilidades de liderar sem autoridade e coelevar estão mais em demanda.
>
> Eric Yuan, CEO da Zoom Video

PROVAÇÕES COMPARTILHADAS, AMIGOS PARA SEMPRE

Nos anos que se seguiram ao nosso memorável *brunch* em Brentwood, Ken tornou-se um amigo querido. Ele foi uma tremenda ajuda para mim e a Pocketcoach quando a empresa enfrentou contratempos. Como investidor e conselheiro, ele estava presente para a empresa em nossos momentos mais sombrios. Quando ficamos com pouco dinheiro, continuou comprometido conosco, investiu mais e ajudou a abrir alguns novos meios de financiamento. Tornou-se uma das poucas pessoas em quem eu sentia que podia confiar quando estava mais abalado ou abatido.

Em seguida, Ken se deparou com uma sequência de azares que ameaçou seu próprio negócio. Foi uma situação complicada, e, enquanto lutava para segurar as pontas, muitos de seus amigos o abandonaram. Esses tempos difíceis duraram quase dois anos. Eu constantemente falava com ele para ver como estava. Às vezes, quando trabalhava fora de minha cidade, voava de volta para Los Angeles apenas para jantar com ele e ajudá-lo a deixar suas preocupações de lado por uma noite. Quando um daqueles antigos amigos candidatos à presidência que não sentia mais a necessidade de se associar a Ken se "esqueceu" de convidá-lo a um evento político anual, que eu sabia ser de seu agrado, eu o levei como meu convidado.

Ken continua sendo um de meus amigos e confidentes mais próximos. Seremos amigos para toda a vida, porque nos apoiamos nos bons e nos maus momentos. Nossas provações compartilhadas só serviram para nos aproximar. À medida que cada um de nós passa pela vida, podemos ganhar (ou perder) dinheiro com todos os tipos de associados e parceiros de negócios. O que é muito mais precioso é ter pessoas em nossa vida que estão dispostas a servir, compartilhar e cuidar.

Sirva: isso envolve liderar com uma generosidade de espírito e ação a serviço de outra pessoa, de sua missão compartilhada ou de seus objetivos, que juntos vocês planejam, desenvolvem e executam.

Compartilhe: construindo conexão e comprometimento de modo vulnerável com sua equipe

---

Antiga Regra de Trabalho: para convencer seus colegas a abordarem um projeto ou missão, você deve apresentar um caso persuasivo e fervoroso.

Nova Regra de Trabalho: para convidar seus colegas a se juntarem ao seu projeto ou missão, você deve conquistar permissão para liderar por meio do serviço, da partilha e da preocupação.

QUARTA REGRA
CRIE PARCERIAS MAIS PROFUNDAS, RICAS E COLABORATIVAS

> O trabalho da liderança no século XXI é criar um ambiente ágil e colaborativo, e isso significa ultrapassar limites de equipes e hierarquias. Na Box, um dos nossos valores fundamentais é "seja dono". Qualquer "Boxer", independentemente do seu nível ou equipe, deve se sentir apto para liderar sem autoridade. É uma questão de criar equipes orientadas para a execução, com uma inclinação para a ação. E o mais importante, equipes e indivíduos precisam se sentir seguros quando ocasionalmente falharem. Aprendemos com esses momentos por meio de discussões posteriores sinceras, mas solidárias, e incorporamos essas lições em como operamos no futuro.
>
> **AARON LEVIE, CEO E COFUNDADOR DA BOX**

Em 2014, fiquei animado ao saber que Brian Cornell havia sido nomeado CEO da Target. Conheci Brian anos antes, quando era presidente da Safeway. Ele ajudou nossa fundação, Greenlight Giving, a lançar o Big Task Weekend, que reunia líderes corporativos, incluindo o CEO da Kaiser Permanente, Bernard Tyson, e Beth Comstock, então na GE, para colaborar na melhoria do bem-estar e da saúde públicos.

A Target tinha alguns problemas sérios quando Brian assumiu o comando, mas, pelo que eu o vi realizar na Safeway, sabia que a empresa estava em ótimas mãos. Então, em 2016, Brian e sua equipe enfrentaram alguns obstáculos sérios. O fluxo de clientes e as vendas nas lojas Target caíam ou não cresciam. As vendas de fim de ano foram um fiasco. A empresa não atingiu as metas de ganhos em Wall Street para o ano. Os analistas avaliaram que a Target estava condenada, apenas mais uma grande varejista prestes a ser esmagada pela força implacável da Amazon.[1]

Em fevereiro de 2017, depois que Brian anunciou um plano estratégico de US$ 7 bilhões para transformar a posição competitiva da empresa, as ações da Target sofreram a maior queda diária na história da empresa.[2] O veredicto de Wall Street foi o de que os investimentos planejados da empresa em novos lançamentos de marcas de propriedade da Target, reformas de lojas e melhorias de entrega online e domiciliar nunca dariam retorno. A Target estava gastando dinheiro em algo que não funcionaria.

Demorou pouco mais de dois anos para Brian e sua equipe provarem que todos estavam errados. Em agosto de 2019, o preço das ações da Target se restabeleceu a um recorde histórico.[3] As receitas do ano fiscal de 2019 ultrapassaram 7% em relação aos resultados de 2017. As ações da Target atingiram outro novo recorde em dezembro de 2019. Em apenas doze meses, o valor das ações da Target quase dobrou.[4]

Uma das características mais notáveis da reviravolta da Target foi o lançamento de mais de *trinta* novas marcas próprias nesses dois anos e meio. Essas marcas sempre foram grandes impulsionadoras de lucros na Target, essenciais para sua identidade "chique e barata". Assim, a empresa estabeleceu uma meta de aumentar as vendas das marcas de sua propriedade em US$ 10 bilhões, o que exigiu uma avalanche de lançamentos de marcas sem precedentes na história do varejo.[5]

O método testado e comprovado da Target para trazer uma única nova marca ao mercado muitas vezes levou mais de um ano. Agora, David Hartman, chefe do Laboratório de Design de Marca da Target, e Stephen Lee, chefe da equipe jurídica de propriedade intelectual da empresa, foram desafiados com a missão de projetar e registrar pelo menos dez novas marcas por ano, com o cronograma de no máximo cinco meses para cada marca.

O fracasso não era uma opção. Em 2016, os varejistas estavam indo à falência e fechando lojas aos milhares, no que o setor batizou de "apocalipse do varejo". Foi o ano da "expurgação" das lojas físicas. Para que a Target sobrevivesse, as equipes de Hartman e Lee tinham de mudar radicalmente sua colaboração para alcançar resultados que nenhuma varejista alcançara.

A disrupção e as exigências de transformação criam situações impossíveis que requerem soluções impossíveis. As equipes da Target encontraram sua solução em uma nova forma de colaboração, mais profunda, que chamo de *colaboração coelevadora*. Impulsionadas por objetivos audaciosos, o trabalho em equipe da Target produziu resultados transformadores por meio da execução rápida e fiel desta fórmula simples:

Resultados Transformadores = Inclusão Radical + Contribuição Ousada + Agilidade

Vamos detalhar cada parte da equação.

A **inclusão radical** se refere a um compromisso com a verdadeira diversidade de contribuições no processo de colaboração. É uma questão de desbloquear e extrair ideias e perspectivas excepcionalmente poderosas, acolhendo e engajando uma equipe muito mais ampla.

Na Target, Hartman e Lee reconheceram que projetar e registrar tantas marcas tão rápido exigiria a inclusão de mais pessoas muito mais cedo no processo. Hartman convidou equipes de marketing, operações, aquisição e design de produto a contribuírem com ideias desde cedo, em vez de o Laboratório de Design de Marcas apenas solicitar comentários sobre o trabalho pronto.

Devido ao ritmo acelerado e à carga de trabalho descomunal, a maioria das práticas de aprovação linear ficou de lado. Anteriormente, advogados e assistentes jurídicos da equipe de Lee só se envolviam quando solicitavam suas opiniões, geralmente no fim do processo e para questões da receita federal. Agora, se envolviam muito mais cedo e com mais frequência, convidando a todos na sala a dar orientações e a responder perguntas.

A inclusão radical impulsiona ideias e inovações revolucionárias em toda a organização, atraindo pontos de vista de funcionários da maior gama possível de departamentos e áreas de atuação. Como diz o CEO da Apple, Tim Cook: "Acreditamos que você só pode criar um grande produto com uma equipe diversificada, em todos os sentidos da palavra 'diversidade'. Uma das razões pelas quais os produtos da Apple se saem muito bem é que as pessoas que trabalham neles não são apenas engenheiros e cientistas da computação, mas artistas e músicos."[6]

A contribuição ousada é o presente que você recebe quando solicita um retorno sincero e corajoso de uma equipe radicalmente inclusiva. Quando os membros da equipe podem se envolver abertamente em trocas de opiniões, eles debatem sobre o que está funcionando, o que não está e o que devem fazer mais, ou menos. Todas as ideias são reunidas para serem examinadas, classificadas, debatidas e decididas.

Pela primeira vez, membros da equipe jurídica de Lee na Target participaram regularmente das sessões de *brainstorming* de *branding* que antes eram de domínio exclusivo do Laboratório de Design de Marcas. Novos conceitos foram compartilhados nesse fórum aberto, e a viabilidade e as vantagens comparativas de várias opções foram pesquisadas e debatidas na hora. Era como um estande de tiro de ideias, muito distante do antigo método da Target de trabalhar em divisões, com equipes trocando e-mails educados e fazendo apresentações formais ao longo de semanas ou meses.

Contribuições ousadas desse tipo naturalmente aumentaram os níveis de ansiedade de algumas pessoas do Laboratório de Design de Marcas. "Minha equipe ficou muito nervosa", recorda Hartman. Havia um temor de que a contribuição inicial e a participação da equipe jurídica pudessem acabar com as ideias do laboratório antes que fossem desenvolvidas. "Para esse tipo de colaboração", disse ele, "você tinha que saber nadar em águas profundas".

Veja, a contribuição ousada não é para os fracos. Ela nos convida a deixar de lado os medos de julgamento ou rejeição por nossas ideias maiores e mais ousadas. Contribuições ousadas não deixam espaço para a fuga de conflitos, porque todos perdem quando os membros não compartilham seus pensamentos por ansiedade ou insegurança.

A **agilidade** é o método para colocar em ação a inclusão radical e a contribuição ousada como passos iterativos contínuos até obtermos o resultado desejado. Ao dividir os ciclos do projeto em *sprints* mais curtos e contribuir com mais frequência, as equipes intensificam o foco em alcançar resultados de curto prazo que impulsionam o ritmo de mudança. Essa metodologia, também comumente referida como *scrum*, surgiu na década de 1990 entre os desenvolvedores de software, que precisavam descartar as práticas tradicionais de escrita de código que eram desnecessariamente lentas e complicadas. Quando aplicada a outras disciplinas, a agilidade possibilita que avanços transformadores surjam ao longo de semanas e meses, em vez de anos, à medida que ideias e design impulsionam a execução.

O processo dinâmico e ágil da Target centrou-se em uma reunião semanal de liderança na qual todos se reúnem em pé para uma revisão rápida do trabalho em andamento de gestão da marca. As equipes de Hartman e Lee, juntamente com líderes das equipes de marketing, design de produto e comercialização, tomavam nota dos obstáculos que surgiam e coordenavam soluções. As sessões de trabalho durante a semana geralmente incluíam alguém do departamento jurídico, que executava pesquisas em tempo real de nomes e categorias de marcas registradas existentes nos bancos de dados, para que ajustes em novos designs de marca pudessem ser feitos na hora.

Iterar dessa forma reduz o risco de desvios e mudanças desnecessárias, o que pode custar semanas ou meses de perda de produtividade. Fazer isso certo, no entanto, requer a integração de diversos pontos de vista em uma atmosfera de abertura e retorno sinceros em cada estágio de design e execução.

No segundo trimestre de 2018, a Target alcançou seus melhores resultados financeiros em treze anos.[7] O diretor de comercialização da empresa disse a analistas de Wall Street em uma apresentação de resultados de novembro de 2018 que a nova estratégia agressiva de lançamento da marca estava valendo a pena.[8] Em março de 2019, a revista *Fast Company* classificou a Target em 11º lugar em sua lista anual das cinquenta empresas mais inovadoras do mundo,[9] parabenizando-a por "incubar internamente marcas cultuadas".[10]

Esses são os resultados possíveis com a colaboração coelevadora que se baseia na inclusão radical, na contribuição ousada e na iteração rápida. A colaboração coelevadora cria espaço para a *cocriação* autêntica, com todos ganhando uma compreensão mais profunda e holística de como produzir grandes resultados dentro da organização. Tanto Lee quanto Hartman dizem que agora têm uma compreensão muito mais profunda das outras áreas do que tinham antes.

Todas as equipes envolvidas — criativa, jurídica, marketing, operações, aquisição, comercialização e design de produto — saíram do processo mais fortes e com mais conhecimento sobre toda a cadeia de valores da Target, o que lhes permitiu se comunicar mais rapidamente, evitar pequenos mal-entendidos e responder a emergências.

> Resumindo, a coelevação se resume à equipe. Quando você tem os membros certos da equipe trabalhando como parceiros em um ambiente de trabalho colaborativo, inclusivo e ágil, pode esperar grandes coisas. À medida que

continuamos a evoluir neste novo mundo acelerado e digital, precisamos adotar uma mudança de mentalidade para refletir um ambiente de trabalho mais colaborativo e ágil. Nossa habilidade de influenciar e liderar sem autoridade é uma capacidade evolutiva superior que promove parcerias significativas baseadas em metas e objetivos compartilhados... e, por fim, cria uma cultura baseada na confiança, na autenticidade e no respeito.

Dick Johnson, CEO da Foot Locker

PROCURA-SE: COCRIAÇÃO COELEVADORA

A mudança disruptiva exige esse tipo de cocriação coelevadora autêntica. Todos precisamos ir mais longe juntos para encontrar soluções inovadoras, seja em pequenos projetos individuais ou em grandes iniciativas, como a da Target. Em todos os níveis, precisamos colocar mais soluções inovadoras no mercado do que nunca. Precisamos fazer transformações mais rápido em resposta às mudanças do mercado e coelevar do começo ao fim, para que cada membro saia mais forte e mais bem preparado para a próxima onda de ameaças à espreita.

Talvez eu devesse estar feliz pelo burburinho nos últimos tempos sobre a necessidade de o trabalho ser feito por equipes colaborativas multifuncionais. Mas, apesar de toda a conversa, raramente vejo resultados inovadores como os da Target.

Sempre que pergunto a novos clientes sobre suas práticas colaborativas, quase sempre dizem: "Somos uma equipe muito colaborativa. Trabalhamos bem juntos." Mas é quase como perguntar ao meu filho se ele limpou o quarto. À primeira vista, parece arrumado. Mas abra os armários ou olhe debaixo da cama, e é uma história diferente.

A pesquisa da Deloitte com profissionais de RH citada na introdução mostrou que a grande maioria não sabe como as equipes multifuncionais operam ou não é capaz de treiná-las para melhorar os resultados. Diante da disrupção do setor, o fracasso generalizado da mais essencial competência de gestão provavelmente está custando bilhões em perda de produtividade.

Recentemente, conversei com James, CMO de um dos maiores conglomerados bancários dos Estados Unidos, que me contou como a revolução do consumidor nos serviços bancários por celular está ameaçando devorar a participação de mercado em muitas das linhas de produtos bancários de varejo da empresa. E, no entanto, seus esforços colaborativos para construir um pacote de produtos bancários por celular fracassaram, enquanto os líderes do negócio disputavam sobre quem deveria assumi-lo. O líder deveria ser James, o CMO, que mantém os dados dos clientes, acompanha as últimas pesquisas de consumo e foi o primeiro a levantar a questão com a equipe executiva? Ou deveria ser a chefe de varejo bancário, já que sua unidade é a mais ameaçada? Deveria ser o diretor de tecnologia digital, que foi contratado pelo CEO em resposta à disrupção digital? E o diretor de inovação, que também foi recentemente contratado pelo CEO para ser um agente de disrupção interna? Ou o diretor de tecnologia, que conhece a arquitetura de tecnologia e controla seu orçamento? Ou talvez devesse ser o chefe de estratégia, que várias vezes os alertou e estava considerando uma aquisição de tecnologia diante do fracasso da equipe?

Todos no banco concordam que precisam desesperadamente de uma solução robusta de produtos bancários por celular para permanecerem relevantes com a nova geração de clientes. Mas a falta de uma mentalidade coelevadora e uma ação colaborativa eficaz permitiu que o processo se transformasse em um impasse devido à luta pelo controle. James admite que a situação é profundamente constrangedora. Todos esses recursos, todas aquelas pessoas brilhantes, e nada significativo foi levado ao mercado. Meu estômago se revira conforme escrevo isso e recordo que, com frequência, vejo situações semelhantes em empresas de todos os tamanhos.

Na realidade, as empresas estabelecidas deveriam desfrutar de enormes vantagens sobre as startups caso se tornem pioneiras, já que contam com uma vasta e fiel base de clientes. Em 2016, quando muitos presumiram que a Target estava condenada, Brian Cornell reconheceu que ela precisava investir US$ 7 bilhões "para se desestruturar" e sobreviver. Mas pouquíssimas empresas são capazes de sair de seu próprio caminho e levar a cabo tal nível de ambição. Descobri que mesmo as empresas mais progressistas que lançaram *hubs* de incubação para negócios inovadores geralmente são bastante relutantes em aprovar e financiar os conceitos promissores que incubaram.

Na década de 1990, nossa equipe na Starwood Hotels, liderada por nosso CEO muito criativo, deu origem a muitas das últimas inovações em hospedagem. Iniciamos um programa incomparável de recompensas, sem restrições de datas. Projetamos a macia Heavenly Bed, com brancas e sedosas roupas de cama de marca substituindo os feios edredons de poliéster padrão da indústria. Abrimos hotéis exclusivos e luxuosos da rede W, com bares modernos em cada saguão. Nossa equipe foi a vanguarda da inovação para o setor.

Anos depois de deixar a Starwood, lembro-me de ouvir sobre os fundadores do Airbnb fazendo suas rodadas em busca de investidores. Na época, achei que o modelo de negócios do Airbnb era interessante, mas não realmente viável em grande escala. Por que as pessoas alugariam quartos em suas casas para estranhos? E quem gostaria de ficar em uma casa particular e abrir mão da previsibilidade, privacidade e conveniência de um hotel de marca?

Hoje me pergunto o que teria acontecido se, nos anos 1990, quase uma década antes do Airbnb, alguns jovens de uma de nossas propriedades em São Francisco tivessem feito a sugestão audaciosa de incluir aluguéis de casas particulares muito restritos no programa de fidelidade Starwood Preferred Guest. A sugestão não teria sido tão absurda. Nosso inventário já incluía uma coleção de pequenos hotéis de luxo independentes na Europa.

Ou talvez uma ideia tão maluca assim viria de fora. E se nossa equipe tivesse saído das conversas normais e se reunido com empreendedores iniciantes fora da empresa, pessoas com quem normalmente não falávamos? Poderíamos ter cocriado algumas soluções verdadeiramente disruptivas com eles? Poderíamos ter superado nossas preocupações típicas sobre integridade da marca e consistência do produto por tempo suficiente para entreter um conceito tão fora da caixa?

Por mais inovadores e abertos que fôssemos, duvido muito.

Mas talvez, apenas talvez, se até mesmo um de nós com influência na Starwood tivesse sido mais aberto e diligente, se tivéssemos buscado conversas diferentes naquela época, talvez a Starwood pudesse ter lançado sua própria versão do que se tornaria o Airbnb.

Em vez disso, veja o que nosso setor perdeu. O Airbnb é uma das startups mais valiosas da história do Vale do Silício. No fim de 2019, valia mais de US$ 30 bilhões, gerando lucro e ainda em crescimento.[11] O Airbnb agora absorve 20% de toda a receita do mercado hoteleiro dos EUA.[12] Fica atrás apenas da maior empresa hoteleira do mundo, a Marriott — que comprou a Starwood em 2016.[13]

QUARTA REGRA: AS PRÁTICAS

No novo mundo do trabalho, agilidade, ambição e audácia são os elementos essenciais da cocriação coelevadora. Não importa seu cargo ou o tamanho do projeto colaborativo, seu trabalho como líder sem autoridade é reunir mais pessoas, ajudar a gerar ideias maiores e mais impactantes e encontrar maneiras de executar mais rápido. Tudo começa com um processo que muda fundamentalmente o modo como você e seus colegas de equipe pensam, organizam e executam a colaboração.

Recontratação: O Primeiro Passo Essencial

Depois de treinar centenas de equipes executivas em todo o mundo, vi como a verdadeira cocriação coelevadora não pode se estabilizar até que todos os velhos hábitos de colaboração de segunda categoria sejam colocados na mesa com seus defeitos expostos. Isso é de vital importância, seja uma colaboração de duas pessoas ou um grande esforço de uma equipe multifuncional. Em um dos primeiros encontros, senão *no primeiro*, avalie todos os históricos de rotinas e normas de cultura organizacional que antes o impediam de gerar resultados excepcionais. Depois, expulse-os coletivamente, como um exorcismo.

Esse é um dos primeiros passos de um processo que chamo de "recontratação".

Seu objetivo é garantir que a contribuição ousada continue fluindo vigorosamente por todos os estágios da iteração. Todos se unem e concordam em se comprometer com um novo contrato social de condutas que apoiem a cocriação. A recontratação garante que a promessa de inclusão radical seja entregue por meio de contribuições e iterações ousadas. Afinal, é fácil cumprir as exigências relativas à diversidade de equipe, mas deixar de entender o valor da inclusão. O verdadeiro desafio é nos atermos a processos e práticas que nos garantam acesso total à ampla diversidade de vozes e contribuições da equipe.

A recontratação estabelece as expectativas do grupo sobre como se comportar por meio da colaboração. Coloca todos em sintonia. Devemos nos perguntar: quais os primeiros comprometimentos com as melhores práticas que estamos dispostos a assumir em conjunto? Chegar a soluções inovadoras é mais simples se todos concordarem com um novo código de conduta colaborativo antes do início propriamente dito da colaboração.

Começamos a conversa da recontratação discutindo nossas experiências anteriores com a colaboração. Essa é uma oportunidade para toda a equipe explorar abertamente as falhas e decepções que teve no passado como uma forma de entender os comportamentos e dinâmicas de grupo que ela quer evitar daqui para frente.

Seu grupo pode fazer isso melhor por meio de um processo com pequenos grupos chamado resolução colaborativa de problemas (RCP).

Descreverei como o processo funciona com mais detalhes posteriormente, mas, para o propósito da recontratação, a RCP começa fazendo uma grande pergunta: "Quais são as dez questões principais com maior probabilidade de impedir nossa colaboração, dada nossa cultura e nossas experiências passadas?" Em seguida, a equipe é dividida em trios para discutir a questão por cerca de trinta minutos. Cada trio registra suas respostas em um *flipchart* e, em seguida, retorna à equipe maior, então uma pessoa de cada trio apresenta o relatório de seu grupo. O objetivo é expor os destruidores de colaboração mais comuns dentro de sua cultura compartilhada e dar uma atenção especial ao que o grupo considerar os três principais. Então, todos são convidados a prometer verbalmente que evitarão esses comportamentos. Também prometem chamar a atenção, com empatia e compreensão, sempre que observarem a si mesmos ou a outros membros do grupo adotando tais comportamentos. A chave é concordar especificamente, logo de cara, que você tem permissão de evidenciar esses comportamentos sem sentir vergonha, meramente a serviço da coelevação.

Depois de oficialmente expor os comportamentos indesejáveis de colaboração, o grupo pode fazer um novo contrato para comportamentos desejáveis acordados. Esses comportamentos variam de acordo com cada grupo, então o restante deste capítulo é dedicado a discutir os conceitos básicos — como um compromisso com a franqueza, métodos para manter as emoções sob controle e um processo pré-aprovado para sair de impasses.

Por meio da recontratação, todos concordamos em dar o nosso melhor para deixar de lado os antigos comportamentos colaborativos e adotar as novas condutas. Também concordamos que chamem nossa atenção quando falhamos. Porque nós *falharemos*. Faremos besteira. Ocasionalmente, todos voltamos aos velhos comportamentos. Estabeleça essa expectativa desde o início para aliviar os inevitáveis incidentes de retrocesso, para que todos possam simplesmente abraçar o progresso.

A recontratação pode ser repetida periodicamente ao longo das semanas e meses da colaboração, à medida que há trocas de membros da equipe. A cada vez, isso pode ser feito com foco em novas questões que possam surgir durante a colaboração. E, embora este capítulo discorra principalmente sobre o processo em grupo, vale a pena notar que conversas de recontratação desse tipo podem ser muito valiosas para estabelecer padrões de comportamento esperado em qualquer relacionamento coelevador.

O que torna a conversa de recontratação tão valiosa é que elevamos o padrão do alto desempenho e, ao mesmo tempo, concordamos em aceitar nossas falhas quando fracassamos. Quando nos lembramos de ter empatia pelos velhos rituais e hábitos dos outros, é muito mais fácil nos comprometermos com o apoio mútuo na formação de novos.

Combata a Má Colaboração

Para iniciar a conversa sobre falhas em colaborações passadas, você pode dar à sua equipe o esboço geral da Profaníssima Trindade da Má Colaboração: Consenso, Adesão Forçada e o que chamo de Solução Pré-Assada.

O **Consenso** geralmente é citado por veteranos grisalhos do mundo empresarial como seu principal medo sempre que discuto colaboração. Muitos deles foram torturados por esforços colaborativos que tentaram aplacar todas as outras vozes e acabaram produzindo uma baboseira inútil motivada pelo consenso.

A verdadeira cocriação é tudo, menos um consenso. Ao recontratar, a equipe deve concordar que permanecerá fiel ao alto padrão de resultados verdadeiramente transformadores e que as respostas finais atenderão a quaisquer critérios a que o grupo aspire. Uma equipe de cocriação deve ter entraves ou barreiras claras que ela mesma estabeleceu para tomar decisões ousadas, quer todos concordem ou não. O objetivo da cocriação coelevadora é encontrar as escolhas mais *poderosas*, não as mais fáceis e, certamente, não as mais populares.

A **Adesão Forçada** é aquele convite frequentemente insincero para colaborar, com o objetivo de obter a aprovação do grupo sobre decisões que já foram tomadas. A proposta é semelhante a todos expressarem suas preferências de almoço, apenas para descobrir mais tarde que o pedido de pizza já estava a caminho. A adesão forçada não é cocriação. É venda — e quem quer isso?

O termo "adesão" é como unha na lousa para mim (estou rindo, pois sei que muitos leitores nem sabem o que é uma lousa). Os líderes já decidiram uma solução e podem até dar um show de como aceitam feedback, mas é só para obter a aprovação para fazer o que planejavam o tempo todo. Na minha experiência, a adesão forçada deixa as pessoas se sentindo desanimadas e menos propensas a se esforçarem na execução do plano. E quando as coisas começarem a dar errado, a equipe provavelmente não oferecerá retorno e soluções possíveis porque já entendeu que ninguém realmente se importa com o que se pensa.

Solução Pré-Assada é meu termo para qualquer processo em que um pequeno grupo chega a investigar e buscar a contribuição de outros primeiro, mas depois cria e apresenta uma solução praticamente acabada, como Moisés descendo do Monte Sinai com os Dez Mandamentos. Esse é muitas vezes o trabalho de consultores ou programas de treinamento implementados pela matriz.

Alguma parte de cada solução é "pré-assada" no início. Acho muito produtivo começar uma conversa com a humilde avaliação de que talvez 30% da solução em questão já esteja pronta. O convite para colaborar sugere que trabalhemos juntos nos próximos 60% e, em seguida, continuemos iterando e convidando outras pessoas a contribuir para o resultado final desejado.

Mas a solução pré-assada ignora toda essa interação confusa e as discussões maravilhosas, essenciais para criar soluções que funcionem. É rápida, eficiente e bem controlada, mas prepara a equipe para soluções pouco inspiradas que dificilmente ressoarão com o público-alvo, muito menos alcançarão resultados transformacionais. A solução pré-assada pode ter funcionado bem para algumas empresas no passado, mas é pouco adequada para uma era de rápidas mudanças e disrupção do mercado.

Eis um exemplo de um típico problema da solução pré-assada. Dave é responsável pela região sudoeste de uma grande companhia de seguros com sede no meio-oeste dos EUA. Seus gerentes de vendas de campo estavam com dificuldades por conta da entrada de concorrentes mais baratos, principalmente online. A solução da matriz foi enviar todos a um curso padronizado obrigatório de meio período com o objetivo de tornar os agentes mais responsivos aos seus clientes. Os instrutores da matriz levaram muitos meses para desenvolver o curso e, embora tenham consultado os agentes de campo da empresa ao longo do caminho, pediram feedback, com pouca convicção, sobre o produto final apenas antes do lançamento oficial.

Não surpreende que o curso foi um fracasso com os representantes de Dave. As soluções pré-assadas bem-intencionadas oferecidas pela matriz se mostraram um desperdício completo de tempo e recursos. Estavam por fora dos desafios específicos que os representantes sentiam no mercado e ofereciam poucas soluções práticas. Então, Dave decidiu lançar seu próprio esforço cocriativo. Convidou alguns de seus melhores representantes para uma sessão no período da tarde para descobrir como aumentar suas taxas de fechamento em 20%. Naquela tarde (usando a estrutura da RCP), o pequeno grupo produziu uma série de novos pontos de venda com base em sua compreensão mais profunda e em primeira mão das lutas e preocupações de seus clientes.

Nos três meses seguintes, a equipe de Dave reuniu um conjunto de soluções personalizadas que atendia às necessidades de seus clientes de maneiras que nenhum concorrente online monolítico poderia esperar igualar. Essas soluções criaram resultados tão inovadores que outras regiões de vendas criaram suas próprias versões, copiando o processo cocriativo que a equipe de Dave usara.

Torne a Sinceridade Obrigatória

Antes de começarmos a colaborar em um projeto, devemos primeiro ser impiedosamente sinceros com nós mesmos: "Confiamos uns nos outros? Sentimo-nos seguros em compartilhar abertamente nossas ideias mais ousadas e críticas? Fizemos o trabalho necessário e importante para servir, compartilhar e cuidar, com toda a equipe, para tornar essa colaboração possível?" Essas são as questões fundamentais que devemos enfrentar se quisermos manter a sinceridade daqui para a frente.

Provavelmente teremos trabalho a fazer em torno da sinceridade com nossos colegas antes de mergulhar de cabeça com eles. Não é necessário ser o líder oficial do grupo para assumir um papel de liderança na conversa de recontratação. Só precisamos nos preocupar o suficiente com os resultados da equipe e com nossos colegas para dar o salto e defender colaborações mais sinceras, engajadas e transparentes.

Então, nas conversas de recontratação, devemos ressaltar a importância de construir a cultura de sinceridade da equipe, além da permissão que criamos por meio do serviço, do compartilhamento e do cuidado. Os riscos são enormes, porque nada mata mais o valor para o acionista em uma empresa do que uma cultura de fuga de conflitos. Na maioria das empresas com as quais trabalho, a prevenção de conflitos está descontrolada, e todos têm ciência disso. A recontratação para cocriação é o lugar perfeito para acabar com o medo ou a privação de dizer o que estamos pensando.

Uma cultura de sinceridade em sua equipe libera ao máximo a participação de todos e garante contribuições ousadas. É por isso que empreendedores bem-sucedidos como Ray Dalio, fundador do fundo de hedge Bridgewater Associates, defendem um local de trabalho com uma cultura radicalmente transparente.

"A chave para nosso sucesso foi ter uma verdadeira meritocracia de ideias", escreveu Dalio em seu livro *Principles*. "Para ter uma meritocracia de ideias bem-sucedida, é preciso fazer três coisas: 1. Exponham suas opiniões honestas. 2. Tenham discussões ponderadas nas quais as pessoas estejam dispostas a mudar suas opiniões conforme aprendem. 3. Estabeleçam maneiras preestabelecidas de tomar decisões caso as divergências de opiniões permaneçam para que possam superá-las sem ressentimentos. E para fazer isso bem, precisam ser radicalmente honestos e transparentes, ou seja, permitirem que as pessoas vejam e digam praticamente qualquer coisa."[14]

Precisamos ter essas discussões abertas com os membros de nossa equipe se quisermos construir uma cultura baseada na sinceridade. Mesmo após a recontratação, nosso medo de conflito certamente se infiltrará novamente no diálogo colaborativo. Para manter a sinceridade em sua equipe, tente isto de vez em quando: peça a todos que anotem em um papel, sem que os outros vejam, como classificam o nível de sinceridade, em uma escala de 0 a 5. Peça a alguém que recolha os papéis e conte o resultado. Se a média for 3 ou menos, é uma ótima oportunidade para discutir a falta de sinceridade do grupo! Algo não está sendo abordado. O que é? Por que não estão sendo francos? Use o processo de RCP e aborde essas perguntas com o grupo. Ou apenas peça a todos que escrevam, de modo confidencial, o que acham que não foi abordado, e leia essas respostas em voz alta para todos. É o momento de falar sobre a sinceridade genuína e por que todos a estão evitando.

O principal obstáculo à sinceridade na maioria das equipes e das culturas da empresa é a falta de *segurança psicológica*. As pessoas devem se sentir *seguras e protegidas em suas posições* para arriscar compartilhar suas ideias e pensamentos abertamente. Amy C. Edmondson, professora da escola de negócios de Harvard e pesquisadora líder no assunto, diz que as pessoas que se sentem psicologicamente seguras tendem a ser mais inovadoras, aprender mais com seus erros e estar motivadas a melhorar sua equipe ou empresa.[15] São mais propensas a propor ideias, admitir erros, pedir ajuda e fornecer feedback.[16]

Estudos sobre trabalho em equipe no Google mostraram que a segurança psicológica é o único fator que as equipes de alto desempenho da empresa tinham em comum.[17] Os pesquisadores do Google descobriram que quanto mais seguros os membros da equipe se sentiam uns com os outros, maior a probabilidade de se associarem e assumirem novas funções. Pessoas em equipes com maior segurança psicológica também eram "menos propensas a deixar o Google, mais propensas a aproveitar o poder de ideias diversas de seus colegas, trazer mais faturamento e duas vezes mais propensas a ser avaliadas como eficazes pelos executivos".[18]

Aliás, a empresa de Dalio é a exceção que comprova a regra. A Bridgewater Associates é uma empresa relativamente pequena que está inundada por candidatos, atraídos por sua cultura extrema — então a Bridgewater tem o luxo de selecioná-los com base em sua preparação psicológica. Aqueles que não têm resiliência provavelmente não serão contratados. A cultura Bridgewater de transparência radical cria um ambiente de trabalho difícil. Só funciona porque a empresa contrata pessoas apropriadamente resistentes, que têm a sinceridade em seu DNA, que não temem ser desafiadas e não se esquivam de desafiar os outros.

A maioria das organizações não tem essa cultura de sinceridade enraizada, por isso é importante fazer a recontratação logo no início de cada colaboração. No entanto, também precisamos estabelecer a expectativa coletiva para que a equipe aumente a segurança psicológica por meio de relacionamentos mais profundos e do serviço, da partilha e da preocupação, e, então, com base nessa relação, manter viva a conversa sincera.

Examine Suas Emoções

Depois de todos concordarem em se comprometer a ser sinceros em suas contribuições e feedbacks, é hora de se preparar para conversas, pensamentos e ideias que podem atingir alguns pontos sensíveis. A paixão é compreensível — até encorajada — na colaboração, mas é algo inteligente a equipe discutir com antecedência como lidar com qualquer troca que se torne excessivamente acalorada.

Pesquisadores que estudam o que é conhecido como "contágio emocional" documentaram como sincronizamos automaticamente nossas emoções com as expressões faciais, vozes, posturas, movimentos e deixas comportamentais das pessoas ao nosso redor.[19] Vozes levantadas, é claro, são fáceis de reconhecer, mas muitas pessoas expressam suas emoções de forma mais sutil — cruzam os braços, fazem cara feia, abaixam os cantos dos lábios ou se voltam para longe dos colegas. Ao fazer isso, correm o risco de despertar as mesmas emoções nos outros e atrapalhar o progresso da equipe. Um deslize pode sair do controle.

A equipe pode "recontratar" desde o início que cada membro assumirá a responsabilidade de administrar o clima emocional para que promova inovação, criatividade e originalidade. Outra abordagem é concordar que qualquer pessoa pode interromper uma interação emocionalmente carregada que corre o risco de intimidar as pessoas ou acabar com a sinceridade dizendo "alerta vermelho", ocasião em que a equipe concorda em recuar e observar seu comportamento.

Levei anos para aprender essas habilidades. Em parte porque meu pai, apesar de todas suas qualidades incríveis, tinha um temperamento explosivo, ao qual me adaptei equiparando minha voz à dele. Agora, quando fico aborrecido, faço uma pausa, dou uma volta pelo quarteirão, até peço para remarcar a reunião. Faço de tudo para manter minhas emoções sob controle para não correr o risco de impedir o progresso da equipe.

> Desenvolver equipes de alta performance está no cerne de toda inovação e transformação. O novo papel do líder de equipe é cultivar um ambiente de confiança, empoderamento e feedback construtivo que inspire todos a se unirem por um propósito comum. A arte da coelevação está em guiar o processo e saber quando ser flexível ou decisivo como líder. A definição de prioridades deixou de ser um assunto da gerência. Em vez disso, as equipes compartilham responsabilidade conjunta e princípios ágeis, trabalhando em ciclos curtos e decidindo juntos para onde querem avançar e como.
>
> Roel Louwhoff, COO da ING

Comunique-se Frequente e Rapidamente

A cocriação coelevadora depende de um fluxo contínuo de comunicação com constituintes críticos, buscando proativamente pensamentos e perspectivas adicionais. Uma ótima maneira de solicitar informações mais ousadas e frequentes desse tipo é desenvolver o hábito de disparar muitos e-mails curtos com pedidos humildes de feedback. Faço isso o tempo todo com a minha equipe. O e-mail permite que seus colegas de equipe respondam de acordo com sua disponibilidade, e muitas vezes recebi ótimos conselhos e feedback inovador apenas pedindo.

Se você é alguém que claramente detém uma área da colaboração — por exemplo, você é especialista em dados ou representa o departamento de marketing —, entrar em contato com os colegas e pedir o feedback deles é um ótimo exemplo de sinceridade e coragem para o grupo. Tente entrar em contato com os outros para pedir ideias sobre como pode melhorar suas contribuições para o grupo.

Aqui está um modelo que costumo enviar às pessoas que querem conselho sobre como obter ideias e contribuições mais sinceras. Ajuste-o para se adequar ao seu estilo:

Oi, Haley.

Quero ter certeza de que não estamos perdendo nada, que estamos obtendo as melhores e mais provocativas ideias que podemos sobre [inserir projeto ou missão]. Realmente, ficaria grato pelo seu feedback absolutamente sincero sobre como irmos ainda mais longe. Se estivesse no meu lugar, o que faria agora? O que acha que está faltando? Estou falando sério, por favor, não se retraia. Faça todas as críticas que quiser. Se não abrirmos o jogo, todos perdemos. Confie em mim, conciliaremos todas as outras ideias e escolheremos um caminho ousado. Então, fale à vontade. Realmente valorizo suas opiniões e perspectivas. Não nos deixe perder NADA. Se for mais fácil para você, fique à vontade para me ligar.

Obrigado!

Keith

Se não obtiver uma resposta logo, geralmente espero alguns dias antes de mandar um lembrete educado: "Animado para receber seu valioso feedback! Agradeço antecipadamente por suas ideias importantíssimas."

Como líderes, nosso objetivo é sempre continuar positivos e manter a conversa focada em ideias e processos de melhoria. Evite entrar em debates ou parecer defensivo. É importante manter as contribuições fluindo, e uma resposta negativa pode impedir isso.

Se ficar com dúvidas sobre o significado do feedback, tente evitar responder defensivamente. Tudo bem pedir esclarecimentos, mas faça com humildade. Use frases como: "Não tenho certeza se entendi." Tente não colocar a pessoa na defensiva. Sempre expresse gratidão — mais do que achar necessário — pela contribuição, sugestão e energia positiva. Celebre as pessoas que estão forçando os limites e correndo riscos com você. Se receber uma sugestão maravilhosamente ousada e surpreendente, envie-a para todos da equipe; celebre essa pessoa e a agradeça abertamente.

Cultive a Curiosidade

Ao fazer a recontratação com os integrantes de seu grupo, lembre-os do que disse o filósofo grego Zenão de Cítio: "Temos dois ouvidos e uma boca, então devemos ouvir o dobro do que falamos." Ser assertivo e mostrar curiosidade sincera no que os outros têm a dizer é uma habilidade colaborativa importante. Se nos detivermos à nossa alçada, de olhos e ouvidos fechados, podemos perder insights indispensáveis vindos dos outros.

Para realizar transformações verdadeiras, precisamos de colaboração que continue expandindo nossa perspectiva, então é necessário estar vigilantes e incentivar mais contribuições. Uma ferramenta útil para fazer isso durante as reuniões é um processo que chamo de 5x5x5. Um membro da equipe demora cinco minutos para explicar um problema ou questão para o qual busca contribuição. Por exemplo: "Estou com dificuldade para conseguir que um associado se envolva com nosso trabalho aqui" ou "Estou considerando um investimento bastante caro como parte de nossa solução". A questão deve conter algum grau de dúvida, e o membro com a pergunta deve estar realmente curioso para ouvir outros pontos de vista.

Nos próximos cinco minutos, outros membros da equipe devem fazer perguntas para que possam obter uma compreensão mais profunda do problema, sem sugerir soluções. Depois, nos cinco minutos finais, todos se revezam oferecendo feedback direto e sincero. A pessoa que recebe a contribuição agradece a todos pelo presente de seus insights e de sua sinceridade. Como qualquer presente, ele pode ser usado como o beneficiário achar melhor.

O 5x5x5 é um exercício colaborativo rápido e renovador para qualquer equipe. Funciona como um cochilo restaurador. E você pode torná-lo mais curto e agradável, ou mais longo, dependendo do tempo que tem e das perguntas que fizerem.

Há certa magia nesse tipo de exercício. Ele forma uma coesão no grupo, porque mostra que estamos abertos a novas possibilidades. Pesquisas mostram que boas perguntas levam a soluções mais criativas e decisões mais eficazes. Francesca Gino, professora da escola de negócios de Harvard, diz que fazer boas perguntas "permite que os líderes ganhem mais respeito de seus seguidores e inspirem os funcionários a desenvolver relações de mais confiança e colaboração com os colegas."[20]

Dê Tudo ou Nada de Si

O desafio que todas as empresas enfrentam hoje é o de que a mudança verdadeira não ocorre por meio de melhorias incrementais. Ela vem por meio do que é comumente chamado de mentalidade 10x. Se o objetivo típico em sua empresa é alcançar uma melhoria de 10% no tempo do ciclo para o desenvolvimento de novos produtos, pergunte-se o que seria necessário para alcançar *dez vezes* esse resultado. A beleza da mentalidade 10x é que ela nos força a pensar de maneiras tão radicalmente novas que, mesmo que acabemos alcançando apenas uma melhoria de duas ou três vezes, isso ainda é exponencialmente maior do que teríamos conquistado de forma incremental.

A coelevação é a ferramenta perfeita para começar a explorar esses sonhos e encontrar colegas e parceiros dispostos a experimentá-los. Você aprenderá muito. E talvez ajude sua empresa a crescer antes que a disrupção industrial ameace mandar todos para casa.

Trabalho com algumas das empresas mais admiradas do mundo, e a mentalidade 10x é extremamente rara entre elas. Simplesmente não é onde o foco diário delas está, e é fácil entender o porquê.

Na Delta Air Lines, por exemplo, a equipe executiva tem tanta excelência operacional que é capaz de reduzir continuamente os custos e melhorar as avaliações de experiência do cliente em incrementos razoavelmente previsíveis de meio ponto percentual. Essas pequenas porcentagens somam grandes números em um setor com mais de US$ 800 bilhões em faturamento anual.

Certo dia, em um jantar executivo, Gil West, COO da Delta, desafiou a si mesmo e à equipe com um exercício rápido de mentalidade 10x que gostamos de usar em nosso coaching. Ele pediu a todos que deixassem de lado seus pensamentos sobre melhorias de meio ponto percentual. Em vez disso, queria que olhassem onde poderiam focar a atenção se seu objetivo fosse criar melhorias *exponenciais* para seus passageiros, funcionários e acionistas.

Na primeira rodada do exercício, os executivos se dividiram em duplas para discutir o assunto por dez minutos. Quando cada equipe retornou, eles compartilharam com o grupo algumas ideias que surgiram e que poucos haviam cogitado antes.

A variedade de ideias foi surpreendente. (Não posso revelar nenhuma delas, mas, como membro do programa de milhas da Delta, achei uma ideia revolucionária em particular extremamente empolgante.) As áreas de foco variaram desde o desenvolvimento de novos modelos de negócios até a reavaliação do design tradicional de terminais. Um tema que surgiu diversas vezes foi a reformulação da experiência dos colaboradores. Cada um desses executivos sabia que, se quisessem levar a Delta ao próximo patamar de experiência do cliente, precisavam usar a mentalidade 10x para os milhares de associados da empresa.

O que adoro nessa história é que essa é uma das equipes executivas mais respeitadas do mundo. (Gil foi um dos que ajudaram a Delta a escapar da falência para se tornar a companhia aérea norte-americana mais bem classificada de 2019[21] e uma das mais respeitadas do mundo.) A quantidade de experiência e talento entre esses executivos é tão vasta que provavelmente eles têm bilhões de dólares em ideias 10x. E, pela primeira vez, agora têm um processo para explorar essas possibilidades e a oportunidade de buscar algumas delas.

RCP: Solução de Problemas em Grupos Pequenos

Para suscitar a sabedoria coletiva de qualquer grupo, a colaboração eficaz necessita receber contribuições sinceras e ousadas de *todos*. Isso pode ser um desafio em grupos maiores, nos quais apenas algumas vozes tendem a dominar em questões específicas, enquanto outras vozes não são ouvidas.

Como descrito anteriormente, o processo de RCP (resolução colaborativa de problemas) é uma ferramenta que deve ser usada continuamente durante a colaboração. Aqui estão mais detalhes sobre como funciona.

Em primeiro lugar, leve uma questão a todos. Ela pode ser de um membro da equipe que precisa de conselhos em uma área específica ou uma pergunta mais ampla destinada a provocar pensamentos maiores e talvez alguns pontos de vista opostos.

Eis alguns exemplos do que acho que seriam boas perguntas:

- Quais ideias desconsideramos no passado que nunca deveríamos ter descartado?
- O que poderia realmente transformar a forma como atendemos os clientes?
- Se nossa empresa adotasse alguns elementos dos aplicativos e de outras tecnologias que amamos em nossa vida, como nossa experiência do cliente poderia ser transformada?

Todas as perguntas precisam ser focadas o suficiente para preencher o limitado tempo disponível — entre trinta e sessenta minutos. Procure formar perguntas simples e diretas. Perguntas complexas não funcionam tão bem, porque há muitos elementos para abordar em um período relativamente curto de tempo.

Depois de fazer a pergunta, separe todos em pequenos grupos de dois ou três para realmente lidar com o tema e lhes dê o tempo que for adequado à complexidade da questão.

A segurança psicológica é maior em grupos de três, então, em cada um deles, os participantes podem trabalhar intensa e criativamente com a maior coragem, sinceridade e assunção de riscos. Há menos probabilidade de um membro se reprimir, e há diversidade suficiente de pensamento. Todos são ouvidos, e o trio é capaz de analisar e incorporar o pensamento individual em algumas ideias coerentes. O modelo de RCP maximiza os benefícios de grandes grupos de inclusão radical, mantendo os benefícios de pequenos grupos de segurança psicológica e aprovação social. É mais um caso de uma solução que desenvolvemos na FG que acomoda a natureza humana básica, que chamo de "trabalhar a favor da gravidade".

As reuniões em trios servem como uma fase de análise valiosa, sendo que apenas os resultados mais intrigantes e úteis de suas discussões são levados ao grupo maior. Nesse ponto, outra dinâmica psicológica valiosa entra em ação: os relatórios de cada trio para o fórum maior têm mais chances de serem expressos com maior sinceridade e coragem do que se esperaria ouvir em uma sala grande de reunião. Por quê? Porque a pessoa designada a fazer o relatório ao grupo maior quer a aprovação social das outras duas pessoas em seu trio. O porta-voz do trio não quer parecer covarde ou decepcionar os outros membros ao não incluir a riqueza e a sinceridade das opiniões expressas em sua discussão.

A RCP rendeu alguns dos momentos mais emocionantes que já vi em reuniões colaborativas. Soluções inteligentes e inovadoras surgem quando grupos pequenos e seguros analisam a questão. Os membros mais introspectivos se esforçam e dão relatórios ousados, com o apoio de seu pequeno grupo. Acima de tudo, você evita a armadilha de grupo maiores em que todos se submetem a quem tem mais experiência ou à personalidade mais forte. A RCP gera, de forma confiável, ideias que nunca teriam a chance de ser veiculadas e consideradas em uma discussão com mais pessoas.

Comemore a Mudança de Opiniões

Um grande tópico de conversa na recontratação é nossa fragilidade humana quando se trata de mudar de ideia. Resistimos a fazê-lo — e é exatamente por isso que devemos nos comprometer antecipadamente a permanecer abertos a essa possibilidade durante toda a colaboração.

Minha frase favorita de Ralph Waldo Emerson é: "Uma consistência tola é o diabinho das mentes pequenas." Em um ambiente colaborativo, tente abraçar a ideia de que você pode estar errado. Se for verdade, você aprendeu alguma coisa, e isso é motivo de comemoração.

Se ouvir uma ideia ou opinião de que não gosta, tente vê-la sob o ponto de vista da outra pessoa. Reconheça que você provavelmente não tem certeza de que está certo até ser desafiado pela contribuição intensa dos outros. Quando todos fazem o recontrato de aceitar que até mesmo uma grande ideia pode ser melhorada ou aperfeiçoada pelas contribuições ousadas dos outros, é muito mais fácil manter a mente aberta.

A conversa de recontratação é um ótimo momento para que todos concordem que mudar de ideia ou abrir mão da sua esfera em prol da missão é algo que sempre será celebrado. Ao longo da colaboração, elogios são um requisito quando alguém deixa uma posição previamente definida ou cede sua posição para continuar seguindo em frente. Se você achar que sua própria posição mudou e está pronto para ceder um ponto, certifique-se de reconhecer abertamente os membros que o ajudaram a abrir os olhos.

Não obtemos resultados 10x pensando que sempre temos a resposta — especialmente no início. Essa é outra razão pela qual recomendo abordar cada nova colaboração com a suposição de que, por mais que tenhamos pensado sobre o assunto, ainda estamos a apenas 30% da resposta final, e o resto ainda não foi cocriado. Repito, fale abertamente que sua esperança é a de que a equipe possa ajudar a obter 60% da solução e, em seguida, trabalhar mais a partir daí, cientes de que não há soluções 100% neste mundo em rápida evolução. Isso é exatamente o oposto de buscar a adesão forçada ou as soluções pré-assadas.

Certa vez, contratei um jovem desenvolvedor de produtos para uma startup digital que fundei, embora na entrevista de emprego ele tenha oferecido métodos completamente equivocados para melhorar nosso aplicativo. Ficou claro que ele não entendia nossos clientes ou nossa estratégia de produto. Mas isso não importou para mim. O que importava era que me fez *pensar*.

Suas questões sobre nossa abordagem estavam bastante mal-informadas. Mas elas foram ousadas e me fizeram duvidar de muitas das minhas suposições. E ele estava certo. Estávamos ignorando um elemento crucial da experiência do cliente. Enquanto o bombardeava de perguntas sobre a lógica de suas recomendações, comecei a imaginar novas possibilidades para nosso software, e logo estávamos conversando animadamente.

É por isso que sempre tento me manter aberto às contribuições mais vastas e ousadas, por mais que discorde delas no começo. Teria sido fácil descartar esse jovem desenvolvedor de produtos como apenas mais um programador arrogante e mal-informado. Em vez disso, nós o contratamos, e ele acabou ajudando a liderar o crescimento da startup e a futura venda.

Pensamento ousado e ágil desse tipo é o que separa vencedores de perdedores em sua equipe e em toda a organização em tempos de mudanças disruptivas. Drew Houston, CEO do Dropbox, lembra quando outra empresa lançou de repente um produto gratuito que competia diretamente com uma oferta de assinatura do Dropbox e que era central na estratégia de mercado da empresa. O Dropbox precisava de uma nova estratégia rapidamente. "Se ficássemos presos a estar certos ou avançar nossos planos", disse-me Drew, "estaríamos em apuros".

Não entre em apuros.

Defina Regras para Resolver Impasses

É crucial, durante a recontratação, ter discussões sobre como a equipe resolverá impasses se e quando eles ocorrerem.

Impasses temporários de um tipo ou de outro são comuns na colaboração. A maioria pode ser tratada fazendo uma RCP sobre o desafio ou pergunta em questão. Quando você tem um impasse, todos podem mudar a perspectiva de volta para a missão acordada e para si mesmos.

Na minha experiência, a maioria dos impasses pode ser tratada de forma colaborativa. Todos precisam reconhecer o que é melhor para a missão. Aqueles que não estão do lado "vencedor" da discussão devem deixar de lado qualquer ressentimento ou apego a estar certos e voltar a trabalhar juntos.

A colaboração é posta à prova quando um grupo tem um impasse em um projeto complexo e ninguém tem autoridade para tomar a decisão final. Mas um impasse não é necessariamente uma coisa ruim. Quando os membros do grupo se apegaram a soluções mutuamente exclusivas para o problema, muitas vezes isso é um bom sinal de que todos estão pensando grande, mirando alto e que não estão dispostos a ceder pelo consenso.

A abordagem ideal para um impasse é que a equipe se una com o objetivo de encontrar uma solução ainda mais inovadora. Exponha todos os pontos principais de discordância para que todos tenham uma visão clara deles e possam discuti-los francamente, sem excluir ninguém. Isso é uma cocriação de verdade. Às vezes, é preciso ceder ao ponto de vista do outro, caso isso seja o necessário para levar a missão mais longe. Abrir mão de sua postura anterior precisa ser algo comemorado tanto — se não mais — do que estar do lado correto. O que é necessário em tais circunstâncias é uma discussão prévia de que talvez alguém deva abrir mão de sua posição para que o projeto ou missão em questão realmente avance. Precisamos de líderes que reconheçam como é crucial esse tipo de consentimento. Um dos principais papéis de qualquer líder é celebrar muito as pessoas que colocam o serviço à missão em primeiro lugar.

No caso de decisões de alto risco, é algo muito difícil de fazer. Há momentos em que uma colaboração estagnada corre o risco de terminar da pior maneira possível: sob a pressão extrema da situação, surgem várias disputas entre departamentos. Nesses casos, com recursos limitados e autoridade incerta, nossa tendência natural é a de nos tornarmos acumuladores, protegendo o que é nosso e agindo de forma egoísta.

Repito, a maneira de evitar esse risco no início é fazer um recontrato de algo que chamo de Tribunal Transformacional. Todos concordam de antemão que haverá momentos em que precisaremos de critérios de desempate, e concordamos quem será o árbitro da decisão final em caso de impasse. Uma arbitragem obrigatória desse tipo é comum em contratos profissionais, e cabe a qualquer esforço colaborativo, mesmo em grupos de apenas duas ou três pessoas.

Para o tribunal, todas as partes expõem seus casos, juntamente com seus argumentos sinceros contra os outros casos, em uma reunião aberta perante a autoridade ou órgão decisório acordado. Até lá, todos concordaram antecipadamente que fazer lobby escondido antes do tribunal é inaceitável e que não farão isso. Tudo está esclarecido, e eles também concordaram antecipadamente em acatar a decisão do tribunal.

Idealmente, a autoridade do tribunal deve ser a pessoa de posição mais baixa entre aqueles que têm um poder real de decisão e uma objetividade pré-acordada. Mas, em muitos casos, o CEO é a pessoa necessária para resolver grandes disputas multidisciplinares. Para que a cultura colaborativa transformacional crie raízes e cresça, a mensagem deve vir dos cargos mais altos: que buscar novas soluções, abrir mão e empregar as novas regras de trabalho são comportamentos que serão elogiados e recompensados.

Pouse o Avião

Nas conversas de recontratação, os últimos pontos para você abordar são as regras para garantir que haja um progresso mensurável em cada reunião. Sempre treino equipes para "pousar o avião" de modo que, ao fim de uma reunião, todos saibam quem no grupo está comprometido em agir e executar os próximos passos para o resultado final. Como parte do acordo inicial de recontratação, os sucessos e a taxa de progresso precisam ser monitorados de forma constante e vigilante. Isso dará aos membros mais impacientes de sua equipe a sensação desde o início de que a colaboração trata de resultados reais e não será um desperdício de tempo e energia.

Aqui estão algumas práticas recomendadas para cada reunião, que podem ser acordadas pelo facilitador (presumivelmente você) desde o início da colaboração.

Estabeleça expectativas na primeira reunião. Se ainda não é hora de uma decisão ou se está apenas recebendo contribuições amplas e prematuras, é importante reconhecer isso no início de uma reunião. Caso contrário, alguns membros de sua equipe podem sentir que a falta de uma resolução no fim da reunião significa que esta foi uma perda de tempo. Ao fim de cada reunião, faço de tudo para agradecer a todos pela contribuição e prometa mantê-los informados sobre os próximos passos.

Faça um exercício de "sim, não e talvez" no fim da reunião. Deixe que todos saibam a situação antes de saírem. Cinco minutos antes do término da reunião, esclareça as ideias principais que foram discutidas e ofereça sua opinião sobre cada uma delas, em termos de sim, não ou talvez:

"Sim, faremos isso."

"Não, não é hora disso."

"Talvez devêssemos analisar mais."

Se você é o tomador de decisões, é seu dever com todos ser transparente sobre a direção das decisões da equipe. E se você não é o líder ou tomador de decisões, é seu dever perante o grupo (no espírito da sinceridade obrigatória) pedir ao líder que faça um exercício de "sim, não e talvez" sobre os pontos principais da reunião antes que o grupo se disperse. Dessa forma, todos saem da reunião sabendo o que foi decidido e quais são os próximos passos para cada ponto de decisão. Costumo manter uma lista desses pontos durante a reunião para que, no fim, na hora de resumir com "sim, não e talvez", todos tenham uma noção do progresso. Essa transparência é a sinceridade em ação.

Essas medidas ajudam a manter o embalo, concentrando-se na missão partilhada e com pontos claros de ação. No entanto, há sempre o risco de que algumas pessoas sintam que a colaboração não vale a pena. Se sentir que um colega está desinteressado, conquiste-o ao lembrá-lo de que você valoriza sua contribuição e pedindo ajuda e conselhos: "John, pode me ajudar a descobrir o que faremos a seguir na questão dos incentivos de vendas? Ou é melhor uma discussão separada?"

> A beleza da coelevação é que ela incorpora dois conceitos nos quais eu há muito me baseio: "a diversidade de pensamento é o catalisador da genialidade" e "as pessoas apoiam o que ajudaram a criar". A coelevação libera todo o poder colaborativo e cocriativo das equipes de alto desempenho para responder com mais agilidade e criatividade do que se estivessem presas em estruturas hierárquicas. O compromisso real com os princípios da coelevação dá origem ao tipo de ambiente aberto e seguro que energiza as pessoas a enfrentar grandes desafios e dar o seu melhor.
>
> KEITH KRACH, ex-presidente e CEO da DocuSign

DISSEMINANDO UMA CULTURA REAL DE COLABORAÇÃO

No segundo trimestre de 2019, Stephen Lee e David Hartman foram convidados a palestrar em uma conferência anual de liderança que contava com centenas dos principais gerentes da Target.

"Vocês não esperavam que nós estaríamos juntos no palco — os setores criativo e jurídico", disse Hartman ao público. "Mas Stephen e eu trabalhamos juntos regularmente, o que é um reflexo da rapidez com que o negócio está acelerando." Juntos, Hartman e Lee defenderam contribuições ousadas, inclusão e agilidade a outros membros da liderança sênior da Target, porque o método de organizar a colaboração depende de cada um deles; a escolha de como coelevar e cocriar é deles, e concordo que isso não pode ser instituído hierarquicamente. É por isso que foi tão importante para Hartman e Lee falar sobre suas experiências pessoais diretas.

Lee levou as lições que aprendeu com o trabalho de gestão de marca aos integrantes de sua equipe jurídica, pedindo-lhes que procurassem maneiras de tornar o processo mais fluido e mais bem conectado com as preocupações de negócios das equipes da Target com as quais trabalham.

"Dizemos aos nossos parceiros internos que podemos ser mais eficientes se estivermos conectados mais cedo", diz ele. "Se adotarmos esse tipo de processo colaborativo, pode ser menos disruptivo para eles, porque não atrapalharemos as coisas no fim do jogo, mas temos que lhes garantir que é seguro, que 'não vamos chegar e começar a descartar as ideias'."

Todas as habilidades de cocriação coelevadora representam novas e importantes competências dos funcionários. No novo mundo do trabalho, nossa capacidade de dominar nossa área de especialização não vale muito se não pudermos usá-la para colaborar em um ritmo rápido. Quando vi Brian Cornell na reunião anual de gestão da Target, ele me disse: "A colaboração constante está supervalorizada. Não basta apenas contratar grandes talentos. É preciso contratar talentos que tornarão a equipe excepcional."

Antiga Regra de Trabalho: a colaboração é um plano alternativo ao qual você recorre quando não consegue fazer o trabalho sozinho e realmente precisa da cooperação e dos recursos dos outros.

Nova Regra de Trabalho: a colaboração e a parceria com os membros são o novo normal e são essenciais na cocriação de ideias e soluções transformadoras que levarão a avanços e resultados mais regulares e consistentes.

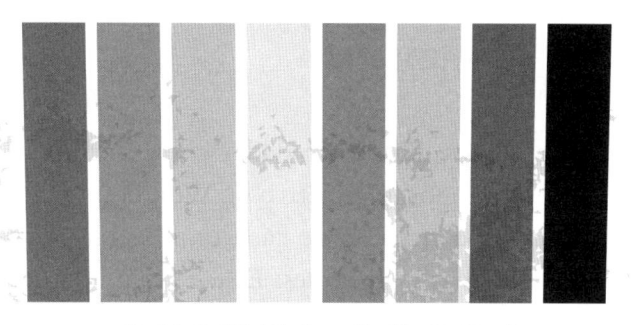

QUINTA REGRA
CODESENVOLVIMENTO

> O que aprendi no início de minha carreira na Merrill foi que nossos 15 mil consultores financeiros poderiam ser um verdadeiro catalisador de mudanças. O poder do coaching profundo e sistêmico entre pares pode desencadear uma força incrível de desenvolvimento.
>
> ANDY SIEG, PRESIDENTE DA MERRILL LYNCH WEALTH MANAGEMENT

Estava conversando com Jim Collins, autor dos clássicos do mundo dos negócios *Feitas para Durar* e *Empresas Feitas para Vencer*, quando surgiu o assunto de seu estudo sobre a cultura da West Point. Ele se lembra de como ficou impressionado ao ver como os cadetes ajudavam a encorajar, treinar e instruir seus colegas fazendo o percurso da pista de obstáculos interna — considerada um dos desafios físicos mais intensos da academia militar. Mesmo quando os cadetes estavam competindo para superar uns aos outros, eles também faziam de tudo para ajudá-los a triunfar.

Jim aprendeu que esse é um aspecto importante do treinamento de liderança na West Point. Os cadetes se apoiavam e se incentivavam porque queriam que *todos* fossem melhores. Ele também notou outra coisa sobre os cadetes da academia militar: pareciam muito mais felizes do que os alunos de universidades civis, incluindo Stanford, onde lecionou por sete anos. O objetivo da West Point é preparar seus cadetes para liderar, e o trabalho de cada um é ajudar seus colegas a crescer e desenvolver suas habilidades. Esse é o segredo do desempenho transformacional para todas as organizações. É o compromisso com a missão compartilhada e com o outro — garantir o sucesso dos outros, apoiá-los, treiná-los e ajudá-los a crescer e se desenvolver. Esse é o caminho a seguir.

Durante sua estadia em West Point, Jim notou que os cadetes se engajavam com ele de forma diferente daquela dos estudantes universitários típicos que conhecia. Pareciam extraordinariamente diretos e curiosos. Faziam muitas perguntas e avisavam-no quando discordavam dele. Para mim, parece o resultado natural do ambiente de coelevação da West Point. Em qualquer organização de alto desempenho em que você veja pessoas se envolvendo honestamente e se expressando sem ressalvas, esses são sinais certeiros de uma cultura de coaching altamente solidária.

O coaching e a mentoria no trabalho são mais importantes hoje do que nunca, uma vez que as condições de mercado em rápida evolução exigem que indivíduos e organizações continuem se reinventando. Porém, orçamentos mais apertados, organizações mais horizontais, volumes de trabalho mais pesados e maior número de subordinados diretos deixaram os gerentes sobrecarregados. A maioria é incapaz de assumir as importantes responsabilidades de coaching e mentoria do mesmo modo como foram treinados e mentoreados.

Para piorar, seu chefe pode muito bem ser um rosto que você vê de vez em quando, ou apenas por vídeo, alguém que trabalha em um prédio diferente ou em outra cidade. (Em 2014, o instituto de pesquisa da FG entrevistou 1.700 profissionais do conhecimento e descobriu que 79% relataram trabalhar sempre ou com frequência em equipes dispersas.) Por todas essas razões, a maioria dos locais de trabalho está carente do suporte do coaching.

Essa necessidade crescente, aliada à falta de treinamento, é o motivo pelo qual o coaching hoje depende de cada um de nós. De acordo com as novas regras de trabalho, temos um novo contrato com nossos colegas, no qual devemos lhes dar nosso feedback sincero e solicitá-lo também. Cada um de nós precisa assumir a responsabilidade de treinar e desenvolver os membros de nossas equipes e pedir orientação. Tal codesenvolvimento entre pares está no cerne da liderança sem autoridade. É a realização natural da coelevação. No mundo de hoje, se virmos um de nossos colegas ficando para trás e negligenciarmos lhe dar um feedback, é o mesmo que sabotagem.

É fácil usar a palavra "feedback" sem reconhecer que existem três tipos distintos de feedback, e algumas formas são mais fáceis de dar do que outras. O tipo mais fácil é o feedback de ideias — feedback cocriativo útil sobre como fazer algo melhor ("Ei, Joe, por que não tenta assim?"). O que é um pouco mais difícil de fazer é dar feedback de desempenho, porque se trata de responsabilidade ("Ei, Joe, acho que sua equipe pode obter números mais elevados do que no mês passado."). Finalmente, há o feedback de competência, o retorno personalizado que você dá sobre as habilidades de um colega. Não é o tipo de comentário que pode fazer casualmente, com um "Ei, Joe".

Todo coaching verdadeiramente impactante acontece nessa terceira área de competência pessoal. Se precisamos de uma melhora específica em determinadas *hard skills* ou um coaching contínuo nas soft skills, todos precisamos ser informados sobre qual ponto precisamos criar e desenvolver.

DESENVOLVIMENTO É FUNÇÃO DE TODOS

A ideia original deste livro se baseava em uma premissa simples: dentro de cada relacionamento, há um elemento de coaching mútuo que, se ativado propositalmente, poderia aproveitar melhor o potencial de ambas as partes. E, no entanto, de todas as ideias presentes neste livro, é esse conceito, o de coaching entre pares, de *codesenvolvimento*, que atrai mais ceticismo e resistência.

A objeção mais comum que ouço é: "Não é minha função. Não é meu trabalho." Isso certamente é verdade sob as regras tradicionais de trabalho, nas quais o coaching era algo que os chefes ofereciam aos subordinados e esperava-se que estes o cumprissem.

Outra objeção que ouço, mesmo daqueles que gostam da ideia de codesenvolvimento entre pares, é que o risco de alguém ficar magoado e de haver relacionamentos tensos com as pessoas com quem temos de trabalhar todos os dias é demais para suportar. A maioria das pessoas não consegue dizer a um colega que ele está com espinafre nos dentes, muito menos oferecer feedback pessoal sobre como poderia melhorar suas habilidades de escuta, comunicação, priorização ou gerenciamento de tempo. Não sentimos que temos permissão para dar um feedback tão íntimo ou, mais provável ainda, preferimos não arriscar. Valorizamos mais ser queridos do que ajudar um colega, a missão da empresa ou a equipe a atingir seus objetivos. Queremos ser *bonzinhos*.

Em seu best-seller inovador *Empatia Assertiva*, minha amiga Kim Scott dá um nome bastante brutal a esse tipo de bondade. Chama-o de insinceridade manipuladora — quando você não desafia o colega, porque, essencialmente, não se importa com ele ou com a missão. É o oposto da sinceridade radical, que tem tudo a ver com desafiar porque você se importa.[1]

Admito que é mais fácil permanecer na insinceridade manipuladora e evitar conversas difíceis. Mas depois, penso nas experiências de Jim Collins na West Point. Como pode você afirmar que se preocupa com a missão e com seus colegas sem oferecer coaching e feedback? Qual é a integridade em se recusar a se envolver quando um colega está enfrentando um problema? Não há. As novas regras de trabalho exigem que nos envolvamos com nossos colegas, que estejamos a serviço deles. Como diz Kim Scott, se nos preocupamos com eles, nós os desafiamos, damos-lhes o presente da nossa sinceridade radical. Para aqueles que estão liderando sem autoridade, como acontece com qualquer tipo de liderança, essa é uma obrigação primária.

Se essas ideias o deixam nervoso, considere o seguinte: você já está em algum tipo de relacionamento codesenvolvido com as pessoas mais próximas a você. Examine seu relacionamento com seu cônjuge ou parceiro, ou com seus amigos, irmãos, pais e filhos. De uma forma ou de outra, tentamos rotineiramente oferecer conselhos e ajudar aqueles mais próximos em termos de crescimento e autodesenvolvimento. Por quê? Porque nos preocupamos com eles, e eles conosco.

Todos temos experiência em dar feedback sincero no espírito de generosidade e boa vontade. Pode apenas ser que você ainda não tenha feito isso no trabalho. Seja qual for a resistência que possa sentir, seja sincero consigo mesmo sobre a fonte de seu medo.

Será que seu medo de conflito ou de ferir os sentimentos de alguém não é nada além de uma insinceridade manipuladora? Se realmente se preocupa com seus colegas, suas equipes, os objetivos e a missão da organização, será que não tem a obrigação de falar? Não é isso que os verdadeiros líderes fazem? Talvez você tenha um ponto cego sobre como enfrentar os desafios do novo mundo do trabalho e precise ser informado disso.

Se está lendo este livro, duvido que seja alguém que se envolva conscientemente em insinceridade manipuladora. Mas talvez às vezes o faça de modo inconsciente, sem se dar conta disso. Se esse for o caso, reconhecer quando faz isso é um grande avanço. É a primeira área em que precisa solicitar algum desenvolvimento entre pares.

> Quando adicionamos "aprenda e seja curioso" aos princípios de liderança da Amazon, foi para enfatizar a ideia de que os líderes nunca terminam de aprender e sempre buscam se aprimorar. Os líderes não podem se dar ao luxo de se tornarem complacentes nestes tempos de mudanças rápidas e precisam permanecer focados em me-

lhorar o que funciona e consertar o que não funciona. Construir relacionamentos colaborativos em nosso ambiente de trabalho cada vez mais conectado ajuda a explorar nossa curiosidade e nos incentiva a aprender com um grupo diversificado.

JEFF WILKE, CEO da área de
Consumidores Mundiais da Amazon

TUDO DEPENDE DE COMO SE EXPRESSA

Anos atrás, treinei a equipe de liderança de uma subsidiária em dificuldades de um grande e respeitado conglomerado de tecnologia e mídia. Enquanto estava lá, Daphne, a COO, ajudou a liderar uma reforma na divisão, graças ao relacionamento de codesenvolvimento próximo que desenvolveu com Carter, o CFO.

Juntos, Carter e Daphne se apoiavam. Ela o treinava regularmente em sua escolha de palavras e até mesmo em sua linguagem corporal em reuniões com a equipe estendida. Discutiram a tendência que ele tinha de ser abrupto ou de passar um ar de indiferença. E Carter apreciou o feedback dela. Ele, por sua vez, orientou-a sobre seu estilo de comunicação de liderança e sua presença em reuniões de equipe. Ele lhe deu dicas de como ser mais clara e deliberada ao expressar suas opiniões e de como cumprir a ordem do dia e encarregar a todos dos próximos passos.

Ao longo de um ano particularmente desafiador, os dois avançaram como uma frente única e, como resultado, conseguiram transformar os esforços de vendas e marketing da organização. A empresa reverteu o que havia sido anos de queda e, finalmente, encontrou um caminho para a lucratividade.

O que chama a atenção nessa história é como Daphne e Carter chegaram a esse ponto. A relação dos dois não foi sempre assim. Na melhor das hipóteses, eles tinham uma relação de coexistência, em que se toleravam, mas eram pouco solidários. Daphne fora contratada pelo CEO para trazer disciplina de gestão para a subsidiária que tinha o pior desempenho no portfólio da matriz — estava pelo menos 30% abaixo das metas anuais.

Quando Daphne conheceu Carter, achou que ele era um executivo sênior difícil que parecia mais ansioso para seguir as ordens da matriz do que realmente melhorar o negócio. Para ela, as recomendações frequentes que ele fazia de cortes orçamentários generalizados careciam dos insights detalhados e da curiosidade apaixonada necessários para gerenciar uma recuperação operacional real.

Embora Carter parecesse um candidato improvável para a coelevação, Daphne percebeu que não poderia ter sucesso em seu trabalho sem ele. Querendo ou não, Carter estava em sua equipe. Apesar de todos os sinais visíveis de que Carter não estaria interessado em um relacionamento coelevador, ela fez um esforço para conhecê-lo melhor, pessoal e profissionalmente, e construir uma parceria com ele. Ao fazer isso, ela desenvolveu mais empatia e compreensão pelas dificuldades do cargo de CFO da divisão. Gradualmente, começaram a trabalhar juntos mais de perto na recuperação e, com o tempo, desenvolveram um relacionamento coelevador respeitoso mutuamente solidário.

Mas havia um grande obstáculo: ninguém da equipe executiva gostava de Carter ou confiava nele. Muitas vezes, quando se reunia com seus colegas, ele se comportava como um consultor externo enviado para proteger o dinheiro da matriz. Ele desdenhou certas realidades de mercado no setor, como as pressões de preços competitivos que a equipe enfrentava todos os dias. Gostava de dar minipalestras moralizantes para outros gerentes seniores sobre responsabilidade fiduciária ao discutir metas de receita não alcançadas e excessos de orçamento. Às vezes, descartava abertamente as propostas de gastar dinheiro em certos investimentos estratégicos que poderiam acelerar a recuperação. Até mesmo sua linguagem corporal parecia comunicar que não estava interessado no que as outras pessoas tinham a dizer.

Estava claro para Daphne que o péssimo relacionamento de Carter com os outros executivos enfraquecia a missão da equipe. Alguns membros confidenciaram a Daphne que evitavam conversas francas com Carter e até se abstinham de compartilhar materiais confidenciais com ele. No início, Daphne tentou orientá-los sobre como interagir com Carter, mas viu que não havia transparência e sinceridade suficientes — porosidade o suficiente — entre Carter e os outros para que tivessem conversas construtivas.

Por natureza, Daphne não gostava de lidar com conflitos, mas, nesse caso, tinha de assumir o controle da situação. Percebeu que, se fosse ajudar a salvar a empresa, teria de reparar a relação entre Carter e os principais membros da equipe de liderança. O codesenvolvimento é um empenho bilateral, mas ela sabia que cabia a ela tomar a iniciativa. Carter precisava mudar seu comportamento, e Daphne teria de informá-lo disso de um modo que preservasse seu relacionamento — e idealmente o aprimorasse.

Treinei Daphne sobre como abordar Carter e a guiei pelos sete estágios para iniciar um relacionamento codesenvolvido.

1. Peça Permissão e Defina um Horário e Local

Antes de oferecermos feedback, mesmo que tenhamos aumentado a porosidade e que o relacionamento existente seja forte, devemos sempre solicitar a permissão do colega e aguardar seu consentimento verbal. É um pedido para fazer um novo contrato para sua relação. Se ele recusar o pedido, bem, você lhe deu essa escolha. Tente novamente outra vez.

Foi o que Daphne fez com Carter. Ela lhe enviou um e-mail cuidadosamente redigido dizendo que queria lhe dar algum feedback, oferecendo a opção de ele dizer não. Não entrou em detalhes. Apenas pediu permissão para dar um feedback sobre como estavam desempenhando suas funções na recuperação. Ela sugeriu um horário — a próxima reunião semanal.

Ela escreveu:

> Carter, antes de encerrarmos nossa próxima reunião, tenho algumas ideias que gostaria de compartilhar e espero que você as ache benéficas.
>
> Ao longo dos anos, fui favorecida ao receber alguns pontos de vista e conselhos incríveis, não apenas de gerentes, mas de meus pares e colegas, que eu sabia que se importavam com que me tornasse o tipo de líder que sabiam que aspirava ser. O seu feedback foi especialmente valioso, e lhe agradeço por isso. Ele me deu mais confiança e me ajudou a adotar um maior grau de assertividade. Às vezes, achava que o feedback deles estava fora da realidade e desconsiderava esse conselho em particular. Mas sempre soube que o que me diziam requeria coragem e que foi feito com as melhores das intenções, e apreciei isso.
>
> Se estiver aberto a isso, gostaria de lhe oferecer o mesmo tipo de apoio. Se não, tudo bem, eu entendo perfeitamente. Só me avise.

Essa é a linguagem a ser usada. A abordagem é cuidadosa, mas não é excessivamente diplomática. É proposital, sem ser acusatória. A abertura é uma expressão de preocupação: "Tenho algumas ideias que espero que você ache benéficas." A parte do meio expressa a própria vulnerabilidade de Daphne e como ela se beneficiou desse tipo de feedback no passado. E, para finalizar, deixa claro que a decisão cabia a Carter, dando a ele o controle total sobre o resultado da conversa — ou se iria mesmo acontecer. Ela pede sua permissão explicitamente, que ele pode recusar.

Quer você tenha ou não um cargo formal de gestão, meu conselho é nunca supor que tem permissão para dar feedback apenas por causa de sua posição. Mesmo que seja o chefe e tenha um título que, no papel, lhe conceda autoridade para fornecer feedback sincero como quiser, ainda precisa primeiro pedir permissão para oferecê-lo. E precisa explicar por que o está oferecendo, ou não será compreendido do jeito que quer. E não alcançará seus objetivos em longo prazo. Ninguém ouvirá seus conselhos a menos que confie em você, e para ganhar essa confiança, você precisa pedir permissão para oferecer feedback enquanto expressa seu compromisso com o crescimento e o sucesso dos outros.

Por fim, Carter respondeu exatamente como Daphne esperava. Ele escreveu de volta: "Claro. Vamos lá. Parece promissor." Os dois trabalharam de forma colaborativa por tanto tempo que teria sido fácil para Daphne supor que já conquistara essa permissão. Mas ainda era importante que ela começasse perguntando. Sem o consentimento explícito de nossos colegas, não fazemos ideia sobre se eles estão realmente abertos ao nosso feedback.

2. Concentre-se no Futuro e Compartilhe o Poder

Criticar o desempenho passado, muitas vezes, faz com que a outra pessoa sinta a necessidade de defender suas ações e escolhas. Ao dar coaching a um colega que não precisa seguir seus conselhos, acho que a abordagem mais produtiva é manter o feedback focado no futuro e no que pode ser feito dali para a frente para ser mais bem-sucedido. Se acha que deve olhar para o passado para identificar comportamentos contraproducentes, também não deixe de elogiar e celebrar comportamentos positivos que quer incentivar no futuro.

Evite dizer o que a pessoa precisa ou deve fazer. Formular frases com "poderia" é muito melhor. É uma sugestão generosa, indicando que ela é livre para fazer o que quiser com seu feedback. Use uma linguagem conciliatória como: "O que gostei bastante em nossa parceria no último trimestre foi XYZ, e para o próximo trimestre, sugiro tentarmos ABC."

Evite a cilada de passar a impressão de estar tentando exercer controle sobre ela ou suas ações, especialmente se não tem nenhuma autoridade formal perante a pessoa. Uma das razões pelas quais a maioria de nós é tão resistente ao feedback é que anos recebendo ordens de pais e chefes nos condicionaram a acreditar que devemos segui-las, que o feedback deve vir acompanhado de ações corretivas. Em vez disso, você está apenas tentando servir à missão e a seu colega, oferecendo feedback que ajudará ambos a irem mais longe. É uma das maiores diferenças entre o codesenvolvimento e o feedback administrativo tradicional.

Na próxima reunião a sós, Daphne esperou até que terminassem o trabalho para abordar o feedback que queria dar. "Carter…", começou. Ele a interrompeu abruptamente. "Eu sei", disse. "Pareço um cretino para a equipe executiva."

"Bem, não era bem isso que ia dizer", respondeu ela. "Mas… às vezes, sim."

Daphne ficou surpresa e aliviada. A linguagem aberta em seu e-mail deu a Carter algum tempo para pensar e se preparar para o que Daphne diria. Abstendo-se de qualquer coisa que pudesse ser interpretada como culpa, ela mudou o assunto para o futuro da forma mais rápida que pôde.

"Gostei muito da nossa parceria recém-descoberta", afirmou ela. "Estamos preparando o terreno para o que parece que será uma poderosa transformação da equipe executiva e da empresa." Para chegar lá, informou, a dinâmica da equipe também precisaria mudar. "Acredito que você tem a oportunidade de moldar a mudança para eles", disse ela.

Em seguida, ela valeu-se do que aprendera sobre como preparar a outra pessoa para ouvir um feedback sincero. "Bem, para ficar claro, essas são apenas minhas opiniões", começou. "Você pode fazer o que quiser com elas. Aceite-as, modifique-as ou ignore-as. Avalie o conselho. Em minha opinião, temos a oportunidade de desenvolver uma confiança maior entre você e os outros executivos da equipe. Se não o fizermos, temo que isso limitará sua capacidade de avançar com eles e trabalhar de forma colaborativa para mudar as coisas. O que acha?"

Daphne esperou. A pergunta aberta permitia que Carter pesasse sua opinião antes que ela se adiantasse com a discussão sobre modos de aumentar a confiança na equipe.

Carter estava com o cenho franzido. Olhou para baixo e esfregou as têmporas. "'Confiança' é uma palavra poderosa. Está dizendo que não confiam em mim?", questionou, soando um pouco defensivo.

Sem citar nomes, Daphne contou que alguns membros evitavam falar com ele e omitiam informações dele. "Não acredito por um momento que sua intenção seja alienar alguém da equipe", disse ela. "As ações nem sempre exprimem intenções", reconheceu, "e mal-entendidos acontecem o tempo todo ao mudar o rumo de uma empresa do nosso porte". Ela usou sua própria experiência como exemplo. Em seus esforços para agradar Gavin, o CEO, ela disse: "Fui vista por alguns como apenas uma administradora, em vez de líder estratégica. Acredite, não foi fácil ouvir isso quando alguém da equipe me informou."

Carter ouviu atentamente, mas ainda parecia magoado. "Confiança e integridade são valores importantes e centrais para mim, especialmente em finanças", disse. "Estou chateado por não ser visto como confiável. E se a equipe realmente não confia em mim, não tenho certeza de que seja uma coisa fácil de superar."

Daphne balançou a cabeça negativamente. "Acredito que há algumas ações simples que você pode fazer para começar a melhorar a questão da confiança. Fico feliz em ajudá-lo com isso, se estiver aberto a ouvi-las. E, repito, são apenas observações minhas."

Carter agradeceu. "Honestamente, o que você está dizendo é uma surpresa", disse ele. "Vou ter que sentar e digerir. Se eu quiser ou precisar da sua contribuição ou ajuda, a avisarei."

3. Aprecie o Feedback Recebido

Para manter o assunto, Daphne disse: "Pensando em mim aqui, será que você poderia compartilhar, em nossa próxima reunião, alguma observação que possa me ajudar na recuperação? Valorizo seus insights e opiniões."

Encorajo você a nunca dar um feedback sem solicitar um em troca. Por isso se chama *co*desenvolvimento. É uma via de mão dupla. Daphne queria que Carter visse que ela também tinha pontos cegos, que também poderia se beneficiar com as orientações *dele* — e que estava aberta a isso. Também queria mostrar a Carter que achava seus insights sobre o desempenho dela valiosos e apreciados.

Lembre-se, mesmo se formos o líder da equipe, nunca estamos acima de ninguém. Estamos no mesmo patamar de nossos colegas, continuando a crescer e a nos desenvolver com eles. Estabelecemos os padrões em nosso envolvimento com eles. Além disso, realmente queremos um feedback sincero, perspectivas diferentes e coaching.

Oferecer sinceridade e preocupação se torna mais fácil com o tempo, à medida que construímos segurança psicológica e aumentamos a porosidade entre nossos colegas. Repare que disse "mais fácil", não "fácil". Por mais forte que seja o vínculo entre os membros, essas conversas podem ser difíceis. São bastante pessoais. Mas se nos ativermos a essas regras, abriremos caminho para um codesenvolvimento bem-sucedido.

4. Desapegue: O Feedback É um Presente. Depois de Dado, É da Outra Pessoa

Quando Daphne deu o feedback a Carter, garantiu que ele poderia fazer o que quisesse com a informação. Nesse sentido, o feedback de coaching é realmente como um presente. Uma vez que você dá o presente do feedback, ele se torna propriedade da outra pessoa. Cabe a ela usá-lo, considerá-lo, analisá-lo — ou descartá-lo.

Como Daphne disse explicitamente a Carter: "Estou lhe oferecendo essas considerações porque me importo com você e nossa equipe. Mas não tenho expectativas ou preconcepções sobre o que você deveria fazer com elas ou o que deve acontecer a seguir." Ela não queria que ele se sentisse defensivo ou obrigado a agir de acordo com seu feedback. Queria que Carter entendesse que ele estava no controle.

Nas semanas seguintes, Daphne teve o cuidado de não fazer referências à conversa sobre confiança quando se encontraram. Ela não sabia quando — ou mesmo se — Carter voltaria a falar sobre isso.

Três semanas depois da conversa inicial, Carter perguntou se poderiam dar seguimento ao que ela havia dito a ele antes de a reunião semanal regular começar. Explicou a ela por que os comentários foram um choque para ele. Os outros executivos, segundo ele, não entendiam o quanto ele havia trabalhado para convencer o CFO corporativo sobre o plano de recuperação. "Coloquei minha reputação em risco", disse. "Às vezes, parece que a única maneira de chamar a atenção da equipe executiva e dos funcionários é lhes dar um chacoalhão."

Ao ouvi-lo, Daphne percebeu que Carter genuinamente não estava ciente do impacto que seu comportamento tivera no plano de recuperação da empresa. Os departamentos sofrendo com o mercado volátil precisavam trabalhar em proximidade com o CFO para identificar eficiências, e não lidar com o fardo adicional de desajeitados cortes orçamentários generalizados. Talvez em parte devido ao aumento da sinceridade das conversas, Daphne se surpreendeu ao sentir ainda mais empatia por Carter.

Repito, como o feedback é um presente, devemos estar preparados para a possibilidade de que nosso colega não o aceite. De forma semelhante a uma gravata feia que ganhamos da tia no Natal, a outra parte tem o direito de nos agradecer e colocá-la em uma gaveta sem nunca experimentá-la. Seu trabalho é se oferecer humildemente para ajudar alguém com os problemas e preocupações que a pessoa está enfrentando, não forçá-la a uma resposta. Se ela não quiser ou se não aceitar seu presente, então desapegue. Aceite-a por quem ela é e pelo momento em que estão na jornada de desenvolvimento pessoal e profissional. Trabalhe com ela até os limites de sua capacidade e continue contatando-a no nível de permissão que conquistou.

Se não desapegar, se tentar controlar ou manipular o comportamento dela, se encontrará lutando constantemente contra ela. Como resultado, pode afastá-la e torná-la resistente ao codesenvolvimento. Ela pode até não querer fazer parte de sua equipe. Em vez disso, dê aos seus colegas o espaço de que precisam para escolher o próprio caminho, com seu apoio.

5. Conduza o Outro à Descoberta

O feedback sincero nem sempre precisa ser tão direto. O acompanhamento pode ser mais sutil, especialmente quando você estiver envolvido na conversa de coaching há algum tempo. Faça perguntas que ajudem o colega a refletir sobre seu desempenho e comportamento. Ajude-o a encontrar as respostas sendo autenticamente curioso e interessado em explorar as perguntas e respostas juntos.

Daphne notou a postura defensiva inicial de Carter e como ele não acreditava que era sua culpa. Mas também percebeu que ele reconheceu que havia um problema a ser resolvido. Ela achou que o reconhecimento da responsabilidade talvez criasse uma abertura que poderia usar para ser mais direta em seu feedback.

"Será que não podemos propor algumas sugestões simples para tentar daqui para a frente?", perguntou a Carter. "Talvez possamos usar mais 'nós' e 'a gente' com a equipe para que saibam que acreditamos que estamos todos no mesmo time. Podemos perguntar: 'O que podemos fazer para ajudar mais em seus esforços de vendas?', em vez de apenas questioná-los sobre os resultados ruins."

"Eles podem recusar a oferta", disse ela, "mas ganharemos pontos por oferecer".

Daphne também tinha algumas sugestões práticas para fazer Carter parecer mais cooperativo. "Vamos pedir para nos envolverem em soluções", disse-lhe ela. "Quando você estiver fazendo projeções financeiras ou descobrir que nossos números estão errados, considere trazer essas informações para mim e Gavin primeiro antes de compartilhá-las com a empresa. Isso dará à nossa equipe tempo para refletir antes de pedirmos uma explicação — sem violar os procedimentos da empresa."

E então, Daphne tentou definir uma visão compartilhada sobre o futuro. "Pode não parecer muito, mas fazer essas pequenas mudanças na forma como se apresenta o ajudará muito a se tornar parte da equipe."

Para mim, Daphne estava expondo um ponto importante. Mesmo quando sentimos que não ganhamos permissão para dar feedback direto e sincero, sempre podemos usar uma linguagem que ajude nossos colegas a descobrir suas próprias verdades. É aqui que fazer perguntas e convidá-los a refletir sobre sucessos e fracassos passados pode ajudá-los a ver seu comportamento e ter algumas revelações.

Tente fazer perguntas usando "o que" e "como". Por exemplo, digamos que você fez parte de uma negociação que acha que foi malfeita. Peter liderou a negociação e estava tão ansioso para fechar o negócio que fez muitas concessões que o cliente nem pediu. Em outras palavras, Peter simplesmente entregou muito do dinheiro da empresa. Mas você pode não ter permissão para oferecer esse feedback crucial. Em vez disso, tente fazer perguntas que guiem a conversa nessa direção: "O que achou da negociação? Como poderia ter sido melhor? Como foi seu desempenho em negociações anteriores? O que tornou a negociação anterior bem-sucedida? Acha que esta foi diferente?"

Esses tipos de perguntas levam nossos colegas a tirar suas próprias conclusões. E, como resultado, eles estarão muito mais propensos a ter seus próprios momentos de descoberta e triunfo. Quando fazemos perguntas que levam nossos colegas a resolver as questões por si mesmos, estamos dando a eles um presente que leva à forma mais poderosa e duradoura de crescimento e desenvolvimento pessoal.

Entretanto, evite perguntas com "por quê". Elas podem parecer críticas e raramente levam a conversas construtivas. Eu sei, porque fazia essas perguntas o tempo todo. Achava que era sincero. Realmente queria compreender por que algo havia dado errado — um prazo perdido, um projeto que estourou o orçamento ou o cronograma, uma decisão que acabou mal. Mas, ao fazer isso, parecia acusatório. Não estava demonstrando compreensão ou apoio à outra pessoa, ou à equipe, e a pergunta não me dava as respostas que eu procurava.

Uma pergunta como "por que você enviou Peter para liderar essa negociação sendo que ele tem tão pouca experiência?" fará com que toda a equipe se sinta interrogada. Uma abordagem muito melhor é indagar: "Quais são seus pensamentos sobre como Peter liderou essa negociação?" Agora você está pedindo o feedback e conselhos dos outros, o que os torna menos defensivos. Eles não se sentem mais obrigados a explicar e justificar suas decisões.

6. Importe-se, Importe-se Novamente, Depois Importe-se um Pouco Mais

Muita coisa nos estágios iniciais de uma relação de codesenvolvimento depende do tom, da abordagem, da linguagem e, acima de tudo, da preocupação genuína. Você realmente tem de se importar com a outra pessoa para criar um relacionamento coelevador. Daphne não queria que Carter mudasse apenas para atender às suas necessidades. Sabia que as reclamações de sua equipe sobre ele refletiam negativamente seu cargo de executivo. Para seu próprio bem, ele precisava saber por que estava falhando com a equipe.

Daphne muitas vezes começava seu parecer com elogios e, em seguida, dava um feedback sincero. Isso contradiz tudo o que meu ex-coach, Morrice, me ensinou (desculpe, Morrice!). Ela chamava isso de "sanduíche de merda" e dizia que colocar duas fatias de pão em volta de uma fatia de crítica não a deixava mais fácil de engolir.

Agora, se você não se importa muito com o desenvolvimento da outra pessoa, então Morrice estava certo. Mas há uma grande diferença entre um "sanduíche de merda" e uma conversa coelevadora sincera: a preocupação autêntica. Se você tem críticas a fazer, certifique-se sempre de que sua preocupação autêntica transpareça no decorrer da conversa. Repito, ninguém se importa com o quanto você sabe até saber o quanto você se importa.

7. Defina a Expectativa de Responsabilidade

A reunião semanal de Daphne e Carter era uma estrutura confiável para garantir sua responsabilidade um com o outro em seu codesenvolvimento. Embora Carter não tenha retornado para obter mais conselhos sobre esse assunto em particular, Daphne viu que ele compreendera seu feedback. E ele entrou em contato com ela quando se deparou com um contratempo inesperado nas finanças, em vez de levar a questão à empresa imediatamente. Ela também o viu reproduzindo com a equipe a linguagem que ela lhe ensinou. Antes de fazerem atualizações durante as reuniões, ela intencionalmente pontuava seu discurso usando palavras como "nós" e "a gente" para enfatizar que todos estavam na mesma equipe. E Carter, talvez em resposta, sempre seguia o exemplo.

Veja, você pode precisar avançar mais deliberadamente. Quando seu colega lhe der um feedback, peça a ele que responsabilize *você* em tempo real e/ou solicite uma comunicação mensal ou quinzenal.

Veja como pedir *responsabilidade em tempo real* quando alguém lhe der feedback:

> Obrigado, Joe, adoraria resolver isso e fazer mudanças na forma como escuto os outros, como sugeriu. Faça-me um favor: se me vir levantando a voz ou interrompendo as pessoas, tem total permissão para chamar minha atenção na hora.

Caso perceba que pode ficar na defensiva se alguém fizer isso na frente dos outros, dê uma versão ligeiramente alterada dessa orientação à outra pessoa.

> Ei, Joe, adoraria resolver isso e fazer mudanças na forma como escuto os outros, como sugeriu. Faça-me um favor: se me vir levantando a voz ou interrompendo as pessoas, poderia me chamar de lado depois e chamar minha atenção?

Se sentir que ficará na defensiva, mas sabe que o feedback em tempo real o ajudará a mudar seu comportamento, tente sugerir uma palavra ou frase que a outra pessoa possa usar como uma espécie de código, de modo leve e divertido.

> Então, Joe, eis a questão. Adoraria resolver isso e fazer mudanças na forma como escuto os outros, como sugeriu. Mas, céus, quando começo a falar, é difícil parar, principalmente se estiver nervoso ou animado com alguma coisa. Por favor, me chame de lado após a reunião, mas, no momento, tente chamar minha atenção dizendo algo como: "Eu me pergunto o que a equipe está pensando." Quando ouvir isso, prometo desacelerar. Sei que ainda estou aprendendo e agradeço muito a sua disposição em me ajudar a dar o melhor de mim. E, claro, fico feliz em retribuir o favor se puder ajudá-lo em algum momento.

Definir uma conversa regular quinzenal ou mensal pode ser muito valioso. Pergunte ao seu colega se ele lhe daria uma atualização de progresso sobre qualquer comportamento que esteja tentando mudar. A cada conversa, ofereça seu feedback em troca. Quanto mais tempo levar para alguém pedir feedback, mais preparado você precisa estar com exemplos específicos e fáceis de executar. E mais empático precisará ser ao dá-lo. No caso de alguém que está tentando receber feedback, você pode tentar algo experimental e fácil para ajudar o colega a superar o medo de ouvir feedback e, como resultado, começar a pedi-lo com mais regularidade. Normalmente, na segunda conversa, é provável que a maioria das pessoas aceite sua oferta. E é neste ponto que estará realmente praticando o codesenvolvimento.

> Não consigo imaginar um relacionamento significativo e produtivo em que o feedback sincero não tivesse um papel central para construir confiança. Os líderes devem deixar claro que o feedback sincero é esperado regularmente como parte das normas operacionais. Demonstrar visivelmente abertura a pontos de vista alternativos fomentará uma cultura na qual é seguro discordar de forma construtiva e buscar novas abordagens para a inovação.
>
> JEFF MIRVISS, presidente de Intervenções Periféricas na Boston Scientific

CODESENVOLVIMENTO: A MELHOR FORMA DE SERVIR

A abordagem de Daphne foi de *sinceridade afetuosa*. Ela não estava tentando ser maldosa ao apontar para Carter que a equipe não confiava nele. Tampouco estava se deixando levar por suas emoções dando feedback de modo defensivo ou agressivo para humilhá-lo, menosprezá-lo ou ofendê-lo. Compartilhou o que vivenciou diretamente, sem emoção ou polimento, porque acreditava genuinamente que o sucesso de Carter era fundamental para o sucesso da equipe e da missão.

Valer-se da sinceridade afetuosa ajudará você a auxiliar seus colegas a crescer, aprender e se desenvolver. Para mim, é a maneira mais eficaz de convidar alguém a ser receptivo ao feedback. Tendemos a nos abstrair da crítica quando ela é dispensada por alguém que só parece querer apontar o que fizemos de errado. Mas quando damos feedback com o intuito de realmente ajudar a outra pessoa a se tornar o melhor possível, é a generosidade ao extremo. Você está genuinamente a servindo.

O codesenvolvimento é o tipo de presente que pode durar a vida toda, mudando para sempre a trajetória da vida pessoal e profissional de alguém. Essa conversa mudou o curso da vida de Daphne e Carter. E pode fazer o mesmo por você e por aqueles com quem se importa. Eis algumas dicas sobre como expressar a sinceridade afetuosa.

Esteja Presente

Para cultivar o nível de confiança necessário para ser um grande coach, é crucial ouvir com preocupação e foco completo. "Há sempre uma conexão energética quando as pessoas se juntam", escreve Marcia Reynolds em seu livro *The Discomfort Zone* [sem publicação no Brasil]. "Acontece algo no espaço 'entre cérebros' quando as pessoas interagem. Sua intenção para a conversa, suas emoções e sua estima pela pessoa afetarão a disposição, o desejo e a coragem para mudar. É preciso estar presente e atento para manter a confiança durante toda a conversa."[2]

Enquanto escrevo isso, meu telefone está ao meu lado. A cada trinta minutos, verifico minhas mensagens. Deveria desligá-lo; melhor ainda, colocá-lo em outro cômodo. Não o faço. Quando você oferece o desenvolvimento de forma presencial, no entanto, você *precisa* dar ao seu colega toda a sua atenção. Em 2012, a revista *Time* perguntou: "Seu celular está tornando você um cretino?" O artigo citou estudos que mostram a conexão íntima entre confiança e estar completamente presente, e como mesmo um curto período de uso do celular pode quebrar essa conexão, tornando as pessoas menos empáticas e conscientes dos outros.[3]

Se você se esforçar para se aproximar de um colega para desenvolver confiança e construir um relacionamento melhor, não estrague tudo se distraindo.

Certifique-se de que o Feedback É para o Outro, e Não para Você

O coaching muitas vezes falha quando trata mais do enunciador do que do destinatário. Certifique-se de que seu feedback é para seu *colega*, e não para você. Meça suas palavras para não dizer algo que possa ser tomado como crítica. Pergunte a si mesmo: "Como o que vou dizer ajudará o outro?" E se ainda não tiver certeza, pergunte a outra pessoa.

Uma representante de vendas em nossa empresa de tecnologia era excelente em muitos aspectos, mas realmente acho que ela precisava polir sua apresentação pessoal. A maneira como se vestia, sua etiqueta, sua gramática e até mesmo seu tom de voz precisavam melhorar se quisesse avançar e desempenhar um papel mais significativo na venda de nossos produtos e serviços para os principais executivos de RH do mundo.

Na minha mente, porém, eu me perguntava: "Será que não estou reagindo de forma excessiva?" Estava preocupado em ter projetado nela algumas de minhas próprias questões. Como cresci em um bairro carente e frequentei escolas particulares com bolsa de estudos, era provocado impiedosamente pelas outras crianças pela maneira como falava, por não saber qual garfo usar e pelas roupas de segunda mão que vestia. A última coisa que queria fazer era iniciar uma conversa que a deixasse magoada e que fizesse essa jovem se sentir como eu me sentia quando era provocado.

Então, antes de dizer qualquer coisa que pudesse constrangê-la, pedi uma avaliação sincera de alguns amigos de RH sobre o feedback que planejava dar. E, para meu alívio, eles me garantiram que eu estava certo, que as roupas e o comportamento dela estavam fadados a limitar sua mobilidade profissional. Armado com a confiança de que meu feedback era realmente para o avanço dela (e não devido a minhas próprias inseguranças), pude abordar o assunto delicado, depois de lhe pedir permissão para fazê-lo, e ela recebeu meu feedback do modo como eu pretendia.

Aprendi a ser consciente dessa questão em um lugar improvável: no Al-Anon. Embora o Al-Anon tenha sido criado como um grupo de apoio para pessoas cujas vidas foram afetadas pelo alcoolismo de um ente querido, muitos participam de suas reuniões para lidar com situações que estão além de seu controle. Na primeira vez em que fui ao Al-Anon, estava lidando com um relacionamento disfuncional e precisava reconhecer que não podia controlar o comportamento da outra pessoa, não importa o quanto tentasse. Imediatamente vi paralelos nas relações que tinha com alguns funcionários também. Em retrospectiva, minha desaprovação a qualquer comportamento era motivada por como tal comportamento me fazia me sentir pessoalmente desrespeitado. Meu ego estava comprometido com a mudança da outra pessoa. Eu queria que ela mudasse *por mim*, e não por si mesma.

Assim, quando entregamos um feedback sincero, precisamos ter certeza de que nosso ego não está envolvido e que a preocupação está no que sabemos que os outros querem para si mesmos. Lembro-me de que dizia ao meu filho, quando ele era mais novo: "Pare de mastigar a comida com a boca aberta." Após minha admoestação, geralmente via uma leve modificação no comportamento dele, mas que nunca era mantida. Em outra ocasião, falei a mesma coisa de uma forma diferente: "Lembra daquela menina da escola de que você fala? Come assim perto dela?"

Dessa vez, ele parou, inclinou-se e perguntou: "O que você quer dizer?" Expliquei que as meninas geralmente se preocupam um pouco mais com a higiene e as boas maneiras do que a maioria dos meninos na idade dele. Ao apresentar o conselho como sendo útil a ele e ao seu desejo de ser benquisto pelas meninas, ele se interessou mais.

Tente Pedir Conselhos Antes de Oferecê-lo aos Outros

Idealmente, o codesenvolvimento é como uma partida de tênis. Às vezes sacamos e às vezes quem saca é o outro. Oferecemos feedback sincero aos nossos colegas quando necessário, eles nos oferecem feedback, e assim por diante. Mas quando estamos começando, compartilhar nosso feedback sincero sobre o desempenho de um colega geralmente é algo muito assustador. Se não achar que ganhou permissão suficiente para fazê-lo, então não faça. Tente *primeiro* pedir ao seu colega que ajude *você* a se desenvolver. Depois, se a interação tiver corrido bem, ofereça-se para fazer o mesmo em troca.

Você pode nem precisar fazer isso com muita frequência. Em geral, quando temos o hábito de pedir a opinião dos outros, eles são muito mais propensos a solicitar nossas opiniões. O feedback funciona da mesma forma. Se você é conhecido por pedir feedback de todos na equipe com frequência, é muito provável que muitos peçam que você dê feedback em troca.

E se acredita que já passou da fase de precisar de desenvolvimento, pense melhor. Qualquer pessoa em todos os níveis se beneficia disso. "Nunca pare de aprender", disse Indra Nooyi, ex-presidente e CEO da PepsiCo, à revista *Fortune*. "Seja você um funcionário júnior recém-formado ou um CEO, você não sabe tudo. Admitir isso não é sinal de fraqueza. Os líderes mais fortes são os que não param de estudar."[4]

Responsabilize-se por Sua Sinceridade

Só porque ganhou permissão para dar feedback sincero não significa que pode supor que é sempre bem-vindo. Mesmo quando estabelecemos uma base sólida de confiança e a sinceridade reina em nossos relacionamentos, ainda é fácil passar dos limites.

Recentemente, estava trabalhando com uma nova equipe e um dos membros afirmou abertamente, quase como um aviso, que era muito sincero por natureza; que era simplesmente seu jeito.

Ele usava essa alegação como um distintivo de orgulho, mas logo descobri que era apenas um pretexto para um comportamento disruptivo. Várias vezes durante a reunião, ele deixou claro que não concordava com a solução que estávamos discutindo e que não achava que valia a pena analisá-la mais. Mostrou uma total falta de curiosidade pelo que os outros diziam, e, em dado momento, seus comentários ficaram tão hostis que chegaram a interromper a conversa completamente.

Mais tarde, aprendi um pouco sobre a história desse colega disruptivo. Teve uma criação bastante difícil, em uma casa na qual suas opiniões eram sempre descartadas, então desenvolveu o hábito de falar o que queria sempre que podia. Quando adulto, reformulou seu comportamento de "garoto inseguro" para "homem sincero que diz como as coisas são". Mas esse tipo de sinceridade arrasadora nunca funciona, porque todos do outro lado sabem o que realmente está acontecendo: ele não está colocando a missão compartilhada em primeiro lugar.

Ao dar um feedback, devemos nos responsabilizar por nossa sinceridade. Precisamos oferecer nossa sinceridade e nosso feedback de modo a promover o diálogo — não para vencer discussões. É preguiçoso e comodista se importar tão pouco com o ponto de vista dos outros a ponto de supor que eles aceitarão o seu nos seus termos. E isso prejudica seus esforços de progredir a missão e os objetivos da equipe.

Enquanto isso, vale a pena notar que todos nós mantemos alguns comportamentos de momentos anteriores em nossa vida que já não nos servem muito bem. É por isso que precisamos que nossos colegas sejam codesenvolvedores corajosos e atenciosos que nos ajudarão a alinhar nossos comportamentos com as coisas que realmente queremos na vida.

Evite Ficar na Defensiva

Quando eu era CMO, costumava pagar muito dinheiro por relatórios de pesquisa sobre o que os outros pensavam sobre nossos serviços. Teria sido tolice pegar esses relatórios e colocá-los em uma gaveta sem lê-los. Da mesma forma, seríamos tolos se escolhêssemos não ouvir o que os outros pensavam sobre nós e continuássemos fazendo tudo do mesmo modo sem nos preocupar com outras perspectivas.

Ouvir nossas fraquezas ou nosso fraco desempenho tende a desencadear uma postura defensiva na maioria de nós. Para ajudar a combater esse desafio muito comum, aqui estão algumas das melhores práticas que descobri para ajudar a ouvir e abraçar melhor o feedback.

Mantenha a calma. Tente se lembrar de que o feedback nada mais é do que dados a serem usados para irmos mais longe. Lembre-se de que você controla o que faz com esses dados. Considere-os um presente, mesmo que o magoem, e faça o seu melhor para receber com humildade e graça qualquer feedback que seu colega lhe oferecer.

Sempre temos escolha quando se trata de nos entregar a emoções negativas e deixá-las tirar o melhor de nós. Sim, controlar as emoções é mais fácil para algumas pessoas, mas é essencial reconhecer que ignorar o feedback dos outros por uma postura defensiva, ou outras respostas emocionais, limitará seu potencial de crescimento.

Algumas pessoas têm dificuldade em receber feedback porque acham que é realmente uma diretriz a ser seguida. Isso é um resquício dos tempos em que os gestores regiam por decreto. Mas não é verdade. Você tem o direito de avaliar se o feedback o ajudará a se tornar um membro mais eficaz da equipe. Dito isso, é essencial para seu crescimento e sucesso profissional que não perca possíveis visões e correções de curso poderosas que podem surgir com o feedback afetuoso.

E se simplesmente não consegue controlar suas emoções e está com dificuldade em receber críticas e feedback, então exponha o problema para seus parceiros coelevadores — e trabalhem nisso juntos. *Lembre-se, você está no controle.* Pode alterar sua reação. Pode permanecer aberto a críticas, se quiser.

Faça perguntas. Com a postura defensiva fora de questão, a curiosidade pode assumir a posição central. Anime-se para explorar o que lhe é dito. Se não entender o feedback ou se ele não estiver claro, peça esclarecimentos. Cuidado para não soar defensivo. Se o feedback do seu colega for muito geral, aprofunde-se — mas faça isso com entusiasmo. Por exemplo, se a outra pessoa lhe disser "Seria benéfico melhorar suas habilidades de comunicação", peça mais detalhes: "Falo demais durante as reuniões? Meu tom está ruim? Soo desrespeitoso? Se tivesse que escolher uma coisa na qual me concentrar, o que seria?" Respostas como "Adoraria entender isso melhor" ou "Obrigado, pode me dar um exemplo de uma vez que percebeu isso?" abrem espaço para a sinceridade e sinalizam sua maturidade e abertura para crescer e se desenvolver.

Agradeça. Concordando ou não com o feedback, sempre agradeça ao seu colega, do mesmo modo que faria com um presente. Deixe claro que levará o feedback em conta, junto com os feedbacks adicionais que coletar. Reconheça a generosidade do outro. Isso ajuda a construir ainda mais confiança e segurança psicológica entre vocês e mantém a porosidade aberta. Convide-o a continuar compartilhando suas perspectivas ou seus insights. Mesmo em ocasiões em que sentimos que alguém está deliberadamente usando o feedback para nos alfinetar, não podemos morder a isca. Em vez disso, precisamos ser superiores e apenas agradecer.

É sempre melhor saber o que seus colegas pensam. Assim, você está no controle do que fazer com as informações. A alternativa é ficar isolado, conjeturando o que os outros estão pensando e se sentindo confuso ou mesmo vitimado por algumas das ações deles.

Não esgote o poço. Quanto mais forte a relação, mais fluido e frequente o feedback pode e deve ser. Então, depois de pleitear mais feedback, esteja atento à frequência com que *você* o pede em troca. Avalie o nível de investimento da outra pessoa em você. Julgue, com base na porosidade criada, até que ponto você e seu parceiro coelevador estão comprometidos com o outro e com ir mais longe juntos, e o quanto o projeto, as metas ou a missão da equipe exigem isso.

Peça Feedback Sobre Seu Feedback

Depois que o feedback dos dois lados for um hábito e uma maneira natural de trabalhar, é uma boa ideia refinar a interação pedindo opinião sobre seu feedback. Esse é o momento de questionar como ele é recebido pela outra pessoa. Você ou seus colegas podem querer aumentar ou diminuir alguns aspectos do feedback com base na percepção de seu impacto nas pessoas. Esse tipo de diálogo aberto é saudável e pode aprofundar sua parceria à medida que vão mais longe juntos.

O que não funciona é esperar que a outra pessoa leia sua mente ou que saiba intuitivamente como você prefere colaborar, receber feedback ou se comunicar. Um de meus desafios pessoais é que, muitas vezes, pressiono por ação de modo rápido e definitivo. Se eu tiver meia hora, quero ir direto ao assunto e saber que usamos o tempo de forma produtiva. Nossa chefe de marketing da FG, por outro lado, realmente aprecia a intimidade de ter conversas mais longas. Ela tem um orgulho enorme de nosso trabalho e quer discutir os passos que foram dados para chegar a uma decisão ou um ponto de vista. O resultado é que, às vezes, durante uma conversa, eu a interrompo para pedir que vá direto ao assunto, e ela se fecha, magoada com minha impaciência.

Para que o relacionamento coelevador funcionasse, eu precisava evitar me sentir frustrado e ela precisava evitar se sentir subestimada ou desrespeitada. Precisávamos entender o pensamento do outro e afinar nossa abordagem. Trabalhei para desenvolver mais empatia pela forma como ela prefere se comunicar, tentei expressar isso a ela e me preparei para não expressar impaciência quando ela falava. Nossa mútua sinceridade e intenção de trabalhar em equipe nos ajudou a reconhecer os méritos de nossos estilos diferentes. Por fim, isso ajudou a tornar nosso trabalho com os outros mais divertido, fluido e eficaz.

Nossos colegas não são telepatas vulcanos. Precisamos ajudá-los a nos entender e solicitar que orientemos uns aos outros para trabalharmos juntos.

> Os líderes de equipe muitas vezes pensam que estão sendo "gentis" ao não compartilhar feedback que ferirá os sentimentos de alguém, mas é necessário coragem para ser sincero. É fácil confundir bondade com fraqueza, mas a verdadeira bondade requer força. Ambientes de alta performance dependem de sinceridade e transparência, pois isso é o necessário para criar parcerias ricas e colaborativas que produzam resultados extraordinários.
>
> Daniel Lubetzky, CEO da KIND Snacks

Codesenvolva-se com Seu Chefe

Muitas vezes me perguntam se devemos tentar dar feedback pessoal sincero aos nossos chefes, e minha resposta é sempre "com certeza!". Quanto mais as pessoas sobem na hierarquia corporativa, mais precisam de feedback daqueles que estão abaixo delas — e menor a probabilidade de obtê-lo.

Nas forças armadas dos EUA, as pessoas são treinadas para dar feedback àqueles em um posto acima delas, primeiro dizendo: "Permissão para falar livremente, senhor?" Em uma de minhas empresas, um executivo que fora soldado do exército realmente levou essa prática para sua carreira corporativa. Sempre que se aproximava de mim com essas palavras mágicas, sabia que receberia uma boa dose de críticas sinceras e afetuosas.

A preocupação natural, no entanto, é a de que seu feedback não será bem recebido. E se seu chefe ficar chateado? Se isso acontecer, peça desculpas e diga que estava compartilhando sua humilde opinião porque se importa o suficiente para fazê-lo.

Também é possível que não tenha conquistado permissão para dar feedback. Seu chefe pode não estar aberto ou pronto para ouvir o que você tem a dizer, até que o prepare. Aumentar a porosidade é sua responsabilidade. Trabalhe para conseguir permissão, retornando às práticas de servir, compartilhar e, mais importante, cuidar.

Com certeza, existem gestores dominadores e controladores, sem nenhuma autopercepção. No fim, também cabe a você ser cauteloso ao sentir a situação. Não ultrapasse os limites provocando seu chefe desnecessariamente. Mantenha seu emprego. Ou, então, comece a procurar um novo. Provavelmente será melhor para você.

Inicie um Movimento de Coaching entre Pares

Em 2017, quando Andy Sieg, CEO da Merrill Lynch, anunciou um novo foco no aumento de receita, um conselheiro veterano chamado Richard Pluta entrou em contato com seu amigo Steve Samuels na sede da Merrill para ver como poderia ajudar.

Juntos, Rich e Steve levaram um plano a Andy que, em sua essência, envolvia convidar consistentemente os conselheiros emergentes da Merrill Lynch para iniciar a Advisor Growth Network (AGN), uma comunidade para todos os conselheiros treinarem uns aos outros e compartilharem as técnicas de crescimento que os colocaram no topo.

"Era hora de assumirmos a responsabilidade por nós mesmos e pelos outros", disse Rich. "Quem melhor para iniciar um programa como esse do que os próprios membros da equipe? Hoje, temos um movimento e, juntos, motivamos e inspiramos uns aos outros à medida que desenvolvemos nossa capacidade de servir a nossos clientes e expandir nossos negócios."

Em pouco tempo, a AGN contava com mais de 600 membros dos 15 mil conselheiros da empresa. Hoje, existem grupos de coaching nas filiais da Merrill Lynch, apoiando o crescimento de seus colegas ao treinarem uns aos outros, ao mesmo tempo em que recebem treinamento daqueles com histórico comprovado.

Quando os executivos regionais de mercado da empresa viram os primeiros resultados dos esforços da AGN, decidiram criar equipes de desenvolvimento coelevadoras para compartilhar suas melhores práticas gerenciais e alavancar a mesma abordagem de coelevação da FG. Os resultados desde então foram surpreendentes. Apenas nos dois primeiros anos, a Merrill Lynch relatou um aumento de seis vezes na taxa de aquisições domésticas, com rendimentos, fluxos e receita líquidos atingindo recordes históricos.

Com a AGN como base, seguida pelo gerente e, em seguida, pelo coaching entre pares do escritório regional, o plano de crescimento de Sieg está funcionando. Rich, Steve, os membros da AGN e, em breve, milhares de membros da filial do movimento de crescimento estarão ajudando a si mesmos e a empresa, empenhados na missão comum de crescimento acelerado e melhor atendimento ao cliente.

UMA PARCERIA DE CODESENVOLVIMENTO

Com o tempo, Carter aumentou a frequência de pedidos de feedback a Daphne. Durante a preparação da reunião, ele perguntava: "Tudo bem dizer isso?" Ela explicava com sinceridade: "Minha interpretação do que você disse é...", ou "Você poderia considerar dizer..."

Treinar Carter provou ser uma oportunidade de crescimento para Daphne também. Ela cresceu como líder e aprendeu como, às vezes, é melhor deixar as pequenas coisas para lá. Daphne não gostava de como Carter se sentia compelido a roteirizar cada frase de suas apresentações. Parecia muito seco e robótico. Ela sugeriu que, em sua próxima apresentação, ele simplesmente consultasse casualmente palavras-chave em um papel. Mas quando Carter tentou, ele ficou tão visivelmente desconfortável, que a apresentação não foi bem recebida. Após refletir, Daphne percebeu que o estilo de apresentação de Carter realmente não importava. Ela ajustou seu feedback às necessidades e habilidades de Carter e, como resultado se tornou uma treinadora melhor.

Daphne sempre fazia muitos elogios a Carter na frente da equipe, para lembrar a seus integrantes o quão longe ele havia chegado e quanto progresso estavam fazendo juntos. Ela tomava o cuidado de dar seguimento a cada reunião com uma mensagem a Carter para lhe dizer o quanto valorizava seu trabalho árduo, ou o quanto estava grata por sua perspicácia financeira e análise de cenários. Antes de cada reunião, tirava um tempo para refletir sobre a contribuição de Carter a ela, à equipe e à empresa. E falava francamente dos modos como ele havia mudado e estava construindo um relacionamento melhor com a equipe.

Com a divisão em apuros, Daphne e Carter não perderam tempo em colocar seu relacionamento franco de codesenvolvimento para trabalhar. Começaram convidando outros membros importantes da equipe executiva para almoços no refeitório. Discussões, cocriações e muitas perguntas de RCP com líderes de vendas geraram novas ideias que resultaram em metas de vendas de curto prazo mais focadas e razoáveis. Em um almoço, Daphne e Carter ficaram surpresos ao saber como uma mistura fundamentalmente diferente de produtos poderia gerar economia de custos para a empresa, o que Carter nunca poderia imaginar apenas sob sua perspectiva financeira.

Daphne e Carter trabalharam com os líderes de vendas para estabelecer um conjunto de "*sprints* vencedores" iterativos de trinta dias, cada um projetado para mostrar conquistas mensuráveis e, ao mesmo tempo, dar à equipe tempo para se adaptar e mudar de rumo quando necessário. Quando algumas metas críticas não foram atendidas no fim do primeiro *sprint*, os chefes de RH e vendas solicitaram mais financiamento para o treinamento de vendas. Carter resistiu no início, então cedeu, depois de participar de uma sessão de treinamento, na qual pôde ver por si mesmo o valor dessa atividade.

Essas pequenas reuniões informais no refeitório convocadas por Daphne e Carter logo se mudaram para a sala de conferências de Gavin, e o tamanho do grupo se expandiu para seis ou oito em cada sessão. Daphne e Carter elaboraram planos de ação para que pudessem expandir sua equipe de modo mais formal. O que começou como conversas casuais e informais de coleta de dados entre eles e outros da equipe evoluiu para sessões colaborativas de resolução de problemas.

Dessa forma, o codesenvolvimento de Daphne e Carter inevitavelmente abriu as portas para a cocriação transformadora em toda a equipe executiva. Em uma das sessões de RCP, a observação casual do consultor jurídico sobre os termos do contrato levou a um avanço surpreendente. Duas mudanças simples na linguagem do contrato de venda aumentaram as taxas de renovação em 30% em um período de 45 dias. As vendas atingiram as metas trimestrais pela primeira vez em 5 anos.

Vitórias como essas deram gás aos esforços da equipe, e, depois de alguns meses, um novo plano estratégico surgiu baseado em uma melhor gestão de crédito, novas aquisições e um novo modelo de entrada no mercado. Nem todos conseguiam acompanhar o ritmo, então Gavin fez algumas mudanças de liderança há muito necessárias na chefia do TI e marketing — ações que tomou com a ajuda de Daphne. Quando meu coaching com a equipe executiva terminou, a empresa havia se tornado rentável pela primeira vez em mais de cinco anos.

Todas essas incríveis vitórias organizacionais estavam enraizadas no reconhecimento de Daphne de que Carter era membro de sua equipe e precisava de seu coaching. Ela aceitou que era sua responsabilidade coelevar-se com Carter e criar um relacionamento codesenvolvido íntimo e franco com ele. E então, como os dois se apoiavam, conseguiram superar um revés atrás do outro conforme colaboravam com seus colegas e cumpriam seus objetivos.

Antiga Regra de Trabalho: quando se tratava de crescer profissionalmente e desenvolver *hard* e soft skills, você olhava para o seu gerente, para avaliações de desempenho e programas de treinamento. Como gerente, geralmente só oferecia feedback para seu subordinado direto formal.

Nova Regra de Trabalho: buscamos nossa equipe para desenvolvimento e crescimento. Oferecemos aos colegas o feedback sincero de que precisam para desenvolver e melhorar suas habilidades, desempenho e comportamento, porque estamos comprometidos com seu sucesso e com o sucesso da missão.

O QUE É CONFIANÇA?

Carter ficou chocado ao saber que os outros membros da equipe executiva não confiavam nele. Em sua mente, ele era extremamente confiável e muito íntegro. A confiança era essencial para seu trabalho. O que passou a reconhecer é que existem diferentes tipos e níveis de confiança, e o comportamento confiável de um tipo não leva necessariamente à confiança em outra área.

Ao longo dos anos, nossa pesquisa na FG se concentrou em intervenções que ativamente constroem confiança a serviço do desempenho da equipe durante os períodos de transformação, quando o grupo realmente fica estressado. O modelo de confiança que usamos distingue três tipos de confiança, três áreas em que cada tipo de confiança provavelmente será perdido e como construí-lo.

A **confiança profissional** é criada quando as expectativas de trabalho são atendidas. Mas pode ficar fraca quando diferentes pontos de vista surgem de diferentes experiências profissionais. Por exemplo, a confiança fraquejou quando Carter, como chefe de finanças, não reconheceu o valor de vários investimentos operacionais que outros da equipe sentiam ser necessários para aumentar as vendas. Carter foi tido como imediatista e desinteressado pela necessidade da empresa de expandir o negócio.

A **confiança estrutural** é a que é se perde com mais frequência em uma organização. As hierarquias muitas vezes permitem que os gerentes exerçam poder sobre seus subordinados e seus pares, especialmente quando dão avaliações de desempenho e controlam planos de carreira para promoções. Muita da separação de poder em uma empresa existe em todas as funções — desde finanças a RH e TI —, dando a uma função autoridade sobre o que outra pode querer realizar, assim como o departamento financeiro de Carter supervisionava orçamentos e gastos. Essas realidades estruturais podem criar perda de confiança e desafiar a transparência, abalar a segurança psicológica e impedir a tomada de riscos fluida necessária para a coelevação e a transformação.

A **confiança pessoal** é o tipo final de confiança. Desenvolvê-la é um recurso crucial para enfrentar as compreensíveis perdas de confiança profissional e estrutural. É o trunfo para reparar e restaurar falhas nos outros tipos de confiança.

Pense em colegas com quem discordou profissionalmente, ou que, por causa de sua posição, impediram ou bloquearam o que você estava tentando alcançar. Quando podemos nos sentar com a outra pessoa e enfrentar esses desafios somente por causa da forte confiança pessoal do nosso relacionamento, muitas vezes conseguimos reparar essa perda de confiança e chegar a uma solução mutuamente aceitável. Se for o caso, é por causa de seu respeito, carinho e compromisso mútuos. É por isso que colocamos tanta ênfase na construção de confiança pessoal nas relações de trabalho.

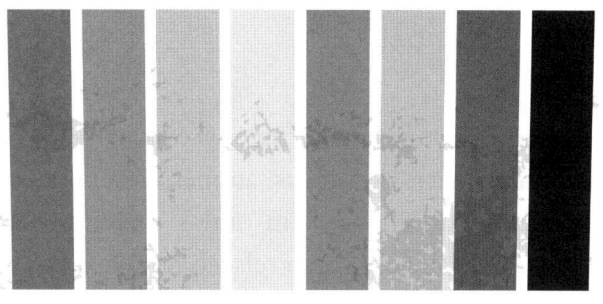

SEXTA REGRA
ELOGIE E CELEBRE

> O reconhecimento é essencial para a cultura da FedEx — é o alicerce sobre o qual a marca e a reputação global da empresa foram construídas. Não importa onde você esteja no mundo, se respeitar seus colegas e recompensar e reconhecer os comportamentos certos, eles oferecerão um desempenho excepcional. Pode parecer banalidade, mas é uma abordagem pragmática de negócios. A diferença entre a nossa equipe dar o seu melhor e fazer o mínimo é a diferença entre o sucesso e o fracasso. Isso afeta diretamente nossos resultados.
>
> **RAJ SUBRAMANIAM, PRESIDENTE E COO DA FEDEX**

Em 2010, conforme a General Motors emergia da recuperação judicial, a liderança da divisão da América do Norte reconheceu que recuperar sua fortuna dependia da melhoria da experiência do cliente nas milhares de concessionárias independentes da GM. Para conseguir isso, introduziu um novo programa chamado Trusted Advisor para os gerentes distritais que lideravam a equipe de vendas de campo da empresa.

O objetivo do Trusted Advisor era transformar o cargo de gerente distrital em mais um parceiro estratégico para os revendedores de carros, alguém que pudesse ajudar as concessionárias a expandir os negócios e atingir as metas de vendas, ao mesmo tempo em que aprimorava a experiência do cliente. Em outras palavras, o objetivo do Trusted Advisor era estabelecer uma relação de cocriação coelevadora entre cada gerente distrital e cada concessionária em sua vasta rede na América do Norte.

Mas Mark Reuss, presidente da divisão da América do Norte da GM, não tentou reverter a situação para milhares de concessionárias de uma só vez. Em vez disso, ele e sua equipe executiva começaram aos poucos, com apenas cinquenta gerentes distritais, cada um dos quais se concentrou em um revendedor. A ideia era evoluir essa nova forma de parceria em pequena escala e aprimorá-la antes de difundir o sucesso para seus pares.

Mark reconheceu que o melhor modo de elevar o moral da equipe de vendas após a falência seria criar um impulso de vitória. Assim que o novo programa Trusted Advisor mostrou vislumbres de sucesso, ele e sua equipe começaram a elogiar e comemorar o progresso.

Não demorou muito. Nos primeiros meses, boas notícias começaram a chegar conforme os gerentes distritais do Trusted Advisor passaram a ajudar seus revendedores a melhorar a lucratividade em suas taxas de locação, vendas de peças e vendas automotivas. Novas ideias foram testadas, como a oferta de novos modelos de carros de aluguel para atender clientes cujos contratos estavam vencendo.

À medida que Mark e sua equipe examinavam os primeiros resultados com nossa equipe na FG, avaliamos cuidadosamente cada nova prática para confirmar que era inovadora, alcançava resultados mensuráveis, melhorava a experiência do cliente e era replicável. Assim que definimos as novas melhores práticas relatadas em campo, Mark enviou todo tipo de mensagens generosas aos gerentes distritais e seus parceiros revendedores por sua engenhosidade e comprometimento. As especificidades de cada nova prática foram incluídas na comunicação semanal de Mark enviada a toda a equipe de vendas de campo, para que pudessem ser facilmente testadas e adotadas.

O compromisso pessoal e a paixão de Mark fizeram toda a diferença. Sem demoras, ligava pessoalmente para elogiar qualquer gerente distrital que recentemente relatara ter cocriado uma nova abordagem produtiva com seu revendedor. Ele até adotou uma concessionária, para que pudesse ter uma noção prática dos novos padrões e ver por si mesmo como funcionavam. Como líder, Mark era a personificação de ir mais longe juntos e deu um tremendo exemplo, que foi reconhecido por toda sua equipe de vendas de campo.

Desde o primeiro ano do programa, histórias surpreendentes de sucesso vieram dessas cinquenta concessionárias do Trusted Advisor. As vendas de peças em uma concessionária subiram mais de 44%. A taxa de locação de outra passou de quase zero para 45%, e as vendas mensais aumentaram 41%.

Em pouco tempo, toda a equipe executiva de Mark passou a realizar uma campanha em nível nacional de louvor e celebração por todas essas histórias de sucesso locais e as parcerias por trás de cada uma delas. Produziram vídeos de práticas-modelo enviados semanalmente, juntamente com relatos dos resultados surpreendentes, submetidos em todas as comunicações internas e às franquias da GM. Os revendedores foram convidados para os eventos regionais e nacionais da empresa, nos quais eram celebrados, e estes, por sua vez, elogiavam a GM e seu novo modelo de parceria do Trusted Advisor.

Ao elogiar pessoalmente as pequenas vitórias iniciais das concessionárias e, em seguida, comemorar o sucesso amplamente, Mark e sua equipe iniciaram um movimento dentro da divisão de vendas da GM da América do Norte. Gerentes de vendas e concessionárias começaram a clamar pelas mudanças que produziram esses aumentos extraordinários na receita, na participação de mercado e na satisfação do cliente. O programa Trusted Advisor, por meio da cocriação coelevadora entre revendedores e gerentes distritais, criou um modelo de atendimento ao cliente e rentabilidade nas concessionárias, gerando impulso para a transformação organizacional da recuperação da GM.

COMO RAIOS DE SOL

A história da GM mostra como um pouco de energia positiva e focada pode criar benefícios exponenciais em toda a organização. Sempre que lideramos sem autoridade, servir a nossos colegas como seus defensores e líderes de torcida é uma de nossas maiores responsabilidades. O elogio e a celebração são complementos fundamentais para o cuidado e a responsabilidade e também aceleram o aumento de porosidade. Quando elogiamos e celebramos alguém, isso torna muito mais fácil de administrar o próximo dia difícil que passarmos juntos.

Meu amigo Philippe é o chefe de uma agência de publicidade global cujos clientes incluem algumas das maiores empresas da *Fortune 500*. Sempre que estou com Philippe, ele passa muito tempo ao telefone. Normalmente, sou a pessoa usando dois celulares ao mesmo tempo, enviando mensagens em um e fazendo uma videoconferência no outro. Mas não chego nem aos pés de Philippe.

"Como consegue fazer alguma coisa quando está sempre usando o celular?", perguntei-lhe certa vez, em parte por brincadeira e em parte por curiosidade. Ele tirou os olhos do celular e me fitou, sorrindo.

"Esta é a melhor e a mais simples ferramenta já inventada para engajamento e satisfação de clientes e colegas", respondeu, levantando o celular. "É a parte mais importante do meu trabalho. Não importa quantas reuniões eu tenha ou o tamanho da minha lista de afazeres, sempre honro meu ritual de mensagens encorajadoras."

O "ritual de mensagens encorajadoras" de Philippe envolve ligar, enviar mensagens ou e-mails para uma lista rotativa de quase cem clientes e associados, transmitindo-lhes um fluxo regular de mensagens alegres de elogio e celebração.

Na visão de Philippe, ele está dando à sua equipe e a seus clientes o incentivo e apoio necessários em um mundo conturbado e incerto. "É muito importante manter altos os níveis de energia e manter forte o ímpeto de todos", disse ele. Seus associados têm um trabalho bastante difícil de reimaginar e relançar as marcas de seus clientes contra concorrentes mais novos, maiores e melhores. "É tanta coisa para as pessoas suportarem que meu trabalho principal é manter a energia boa e elas se movimentando."

"Estamos pedindo aos clientes que repensem totalmente suas estratégias de entrada no mercado", falou. "Todo mundo está muito focado no que está dando errado e precisa ser consertado, e como precisam fazer mais, trabalhar mais rápido e melhor, e se algum de seus gastos cada vez maiores com publicidade compensará. Trabalham horas loucas em ambientes altamente estressantes e sob muita pressão."

Philippe tem um conhecimento enciclopédico do trabalho de seus clientes, e da vida pessoal também. Às vezes, vasculha as redes sociais para encontrar algo especial para comemorar — uma viagem recente, um aniversário ou alguma notícia positiva da empresa. Trabalha pesado nisso, mas se certifica de que suas mensagens encorajadoras sejam sempre autênticas. "Estou genuinamente feliz e animado para celebrar os sucessos das pessoas", afirmou. Ligar para seus clientes e colegas o dia todo lhe dá alegria de verdade e lhe traz o benefício de manter seu próprio ânimo elevado.

Os rituais diários de incentivo de Philippe me lembram muito Seano, meu coach pessoal. De tempos em tempos, do nada, ele me liga, envia e-mails ou mensagens de elogio e celebração. Ele chama isso de "mandar amor" para as pessoas.

Uma mensagem de voz típica de Seano seria: "Keith, meu chapa. Queria lhe enviar meus parabéns e dizer o quanto curti seu TED Talk sobre coelevação. Você está fazendo uma enorme diferença no mundo. Também vi que está viajando pra caramba. Sejam quais forem seus sentimentos, nunca se esqueça de que está fazendo a diferença." Se estou passando por um dia difícil ou no aeroporto esperando o voo, Seano é como meu quiropraxista emocional, me dando exatamente a manipulação de humor de que preciso.

Sempre que celebramos e elogiamos nossos colegas, é como se estivéssemos iluminando suas almas diretamente com raios de sol. Essa é a minha experiência, apoiada por estudiosos de motivação e comportamento organizacional. O psicólogo Dan Ariely, autor do best-seller *Previsivelmente Irracional*, revelou que o elogio é mais valorizado do que o dinheiro. Sua pesquisa mostra que mesmo elogios ocasionais podem ser mais impactantes do que bônus em dinheiro quando se trata de aumentar a produtividade e a motivação dos trabalhadores.[1]

Pesquisadores em outro estudo descobriram que, quando médicos receberam e vivenciaram afeto positivo — uma sensação agradável ou bom humor —, melhoravam seu desempenho na resolução de problemas, tomada de decisões e organização cognitiva.[2]

Médicos que foram preparados para se sentir bem (mesmo com um presente simples, como um punhado de doces) mostraram pensamentos mais flexíveis e fizeram diagnósticos precisos mais rapidamente do que os que foram preparados de outras maneiras, ou que nem o foram.[3] Os pesquisadores concluíram que o afeto positivo promove abertura a ideias, flexibilidade e resolução criativa de problemas.[4]

Reconheci a importância do reforço positivo há muito tempo e comemorei seus benefícios em meu primeiro livro, *Jamais Coma Sozinho*. É por isso que senti um frio na barriga quando Philippe falou sobre seu "ritual de mensagens encorajadoras". Percebi que eu tinha negligenciado bastante os elogios ao meu próprio círculo de contatos. Ao longo dos anos, abandonei meu antigo hábito de ligar e cantar parabéns para as pessoas cujos aniversários apareciam no meu calendário. Droga, eu tinha bastante trabalho a fazer. Alguns anos atrás, durante um jantar com amigos, eu estava sentado em frente a Luke, um conhecido relativamente novo que acabara de vender sua primeira empresa — um tremendo feito para qualquer empreendedor. Parabenizei-o pelo crescimento de sua empresa e pelo desenvolvimento de um produto que chamou a atenção de uma grande empresa de software.

"Parabéns, cara", disse a ele. "A maioria das pessoas só sonha com o que você fez nos últimos oito anos." Enquanto fluía elogios por sua persistência, determinação e engenhosidade, do canto do olho vi meu amigo Tony se aproximando de Luke. De modo cômico, ficou tão perto de Luke que praticamente estavam dividindo a mesma cadeira. Eu ri e perguntei o que diabos ele estava fazendo.

"Só queria saber como era receber seus elogios", disse Tony. Todos rimos muito com a piada que ele fez à minha custa. E *foi* engraçado — mas não tanto. Como um amigo querido, Tony sempre recebeu uma boa dose de sinceridade afetuosa e coaching sem rodeios. Costumo ir direto para a parte crítica como coach porque quero que todos atinjam seu potencial. Vejo como uma oportunidade empolgante de crescimento. Mas eu fora pão-duro com meus elogios a Tony, e ele encontrou uma maneira bem-humorada de me dizer o quanto desejava ouvi-los mais. Então, obrigado, Tony. É um momento que não esquecerei tão cedo.

Em qualquer relacionamento — pessoal ou profissional —, você nunca sabe como suas mensagens de elogio e celebração, aparentemente pequenas, podem inspirar um momento crucial na vida de alguém. Michael Lewis, autor de best-sellers de não ficção como *The Blind Side* [sem publicação no Brasil] e *Moneyball*, disse a um entrevistador em 2005 como Fitz, seu treinador de beisebol do ensino médio, mudou a forma como ele se sentia sobre si mesmo apenas expressando sua confiança nele.

Quando o treinador Fitz colocou Lewis em um jogo na posição de arremessador, com corredores em posição de pontuação, disse a Lewis: "Não há ninguém que colocaria nesta posição além de você." Lewis acreditou nele. Ele isolou um corredor na terceira base e deu *strike out* no rebatedor seguinte, encerrando a entrada.

Como Lewis explicou, a verdadeira genialidade por trás do treinador Fitz entrava em ação *após* o jogo. "Ele criava esses momentos muito dramáticos no campo e os fazia parecer muito importantes", contou Lewis. "E quando davam certo, ele os explorava como o momento decisivo de seu caráter. Depois do jogo, me entregou a bola e disse a toda a equipe que eu era bom em momentos críticos e que, em situações de pressão, era eu quem ele queria na equipe — uma descrição completamente implausível de mim. Era pura invenção. Mas tentei me tornar essa pessoa. E a partir daí, meu comportamento mudou em todos os sentidos. Comecei a levar a aula a sério."

Fitz se reuniu com o diretor da escola e lhe disse que o desempenho de Lewis naquele dia era uma conquista que ele poderia explorar. O diretor chamou Lewis em sua sala e lhe disse: "Sabe, estamos esperando mais de você. Billy Fitzgerald fala bem de você."

Nas palavras de Lewis: "Você não pensa em momentos tão triviais como momentos decisivos em sua vida, mas realmente considero essa ocasião como tal, e esse homem o orquestrou."[5] Fitz pegou um momento aparentemente comum e trivial e o transformou em algo heroico e significativo. Deve ter levado por volta de dez minutos para criar uma experiência que Michael Lewis nunca esqueceria. Tirar esses dez minutos aqui e ali é algo que todos nós podemos fazer, a qualquer hora que escolhermos, por nossos colegas e por todos os outros em nossa vida. Esse é um dos grandes privilégios de ser um líder. É um presente que compartilhamos muito pouco.

SEXTA REGRA: AS PRÁTICAS

Se quer fortalecer seus relacionamentos e realmente aumentar a porosidade com seus colegas, tente ser o maior animador de torcida das pessoas com quem se importa. Cada dia, reserve um tempo para deixar de lado seu pensamento crítico, mesmo que por alguns minutos, e reconheça a amizade, o espírito, o trabalho árduo e a importância delas em sua vida. As pessoas estão sedentas por esse tipo de reconhecimento.

E quando oferecer elogios e celebrar, observe como isso o faz se sentir. Levantará seus ânimos. Quando está triste, pode descobrir que a melhor solução é enviar mensagens de elogio e gratidão. Penso em Philippe e Seano e me pergunto: gostam de celebrar porque são pessoas naturalmente alegres, ou são alegres *porque* gostam de celebrar?

Veja como elogiar e celebrar os outros pode fortalecer seus laços com seus colegas. Em pouco tempo, torna-se um hábito. Aqui estão algumas sugestões que achei úteis para começar.

Faça Disso Algo Pessoal e Imediato

Sempre que vir alguém de sua equipe fazer algo bem — seja grande ou pequeno —, reconheça. Qualquer elogio é melhor do que nenhum. Se possível, associe o elogio a uma ação ou comportamento específicos.

Se pegar um colega fazendo algo certo, reconheça a ação e não deixe de lhe dizer como se sentiu também. Quando minha colega Shannon me envia um e-mail de acompanhamento repetindo o que eu disse em nossa conversa ao telefone, eu a informo sobre o quanto aprecio isso. Digo-lhe: "Shannon, quando faz isso, sinto que posso confiar que não estamos deixando a peteca cair. Realmente aprecio isso. Obrigado."

Jalen, "diretor de pessoas" de uma das maiores startups do Vale do Silício, conta com esse feedback positivo imediato específico em grande parte do seu trabalho. "Trata-se de reforçar o comportamento positivo", diz. "Muitas vezes, as pessoas não percebem o que estão fazendo bem. Se nos esquivarmos de dizer a elas no que e como estão se destacando, então como saberão que devem continuar isso?"

No fim de uma reunião informal de equipe, vi Jalen pedir a atenção de todos e, em seguida, tomar um momento para elogiar a maneira como o líder da reunião — que está vários níveis abaixo dele — recebeu feedback, deu feedback e fez perguntas durante a animada troca de ideias. "Acho que isso vale como uma observação rápida para todos nós", disse ele. "É como precisamos lidar com situações semelhantes no futuro, quando cada um de nós pode ser desafiado para chegar às melhores e mais audaciosas respostas."

Lembre-se da Regra de Platina

Deixe-me repetir a regra de platina: trate os outros *apenas* como eles desejam ser tratados. O elogio público é ótimo, mas nem todos se sentem confortáveis com isso. Portanto, conheça seus colegas, elogie-os e celebre-os da maneira que sabe que *eles* mais apreciam.

Muito do poder e da eficácia do elogio vem das pessoas se sentirem vistas e reconhecidas. Mas há introvertidos em todos os locais de trabalho que se sentiriam bastante envergonhados se você anunciasse de modo espalhafatoso as realizações deles em uma grande reunião. Seja atencioso e note que o que mais apreciariam é um bilhete ou um e-mail mostrando sua profunda gratidão. Quando faz o elogio de uma maneira que os deixa mais confortáveis, saberão que você *realmente* os aprecia por quem são.

Há outros casos em que o elogio privado é justamente o toque necessário. Às vezes, eu ligava para os pais de meus colegas apenas para reconhecê-los e agradecê-los por criar uma pessoa tão incrível. Uma vez liguei para o pai de um associado chamado Frank e deixei uma mensagem de voz dizendo que seu filho tivera um grande ano e como deveria estar orgulhoso dele. Frank me disse anos depois que seu pai guardou a mensagem na secretária eletrônica para o resto da vida.

Não Tenha Medo de Elogiar a Imperfeição

Nossas equipes não melhorarão se não as deixarmos ver um raio de luz para a qual possam caminhar durante os tempos sombrios. Quando suas equipes estão em missões particularmente árduas ou passando por momentos difíceis, é exatamente aí que precisamos elogiá-las, mesmo que o desempenho não seja perfeito e os resultados não sejam ideais. Há um ditado que diz que, se você está passando pelo inferno, tem de *continuar*. A celebração e o elogio fornecem o combustível que nos restaura e nos sustenta, ajudando-nos a seguir em frente em momentos de extrema dificuldade.

Durante meses, trabalhei com Marty, um CEO que queria demitir Jasmine, chefe de estratégia. Ele sentia que Jasmine era indiferente às suas necessidades e era muito devagar. Marty queria respostas firmes para ontem, enquanto ela preferia coletar dados completos de mercado antes de tirar qualquer conclusão. Muitos tentaram ajudar Marty a ver como Jasmine era um contrapeso ao seu estilo de liderança sem papas na língua. Em várias ocasiões, a análise profunda de Jasmine o impediu de cometer erros graves que poderiam ter drenado os ganhos da empresa, embora Marty nunca a tenha reconhecido por isso.

Por fim, eu lhe disse, com certa exasperação: "Pare com tortura. Comece a comemorar as vitórias dela e lhe dê uma chance de reverter sua impressão dela ou mande-a embora." Eu queria que ele admitisse que estava apenas satisfazendo sua necessidade de estar certo. Se sinceramente quisesse melhorar o desempenho de Jasmine, teria de começar a elogiá-la quando ela fizesse as coisas direito.

Marty concordou em tentar um experimento. Em vez de criticar aquilo de que não gostava, começou a reconhecer todas as coisas que Jasmine fazia que acreditava que servia à missão da empresa. Começou a elogiá-la até nas menores melhorias nas áreas em que ainda estava insatisfeito. Fiquei feliz em ver, depois de uma reunião, ele fazendo de tudo para elogiá-la por ter ótimas intuições e por confiar nelas. Demorou um pouco para ele reconhecer que negar elogios a um funcionário em dificuldades só faz com que seu desempenho piore ainda mais.

Levando tudo em consideração, validar os outros não custa nada, mas oferece o potencial de retornos exponenciais sobre engajamento, produtividade e motivação, bem como a oportunidade de construir laços mais fortes de lealdade e confiança.

Os funcionários mais jovens muitas vezes expressam o desejo de encontrar significado e propósito no trabalho. Diante disso, é particularmente importante reconhecer seus sucessos, tranquilizando-os de que suas contribuições fazem a diferença. Fazer isso pode ser essencial se quiser reter seus principais talentos. Um estudo global descobriu que 79% das pessoas que deixaram seus empregos citaram a "falta de valorização" como motivo para sair.[6] Os *millennials*, em particular, provaram ter uma tolerância muito menor do que as gerações anteriores a ambientes de trabalho negativos e culturas que carecem de recognição. Querem ser reconhecidos por seus esforços, por comparecer e se aplicar, por se manter no jogo. Se a empresa não conseguir valorizar suas contribuições, eles procurarão empregadores que o façam.

Já ouvi gestores da velha guarda zombarem dos funcionários mais jovens por serem assim. Minha resposta? Deixe para lá. Se celebração e elogio são o combustível que nos restaura e nos sustenta, então dê a todos uma maldita medalha. Os *millennials* são a maior geração na força de trabalho atual, então é bem mais barato dar elogios, medalhas e prêmios do que absorver a rotatividade dispendiosa quando os principais talentos abandonarem o barco. E, francamente, o desejo de reconhecimento entre os *millennials* levanta a todos. Os gerentes das antigas podem não querer admitir, mas a maioria do pessoal mais velho também adoraria receber elogios de vez em quando. É provável que tenham desistido de esperar qualquer reconhecimento há muito tempo.

Nossa necessidade de reforço positivo é verdadeiramente universal. Transcende até as espécies. Na FG, onde nossa equipe de pesquisa se aventura para relatar ideias práticas, uma vez tive a oportunidade de entrevistar um dos treinadores que apareceu em *Blackfish*, o documentário sobre as orcas do SeaWorld. Ele disse que, para treiná-las, é preciso usar quase exclusivamente o reforço positivo. "Se repreendê-las demais", informou, "elas o matarão".

> Somos uma empresa orientada para os resultados, de alta performance e que ganha criando valor para nossos clientes. É importante dedicar tempo para comemorar essas vitórias e reconhecer as contribuições de nossos colegas. É assim que continuamos nos coelevando e voando em formação, todos avançando como um só.
>
> Tony Bates, CEO da Genesys

Celebre o Embalo da Vitória

Ao reconhecer até mesmo as pequenas vitórias, mostramos o caminho para conquistas maiores e mais sustentáveis. O exemplo da GM ilustra o valor de celebrar o *embalo da vitória*. A empresa gerou enorme entusiasmo por sua mudança para o modelo Trusted Advisor ao celebrar pequenas vitórias, uma parceria coelevadora de cada vez. Então, à medida que esses Trusted Advisors e revendedores copiavam as melhores práticas dos outros, os resultados das concessionárias continuavam se acumulando. A partir daí, o efeito contagiante garantiu que o programa pegasse fogo como movimento.

Se o Trusted Advisor tivesse sido lançado em todo o país de uma só vez como uma solução vertical pronta, seus resultados provavelmente seriam mais conflitantes e dispersos. O grupo inicial de cinquenta concessionárias Trusted Advisor nunca teria recebido a atenção focada de que precisava para se tornar laboratórios de inovação. E sem um impulso de pequenas vitórias, a iniciativa teria ficado sem gás antes que as melhores práticas conseguissem ser desenvolvidas e celebradas.

Eu não acreditava em pequenas vitórias. Reservava elogios e comemorações para "grandes vitórias", como conquistar uma conta grande, um CEO nos elogiando pelo aumento do preço das ações, um estudo de pesquisa significativo publicado na *Harvard Business Review* ou um de nossos livros na lista de mais vendidos do *New York Times*. Mas essas grandes vitórias não acontecem todos os dias. Se celebrar apenas elas, terá dificuldade em manter os ânimos da equipe elevados.

Hoje reconheço que grandes vitórias são o subproduto de uma série de vitórias menores, e cada uma delas merece comemoração. Isso me deu um arsenal totalmente novo para promover a produtividade em minha vida. Vejo como nos concentrar no que nossa *equipe* está fazendo certo é o que aumenta exponencialmente o desempenho e a produtividade. Ainda identificamos e corrigimos problemas, é claro; mas não é nosso único foco. E quando celebrar as pessoas por fazerem as coisas corretamente, você descobrirá que se tornam muito mais energizadas e engajadas em consertar o que fizeram de errado.

Meu filho adotivo mais novo tinha um histórico tão conturbado na escola que focar as pequenas vitórias provou ser a salvação para nós. Quando ele chegou, foi desrespeitoso, desordeiro e desobediente em quase todos os sentidos que se possa imaginar. Na escola, era completamente apático. Eu o coloquei em uma escola católica particular, e ele foi expulso. Depois, o coloquei em uma escola particular especializada, e o mesmo cenário começou a se desenrolar novamente.

Queria consertar tudo para ele, mas não podia. Em dado momento, percebi que meu filho só precisava de uma vitória. Se pudesse se ver como vencedor, se orgulhar de algo, talvez isso fosse um momento decisivo, e ele desejaria outra pequena vitória, e depois outra.

Uma tarde, quando fui buscar ele e seus amigos no cinema, os ouvi fazendo um rap improvisado no banco de trás. Foi a primeira vez que o ouvi cantando rap. Ele era bom. Muito bom. No dia seguinte, tentei fazer um estardalhaço sobre o rap, aumentando o incentivo positivo. Ele não levou meus comentários a sério, disse que estava apenas brincando.

"Bem, acho que você é muito bom e estou animado por você", disse a ele. "Você foi de longe o melhor rapper da turma ontem à noite." Ele não disse muito depois disso, e terminei nossa conversa com um tom positivo. Na vez seguinte em que ele e seus amigos estavam no carro, comecei a gravá-los com meu celular. Quando voltamos para casa, eu disse: "Ouça isso. Quero que ouça como você é bom." Quando começou a ouvir, aproximou-se do meu celular e começou a sorrir.

Meu filho não sorria muito na época. Aquele vislumbre momentâneo de orgulho em seu rosto, por mais fugaz que fosse, parecia um grande avanço.

Mexemos na gravação, fazendo edições e regravando por quase uma hora. Ele estava sorrindo e, embora provavelmente não admitisse, buscava meu incentivo e feedback. E eu estava muito animado para lhe dar. Depois da sessão improvisada, eu disse casualmente que poderíamos arranjar um tutor de rap, se ele quisesse. Ele concordou, e não perdi tempo em pedir aos amigos do mundo da música para me ajudarem a encontrar um jovem artista que estava começando e que havia se voluntariado para trabalhar com crianças. Por fim, nós dois até colaboramos em uma iniciativa que chamamos de Words to Life, dentro da fundação Greenlight Giving, que ajuda filhos adotivos a contar suas histórias com orgulho, não vergonha, por meio do rap.

Grande parte do mundo de meu filho na época era bem ruim, mas essa era uma área na qual ele floresceu e que pudemos comemorar juntos. Sua autoestima aumentou e nosso relacionamento melhorou à medida que eu continuava a encorajá-lo e a lhe dar reforço positivo. Isso permitiu um descanso de meu papel de figura de autoridade chata e disciplinadora. Uma vez que não estávamos mais em combates constantes, pude sentir minha relação com ele crescer enquanto o via ganhando a vida com sua música.

Eu abordei seu professor de inglês e perguntei se ele poderia trabalhar com recitação de poesia, em vez das outras tarefas nas quais estava ficando para trás. Seu interesse na escola melhorou e, alguns semestres depois, ele entrou para a lista de melhores alunos. Precisávamos apenas encontrar uma área em que ele pudesse começar a vencer, e que eu destacasse o embalo que ele estava construindo para que pudesse se espalhar para outras áreas em sua vida.

> Na LHH, nossa abordagem de coaching de equipe se concentra em reconhecer e desenvolver os talentos e estilos singulares de trabalho para melhorar a qualidade e a produtividade das equipes. Se quisermos que elas sejam motivadas e proativas para fazer as coisas, temos de buscar as oportunidades para elogiar e celebrar seus comportamentos positivos sempre que pudermos. Quando elogiamos publicamente as contribuições e conquistas de nossos funcionários, inevitavelmente construímos um maior senso de propósito em nossas equipes e promovemos conexões mais próximas entre os colegas.
>
> RANJIT DE SOUSA, presidente da LHH

Construa Sua Marca como Celebrador

Meu amigo Roy é biotecnologista, empreendedor bem-sucedido e alguém que considero meu modelo emocional. Nunca o ouvi dizer uma coisa ruim ou fazer uma crítica sobre outra pessoa. Tudo o que diz é sempre positivo e carinhoso.

Quando Roy faz apresentações, sempre faz elogios extraordinários às pessoas que está apresentando. Já o ouvi me chamar de "brilhante, inventor da engenharia comportamental que transformou as maiores empresas do mundo e uma das principais pessoas que absolutamente mudarão sua vida". Exagerado, para dizer o mínimo.

É um pouco constrangedor, mas Roy faz isso com todo mundo. Sua marca pessoal está intimamente ligada ao seu hábito contagiante de celebrar efusivamente os outros. E isso faz dele alguém de quem as pessoas gostam de estar por perto e em quem confiam naturalmente, mesmo que seu entusiasmo o torne propenso a exageros ocasionais.

Tentei adotar um pouco do estilo de Roy enquanto trabalhava para construir minha própria marca como celebrador. No meu trabalho na FG, tenho vergonha de admitir o quanto é difícil me lembrar de desligar o impulso e o foco constante em fazermos mais pela missão, e a avaliação crítica em minha cabeça que está sempre medindo o que *não* foi executado tão bem quanto poderia, e no que possivelmente podemos fracassar.

Muito disso vem de minha criação. Meus pais incutiram em mim essa vontade de executar e me tornar o melhor, para que pudesse viver uma vida melhor do que tiveram. Eles me pressionaram muito porque queriam muito mais para mim. Como resultado, sempre que ficava aquém de qualquer marcador óbvio de sucesso, eu era muito duro comigo mesmo. Estava preocupado em tê-los decepcionado e que não conseguiria atingir suas expectativas sinceras em relação a mim.

Essa experiência me deu uma vida inteira de hábitos mentais que me serviram bem no início, mas que tive de desfazer como líder. Levo nossa missão na FG extremamente a sério, então tendo a ficar obcecado com erros. Vejo maneiras pelas quais as pessoas podem melhorar e áreas nas quais podem crescer, e nunca tive vergonha de informá-las. E quando alguém aceitou meu conselho, mas não se adaptou tão rapidamente quanto eu acreditava que poderia, deixei isso claro também. Em todos os casos, acreditava que minha crítica era de extrema utilidade para elas, mas meu feedback nem sempre foi encarado dessa forma.

A crítica é apenas *metade* do trabalho do coaching. A outra metade é celebração. Quando você celebra seus colegas publicamente, isso constrói sua marca como coelevador e serve a sua missão, atraindo outras pessoas para se juntarem a você.

Tente enviar mensagens para cinco membros da equipe que abraçaram sua missão compartilhada recentemente, seja um projeto de curto prazo ou um objetivo de longo prazo. Diga-lhes que estava pensando neles e que queria que soubessem o quão grato é pela parceria. Não há necessidade de exageros. Seja autêntico. Permaneça verdadeiro. Diga-lhes como realmente se sente. Então, veja como respondem.

Tome uma Posição Irracional

Algumas pessoas precisam que acreditemos em suas capacidades mais do que estão dispostas ou têm capacidade de acreditar sobre si mesmas. Precisamos defender essas pessoas, que, por qualquer motivo, não são ótimas em se defender. Um amigo meu chama isso de "tomar uma posição irracional" pela outra pessoa.

Treinar equipes para mudar seus comportamentos muitas vezes é uma tarefa difícil. A maioria das pessoas realmente não acredita que é possível que os indivíduos mudem, muito menos que passem por mudanças *transformadoras*. Admitem que *talvez* possam influenciar um punhado de pessoas, mas, em escala, centenas ou milhares? Nem pensar! Não conseguem ver como é possível transformar valores, princípios e atitudes que criaram a cultura de trabalho.

A posição irracional que tomo nesses casos é lembrá-las de que não são estranhos à mudança e à transformação. Desafio-as a recordar iniciativas de mudanças bem-sucedidas das quais fizeram parte no passado. Os funcionários mais velhos respondem com histórias sobre o Seis Sigma, o movimento de qualidade dos anos 1980 ou, mais recentemente, a transformação dos padrões de segurança no trabalho. Admitem que essas mudanças não pareciam possíveis no início. Contam como as mudanças transformaram seu trabalho e como se tornaram o novo normal após anos de muito trabalho e diligência. Por vezes, lembro-lhes das leis sobre o tabagismo; trinta anos atrás, as pessoas fumavam nos trens, nas seções para fumantes nos aviões, em restaurantes e no trabalho. Poucas pessoas na época poderiam prever como fomos capazes de mudar a cultura do tabagismo tão completamente.

Outras vezes, peço aos executivos que me falem sobre a equipe de melhor desempenho da qual já foram abençoados por fazer parte. "Quais comportamentos sua equipe apresentou? Qual foi o maior desafio que teve de superar? O que fez para superá-lo?" Isso os leva a relembrar suas próprias experiências de resiliência e perseverança. Lembram-se do que foi preciso para vencer — talvez colaborar com alguém com quem não se davam bem, fazer mudanças rápidas e inesperadas em direções surpreendentes ou liderar a equipe em territórios desconhecidos.

O que essas pessoas precisam fazer, o que todos precisamos fazer, é reconhecer o que superamos no passado e celebrar isso, de olho no que podemos alcançar a seguir. Pegue suas vitórias passadas e projete-as no futuro. Ao reconhecer e celebrar o que conquistou, pode abrir as portas para a possibilidade. Em seguida, compartilhe esse espírito de esperança com seus colegas. Comemore as conquistas e sucessos quando estiverem se sentindo para baixo, perdidos ou sobrecarregados. Isso não só ajudará a aumentar o desempenho deles em curto prazo, mas também a se sentirem mais motivados e inspirados a enfrentar o próximo grande desafio que acham que pode estar além de seu alcance.

Foi assim que convenci Liam, um ex-colega da FG, a se envolver totalmente em um projeto com vários clientes novos. Ele foi o líder do projeto em nossa maior conta em uma célebre recuperação industrial. Mas, quando o trabalho acabou, recusou as próximas tarefas. Ele me disse que, depois de seu sucesso anterior com esse grande cliente, percebeu que havia um risco maior de fracasso em conciliar várias contas com novos clientes em setores com os quais não estava familiarizado. Ele queria saber: "E se der errado? Ainda terei emprego?" Eu lhe pedi para dar um salto enorme, e ele estava se sentindo inseguro.

Se eu tivesse simplesmente designado Liam a essas novas contas, sem fazer mais nada, acredito que o teria condenado ao fracasso. Em vez disso, queria que investisse totalmente em sua nova função, que se sentisse engajado e animado com isso. "Tudo o que você quer está ao alcance", garanti a ele. "Só precisa dar um passo em direção a isso." A única maneira de estimular seu melhor desempenho e comprometimento foi tomar uma posição que ele achava irracional e ajudá-lo a conectar os pontos entre seu sucesso passado e aonde queria ir.

Três jantares e muito incentivo depois, Liam abraçou a oportunidade e, em seguida, fez um trabalho fantástico. Liderou várias equipes no ensino de técnicas e táticas da FG para grandes organizações de vendas, ajudando essas empresas a aumentar os canais de vendas em bilhões de dólares.

A esperança, definida como "a crença de que as coisas podem melhorar e que você pode torná-las melhores", pode representar até 14% da produtividade no trabalho.[7] Não há presente maior que você possa dar a alguém do que a esperança. Ao ajudar essa pessoa a ver a si mesma e suas habilidades com novos olhos, você a lembra de que ela está totalmente preparada para enfrentar qualquer desafio.

Depois que minha irmã, Karen, faleceu de câncer, fiquei preocupado que minha mãe pudesse se fechar em sua casa em Pittsburgh. Ela começou a reclamar que tinha dificuldades para andar e que talvez abriria mão da viagem anual à Flórida no inverno que eu lhe dava de férias, refugiando-se do frio de Pittsburgh, algo de que ela sempre gostou tanto.

Tomei uma posição irracional pela minha mãe e sua mobilidade. Eu lhe disse que queria que ela aproveitasse a Flórida e prometi levá-la em um cruzeiro no Alasca comigo se trabalhasse em sua força física. Contratei um treinador para ir à casa dela duas vezes por semana e, em poucas semanas, começaram a me enviar vídeos de seu progresso. Postei os vídeos no Instagram para que seus amigos pudessem comemorar suas conquistas e compartilhar seu sucesso e a esperança recuperada. A posição irracional funcionou, e estamos programando o cruzeiro no Alasca.

> Nas décadas em que atuei como fundador e CEO, usei quase instintivamente muitos dos princípios de coelevação, especialmente o princípio de elogio e celebração. Descobri que agradecer a alguém no Twitter e no Instagrampor um trabalho bem-feito cria um fluxo de boa vontade. Os membros da equipe se emocionam ao ser elogiados tão publicamente, enquanto os seguidores das redes sociais têm sentimentos mais positivos em relação à nossa empresa quando veem o tamanho da gratidão que tenho em relação à minha equipe.
>
> SPENCER RASCOFF, ex-CEO do Zillow Group

Lembre-se da Gratidão

Há sempre algo a comemorar, se você procurar. Em um dia difícil ou sempre que se sentir pouco motivo para celebrar, tente aproveitar seu sentimento de gratidão. Crie o hábito de se perguntar: "Hoje sou grato por o quê? O que prezo em meus colegas, clientes ou trabalho?"

Prestar atenção nas coisas pelas quais se sente grato tem o benefício de colocá-lo em um estado de espírito positivo. Estudos mostram que os ganhos da gratidão vão muito além do que imaginamos, desde melhorar nossa saúde, felicidade e relacionamentos até aumentar o estado de alerta, determinação e autoestima.[8]

Além disso, expressar sua gratidão oferece benefícios positivos aos outros. Uma mensagem curta de gratidão pode ser tão simples quanto: "Obrigado por responder tão rapidamente aos meus e-mails. A maioria das pessoas leva horas, senão dias, para responder. Você me faz sentir importante." E nada mais fácil do que relembrar um favor passado com gratidão: "Algo me fez lembrar daquele dia que você [especificar]. Foi muito bom de sua parte fazer isso. Nunca esquecerei."

Essa lembrança de gratidão me ajudou a entender melhor o que mais aprecio em meus colegas, mesmo os que mais me desafiam. Percebi o quanto valorizo sua capacidade de ouvir sem julgamento, sua lealdade, sua oposição respeitosa quando vemos as coisas de forma diferente e sua capacidade de levantar o astral ou me ajudar a me sentir mais otimista e confiante sobre o futuro. Também me sinto grato pelas pessoas dispostas a desafiar minhas ideias e me responsabilizar.

Durante o dia, problemas e queixas sobre coisas dando errado encontrarão modos de exigir sua atenção. Se puder fazer um esforço para se afastar disso por apenas um minuto e escrever uma ou duas mensagens de gratidão, acredito que ficará animado e com um pouco mais de energia para voltar ao trabalho e enfrentar a última emergência.

Comemore Erros e Falhas

Meu amigo Philippe continua seu ritual de enviar diariamente aos colegas e clientes mensagens de incentivo, porque muito do trabalho transformacional é difícil e desanimador. Não basta elogiar os colegas por suas conquistas e comemorar os dias especiais. É preciso também elogiar e celebrar os erros e, sim, até os fracassos.

"Celebre o fracasso, não apenas o sucesso", disse o ex-presidente e CEO da Coca-Cola, Muhtar Kent, em um discurso de 2018. "Se pudesse fazer algo diferente nos meus 36 anos de carreira, seria criar uma atmosfera que permitisse erros, já que aprendemos muito com eles. Não somos ousados o suficiente para assumir riscos o bastante, e o risco é fundamental para o sucesso. Não cometemos erros o suficiente."[9]

Assumir riscos e inovar é fundamental para a transformação. Mas alguns especialistas estimam que até 90% dos projetos inovadores fracassam. "Um de meus trabalhos como líder da Amazon é incentivar as pessoas a serem ousadas", disse Jeff Bezos, CEO da empresa, em 2014. "[Mas] é incrivelmente difícil fazer com que as pessoas façam apostas ousadas... [Se] as fizerem, serão experimentos. Sendo experimentos, não sabemos com antecedência se funcionarão. Os experimentos são, por sua própria natureza, suscetíveis ao fracasso. Mas alguns grandes sucessos compensam as dezenas de coisas que não deram certo."[10]

Bezos dá o exemplo ao celebrar os fracassos de sua empresa. "Faturei bilhões de dólares de fracassos na Amazon.com, literalmente bilhões de dólares de fracassos", disse. "Mas isso não importa. O que realmente importa é que as empresas que não continuam a experimentar, que não abraçam o fracasso, acabam ficando em uma posição desesperada na qual a única coisa que podem fazer é utilizar-se de algum tipo de último recurso no fim de sua existência corporativa."[11]

Mesmo inovações bem-sucedidas se beneficiam de erros e contratempos durante sua criação. O spray lubrificante mais vendido do mundo é chamado WD-40 porque as primeiras 39 tentativas do inventor foram fracassadas.[12] Com a celebração do fracasso incorporada no nome da empresa, não é surpreendente que esteja enraizado na cultura da WD-40 celebrar erros e contratempos.

"Na WD-40 Company, quando as coisas dão errado, não as chamamos de 'erros'", dizem aos funcionários da empresa. "Chamamos de momentos de aprendizagem. Aplaudimos a oportunidade de discutir abertamente, aprender, retificar, crescer a partir dos momentos de aprendizagem e compartilhar com os outros para evitar repetir os mesmos momentos de aprendizagem."[13]

Especialistas que estudam o fracasso dizem que aprender é o benefício óbvio de celebrá-lo, mas apenas se ele for honestamente estudado e discutido. Um modelo de aprendizagem universalmente aclamado é a revisão pós-ação dos militares, em que todos se reúnem para discutir o que era esperado, o que aconteceu, o que deu errado, o que deu certo e por quê.

Dar ouvidos ao ego, ficar na defensiva e apontar o dedo são coisas que precisam ser esquecidas para que a revisão pós-ação funcione. A celebração reconhece a audácia de tentar algo novo e pode dar aos colegas a segurança psicológica de que precisam para serem honestos e abertos sobre seu desempenho. A celebração, ao contrário da condenação, dá aos participantes a coragem necessária para aprender e, depois, tentar novamente.

Outro benefício essencial de celebrar o fracasso é que, removendo o estigma da vergonha, você adquire uma imagem muito mais clara sobre o que deu errado do que se os colegas envergonhados encobrirem os erros ou os varrerem para debaixo do tapete.

Wernher von Braun, pai do programa espacial norte-americano, sabia bem disso. Em 1954, um lançamento fracassado de foguete deixou todos de sua equipe perplexos sobre a causa. Haviam começado a trabalhar em um componente suspeito quando um engenheiro dos preparativos de pré-lançamento se manifestou. Ele disse a von Braun que viu uma faísca enquanto apertava uma conexão no motor do foguete antes do lançamento, mas achou que não era nada e não contou a ninguém. Essa acabou sendo a fonte da falha de lançamento, poupando à equipe de von Braun horas de trabalho desnecessário em outro componente. Von Braun comemorou o erro do engenheiro e sua honestidade enviando-lhe uma garrafa de champanhe.

Von Braun disse na época: "Honestidade absoluta é algo que você não pode simplesmente se dar ao luxo de dispensar dentro de um esforço de equipe tão difícil quanto o do desenvolvimento de mísseis."[14]

A observação de von Braun tem relevância hoje em qualquer setor que você possa pensar. Em meio a mudanças disruptivas, todo esforço transformador de equipe enfrenta os tipos de dificuldades e incertezas que eram comuns no programa espacial em 1954. Toda empresa tem um ou mais projetos ambiciosos em andamento, com pessoas trabalhando longas horas e no limite de seus talentos e de suas capacidades.

Se queremos que nossos colegas sejam proativos ao fazer as coisas e que se inspirem e se motivem, então é isso que precisamos buscar, elogiar e celebrar, não importa quando e onde ocorra.

O que recompensamos com elogios é o que os outros aspirarão alcançar. O que celebramos é o que receberemos.

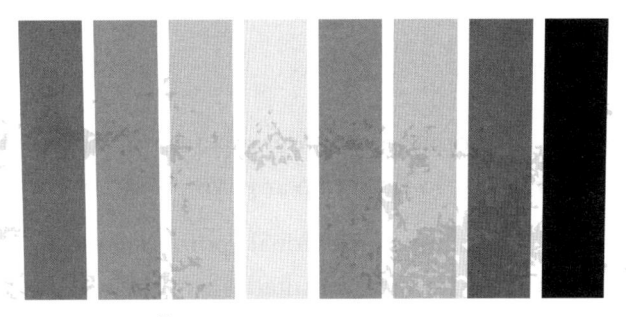

SÉTIMA REGRA
COELEVE-SE COM A TRIBO

> Para liderar sua equipe, você deve lembrar a cada colega que ele é responsável por maximizar as capacidades dos outros. Isso significa apoiá-lo em seus pontos fortes e treiná-lo em seus pontos fracos. O modelo antigo — o líder heroico assumindo o comando — nunca foi muito realista e agora está obsoleto. A equipe deve servir a si mesma, e o papel do líder é facilitar essa coelevação.
>
> **BOB CARRIGAN, CEO DA AUDIBLE**

Uma amiga que trabalha para uma rede de televisão ligou certo dia para discutir um problema sério em um dos programas de maior sucesso da emissora. Os executivos principais debatiam se cancelariam a série por causa de reclamações sobre o comportamento da atriz principal, que minha amiga descreveu como "desdenhoso, dominador e rude". A dinâmica no set era disfuncional, com pessoas boas ameaçavam sair, e havia rumores de processos judiciais. Apesar da alta audiência do programa, segundo ela, a chefia da emissora ainda poderia cancelá-lo.

"Você estaria disposto a dar coaching à protagonista?", perguntou-me. "Não sei se lhe interessaria, mas há muito em jogo aqui." Explicou que a temporada de produção do programa terminara recentemente e que a decisão de renovação ficaria no ar pelos próximos meses.

Raramente faço coaching individual, porque acredito que é preciso treinar a equipe para criar resultados sustentáveis significativos. Mas isso não era possível nesse caso, porque o programa não estava em produção. Dadas essas circunstâncias, tive uma ideia para uma abordagem diferente. Talvez pudesse encorajar a atriz a construir uma equipe coelevadora no set que a treinasse para mudar seu comportamento. Se isso funcionasse, os membros da equipe poderiam treinar outros no set, então o trabalho se torna uma tribo de coelevadores.

Combinei de jantar com a atriz, que chamarei de AJ. Minha amiga me avisara que AJ era "muito intensa, focada e dedicada ao seu trabalho". Talvez esse fosse o ângulo, pensei. Talvez pudesse desafiar AJ a canalizar um pouco de sua intensidade e foco para promover uma cultura positiva de coelevação no set.

Uma semana depois, cheguei um pouco mais cedo ao restaurante em Brentwood. Mas AJ já estava me esperando, sentada a uma mesa e lendo um roteiro. Depois de nos cumprimentarmos, fiquei surpreso ao saber que ela havia pesquisado sobre mim e estava familiarizada com meu trabalho. De todas as indicações que tive ao longo dos anos, ninguém nunca tinha ido mais bem preparado ao encontro inicial.

Ficou claro em nossa conversa que AJ era uma perfeccionista orgulhosa que sentia desprezo por quem não conseguia viver de acordo com seus altos padrões. No fim do dia de filmagem, quando todos saíam para jantar, ela ficava para trás para trabalhar nas falas do dia seguinte. O convívio com o elenco, segundo ela, não era importante. "Estou neste negócio há muito tempo", explicou. "O sucesso do programa está diretamente relacionado à energia que gasto nele."

AJ disse que tinha uma visão artística específica para sua personagem e para o que queria criar com a série. Sob sua perspectiva, todos os problemas reais no set foram causados por outros: um coprotagonista que frequentemente estava despreparado, os produtores da série, que se preocupavam mais com orçamentos do que com a qualidade, e os executivos ingratos da rede, que não conseguiram apoiá-la, apesar de suas enormes contribuições para o sucesso de longa data da série.

AJ estava certa ao dizer que, como protagonista, ela definia o programa. Mas a liderança, no caso dela, precisava ir além da qualidade de sua atuação. Ela precisava assumir a liderança na criação de um ambiente coeso no set, o que também impactava a qualidade da série. Como tantos líderes, ela desconsiderou o valor do engajamento de seus colegas.

Já trabalhei muitas vezes com pessoas assim. São ambiciosas, determinadas, automotivadas e desdenham de qualquer um que não seja tão motivado quanto elas. No set, AJ reclamava abertamente do trabalho que considerava inferior, alheia ao modo como o elenco e a equipe poderiam interpretar seus comentários como contraproducentes, ofensivos ou até mesmo assediadores. Se fosse culpada de alguma coisa, me disse, poderia ser por se importar demais.

E, no entanto, AJ também sabia que havia apenas uma razão pela qual estávamos jantando juntos: a série estava em perigo iminente. "O ponto principal é o seguinte", disse a ela, "muitos do elenco e da equipe estão passando maus bocados no set. A emissora pode cancelar a série. A única pergunta relevante é: você está disposta a fazer o que for necessário para salvá-la?"

Na mente de AJ, ela já carregava o fardo da responsabilidade pelo produto final do programa no ar. Agora eu lhe pedia para assumir outro tipo de responsabilidade, a de transformar o estado do ambiente de trabalho do programa. Como líder sem autoridade, a nova missão de AJ era criar uma cultura de coelevação no set.

Sem hesitação, AJ concordou em tentar. Ela disse isso com um senso de convicção e paixão que parecia genuíno. Acho que a perspectiva de desastre, de perder sua série de sucesso apenas por causa de seu comportamento, fez com que AJ se dispusesse a tentar qualquer coisa.

Em primeiro lugar, informei-a de que o compromisso mais importante que ela precisava fazer era parar de prejudicar. Teria de ser um modelo de bom comportamento para todos no set. Isso significava deixar de lado seus ressentimentos e seu apego, passando a agir corretamente e a controlar suas demonstrações de raiva, frustração e desdém no set.

"Você é a líder", lembrei-a. Ela precisava presumir que era responsável pelos níveis de energia e de engajamento de todos no set. Pedi que imaginasse que a energia positiva ou negativa de todos era controlada por um botão na testa e que só ela tinha a capacidade de aumentar ou diminuir o nível de energia deles. Tal era o poder de seu humor, de sua linguagem corporal e de comentários. Em cada interação com as pessoas no set, ela tinha a opção de aumentá-lo ou diminui-lo. Seu trabalho seria manter todos para cima.

Concordamos que esse era um grande desafio e que ela precisaria de alguma ajuda, mas não a minha, porque eu não estaria lá pessoalmente. Ela teria de se coelevar com outros membros do elenco e da equipe e convidá-los a apoiá-la na ruptura de seus padrões de comportamento passados. Juntos, passariam a recrutar outros membros na missão compartilhada de criar uma cultura coelevadora de apoio no set.

Isso é o que chamo de *aproveitar a tribo para a tribo*. Quando começamos a liderar sem autoridade, cabe a nós nos perguntar "quem está na minha equipe?" e, em seguida, recrutar e apoiar essas pessoas. Então, as envolvemos na cocriação, primeiro individualmente, e depois em grupos. Com o tempo, ganhamos a permissão para codesenvolvê-las, individualmente no início, mas logo precisaremos incentivar mais colegas para nossas várias missões compartilhadas.

À medida que avançamos, liderar sem autoridade nos convida a incutir em todos da equipe esse mesmo compromisso de coelevação. Queremos que iniciem seus próprios relacionamentos coelevadores e, por fim, compartilhem a responsabilidade de promover uma cultura coelevadora. Também queremos inspirá-los a olhar para fora da equipe imediata e criar suas próprias equipes coelevadoras para atrair outros fora do nosso alcance, pessoas que talvez nem conheçamos.

Todas essas equipes formam uma tribo de pessoas dentro do trabalho que falam a mesma linguagem de coelevação e codesenvolvimento. É assim que liderar sem autoridade gera mudanças muito maiores na cultura organizacional. À medida que você aproveita a tribo para o benefício da tribo, seus membros crescem, seu alcance se expande e, com o estímulo adequado, a coelevação pode se espalhar como fogo.

Isso é o que eu esperava despertar em AJ e sua série. Começamos recrutando algumas pessoas no set em quem AJ confiava, pessoas que se preocupavam com o programa e poderiam estar dispostas a ajudá-la a melhorar não apenas seu próprio comportamento, mas todo o ambiente de trabalho. Para começar, lhe pedi que nomeasse a pessoa no elenco em quem mais confiava, idealmente alguém que também pudesse se conectar com o resto do elenco e da equipe. Eu esperava que houvesse alguém com quem AJ já tivesse estabelecido segurança psicológica, alguém a quem ela ouvisse. Essa pessoa precisava ter a coragem necessária para colaborar com AJ para mudar seu comportamento em relação aos outros e lhe dar um feedback sincero sempre que ela tivesse um lapso de comportamento.

AJ rapidamente identificou um jovem ator, Miguel, de quem gostava e respeitava, e nós três nos encontramos uma semana depois naquele mesmo restaurante em Brentwood. Expliquei a eles que seu novo trabalho no set seria servir como coelevadores, primeiro uns aos outros, e depois a todos da equipe.

Mas eu não queria que vissem o resgate da série como um fardo, como cavar uma vala. Em vez disso, ajudei-os a encontrar a missão compartilhada. Estabeleci um guia para eles, um objetivo poderoso e audacioso de criar uma cultura no set como nenhuma outra no setor. Seria um set no qual todos se apoiariam e veriam mais crescimento profissional e pessoal do que em qualquer outro projeto do qual fizeram parte. Seria uma cultura de set para os livros de história de Hollywood.

Enquanto AJ e Miguel consideravam essa possibilidade, ambos começaram a identificar membros do elenco e da equipe os quais tinham certeza de que não concordariam com a ideia. Até especularam como alguns membros tentariam minar a iniciativa.

"Veja, vocês encontrarão resistência", falei. "Não dou a mínima para quem não aceitar." Tudo o que importava no início, expliquei, era que identificassem um pequeno grupo central que *poderia* ser receptivo e começassem a se coelevar com seus integrantes. "Antes de começar a se preocupar com o que é impossível, vamos falar sobre quem pode ser seu próximo parceiro." Perguntei se poderiam pensar em alguém que fosse mente aberta, paciente e pronto para ajudar a salvar o programa.

Miguel mencionou Wendy, uma produtora com quem tinha uma forte relação, e nós quatro nos encontramos para jantar na semana seguinte. Caberia a esse trio central liderar a mudança de cultura no set.

Antes do jantar, pedi a AJ que abafasse qualquer conversa negativa que surgisse e que pedisse a Miguel e Wendy que se concentrassem apenas na missão compartilhada. Durante o jantar, tudo correu bem por cerca de meia hora, até que Wendy começou a identificar membros da equipe que acreditava que pudessem frustrar seus esforços.

"Certo, precisamos estabelecer algumas regras básicas", disse AJ. Ela começou uma espécie de conversa de recontratação, estabelecendo os limites da colaboração deles. "Isto não é sobre os outros. Ainda não. É sobre nós. Trata-se do *nosso* compromisso com o programa e da *nossa* integridade como líderes. Como nos mostramos e como nos comportamos no set determinará as ações dos outros. Nosso comportamento e nossos esforços para convidá-los a se juntar a nós determinarão se embarcarão ou não. Então, vamos manter o assunto em nós mesmos."

Eu não poderia ter dito melhor. Qualquer mudança começa explorando oportunidades, não procurando obstáculos e semeando divisões. Sugeri que fizessem o pacto de que nunca falariam de um membro do elenco ou da equipe pelas costas, *a menos que* a intenção da discussão fosse ajudar o crescimento da pessoa, para posteriormente abordá-la diretamente. Se algum problema surgisse no set, pedi que deixassem o hábito de reclamar e, em vez disso, prometessem ter uma conversa empática com a pessoa, mais adequada para resolvê-lo.

Então sugeri que formalizassem um acordo de recontratação com linhas de conduta, que prometeram seguir e compartilhar com os outros. Aqui está o que propuseram:

1. Vamos nos perdoar e não falaremos pelas costas do outro.
2. Ouviremos e deixaremos de fazer julgamentos. Quando dialogarmos com alguém, tentaremos, de modo ativo, entendê-lo melhor antes de falar.
3. Quando alguém compartilhar ideias, percepções ou sentimentos, estes serão reconhecidos, respeitados e ouvidos.
4. Vamos nos comprometer com a inclusão e buscaremos de modo ativo a contribuição de mais membros da equipe.
5. Trabalharemos a serviço do crescimento dos outros como atores e profissionais de entretenimento.
6. Estaremos abertos a dar e receber feedback sincero e afetuoso.

Essa conversa provou ser um divisor de águas para AJ, Miguel e Wendy. Nas semanas seguintes, os três superaram, e muito, minhas expectativas. Recrutaram outros dois membros da equipe para a missão e, depois, acrescentaram alguns membros do elenco. Cada um passou a abraçar sua responsabilidade compartilhada de criar um local de trabalho mais positivo.

Então, com a garantia pessoal de AJ sobre seu compromisso com a mudança, a emissora renovou o programa para mais uma temporada. A diretoria da emissora ficou impressionada com o comprometimento de AJ e com o fato de ela ter assumido um papel de liderança em um grupo principal da equipe e elenco da série.

Meses depois, quando retornaram à produção para a nova temporada, a cultura no set passara por uma mudança radical. As brigas internas e os sentimentos ruins da temporada anterior desapareceram.

AJ mudou seu comportamento transformando a forma como era vista, o que, por sua vez, transformou a dinâmica de trabalho. Sua reputação mudou rapidamente, e até mesmo o setor como um todo a viu sob uma nova luz, mais empática. Não era mais a estrela temida, e o elenco não sentia mais que precisava medir as palavras perto dela.

Comprometer-se com essas mudanças era responsabilidade de AJ — mas ela não o fez sozinha. Teve de recrutar uma equipe de coelevadores, e todos se tornaram líderes sem autoridade. Contaram um com o outro para obter feedback de modo a garantir que AJ e todo o grupo não regressassem a velhos comportamentos.

A transformação nesse nível é um esforço coletivo, e todos precisamos ter um papel ativo nele. Por fim, ao ajudar a promover e incutir uma mentalidade proativa e coelevadora em cada membro da equipe, nosso próprio fardo fica mais leve, conforme cada indivíduo inicia a mudança com seus pares em busca de nossos objetivos coletivos e do cumprimento da missão compartilhada.

> Como uma empresa com uma rica e orgulhosa história de 75 anos, nossa transformação em um provedor de soluções digitais não foi uma façanha pequena. A coelevação nos ajudou a redefinir nossa equipe de liderança para que cada membro assumisse a responsabilidade por seu desempenho e desenvolvimento. Ao melhorar a responsabilidade da equipe uns com os outros, conseguimos alinhar a cultura da empresa com nossa visão.
>
> CHUCK HARRINGTON, CEO da
> Parsons Corporation

SÉTIMA REGRA: AS PRÁTICAS

Sempre que faço uma grande festa em minha casa, começo a noite com um brinde e solicito um favor. "A partir de agora", peço aos convidados, "poderiam se tornar anfitriões comigo?" Explico que, com tanta gente, receio não conseguir ser um anfitrião realmente atencioso com todos. "Se vir alguém sem bebida", digo, "por favor, pergunte se quer uma. Se vir alguém sozinho, converse com ele. Apresente-o a alguém que conhece ou convide-o para participar de sua conversa. Se todos cuidarmos uns dos outros, teremos uma noite incrível juntos."

Depois, até me atrevo a pedir a todos que reconheçam o meu pedido, o que sempre fazem em alto e bom som e com muitas gargalhadas. Essa é a minha recontratação ativa. A partir desse momento, sei que posso relaxar e aproveitar a festa, certo de que todos se acolherão.

Liderar sem autoridade é muito parecido com organizar uma grande festa. Você também se dedica a servir e fazer com que todos se sintam bem-vindos e à vontade. E a melhor maneira, e a mais fácil, de garantir que todos sejam cuidados, sem exceção, é recrutar explicitamente seus colegas para cuidar uns dos outros.

À medida que ganhamos embalo na cocriação e no codesenvolvimento dos colegas, amigos e familiares, cabe a nós recrutar outras pessoas na missão de coelevação. Se quisermos sustentar as mudanças que estamos fazendo como coelevadores, precisamos apoiar a disseminação da coelevação para além de nossas equipes. Independentemente de seu cargo formal, a conquista final da liderança é apoiar e inspirar seus colegas a se tornar líderes sem autoridade por mérito próprio. Depois, pode envolvê-los em missões semelhantes às de AJ, trabalhando com eles para mudar o comportamento de todos em seu trabalho.

Veja como.

Transforme a Fofoca em Ouro

Negatividade, lamúrias, reclamações, fazer-se de vítima — tudo isso é veneno para a coelevação e qualquer iniciativa de mudança. Mas expressões de pessimismo também podem proporcionar grandes oportunidades de servir aos nossos colegas por meio do coaching: sempre que alguém falar depreciativamente sobre um colega, mude a conversa para que o desabafo se transforme em ação positiva.

Recentemente, um colega da FG me mandou uma mensagem: "Thomas não é mais responsável por inserir dados no salesforce.com?"

"Como assim?", respondi de volta.

"Bem, ele parece estar pisando na bola. Ele mudou de cargo ou recebeu permissão para parar de inserir os dados?"

Essa pessoa estava fazendo uma tentativa velada de reclamar com o chefe sobre um colega. Teria sido muito fácil me envolver. Realmente, tive de lutar contra a vontade de mandar uma mensagem para Thomas e questioná-lo. Então parei e percebi que tinha a oportunidade de reforçar o compromisso com a coelevação como nossa guia, transformando o coaching da equipe para a equipe.

Mandei uma mensagem: "A pergunta que acho que quis me fazer é: 'Estou preocupado que Thomas esteja atarefado demais para realizar todo o trabalho dele. O que notei em especial foi a falta de entrada de dados. Você tem alguma informação sobre isso e as prioridades dele antes de eu entrar em contato com ele e oferecer meu apoio ou descobrir o que podemos fazer para ajudá-lo a voltar aos eixos?"

Quando ponderei melhor a situação, percebi que não precisava me envolver. "Você sabe lidar com isso. Só fale com Thomas", continuei. "Descubra o que está acontecendo na vida dele. Descubra se precisamos renegociar responsabilidades como equipe. Incentive-o a se abrir para a equipe na próxima reunião, se for o caso. Para o bem da nossa missão e do sucesso de Thomas, mergulhe de cabeça e compartilhe a responsabilidade de ajudá-lo com isso. Depois da reunião de equipe na próxima semana, eu gostaria de saber como foi seu contato com ele. Aliás, por que vocês dois não tiram um momento para se reportar ao grupo se acharem que isso beneficiará a ele e à equipe? Caso contrário, vou presumir que conseguiram solucionar a questão."

Essa troca me encheu de entusiasmo. Em vez de abandonar meu hábito de tentar consertar as coisas sozinho, encorajei o colega de Thomas a adotar uma mentalidade coelevadora e ajudá-lo a resolver o problema. Essa reclamação insincera sobre a entrada de dados tornou-se uma ocasião para dois colegas se desenvolverem, crescerem e semearem um contrato de coelevação e cultura mais fortes.

Não satisfaça sua vontade de desabafar. E também não se permita tornar um participante passivo ignorando-a. Lembre-se de sua responsabilidade como líder para promover a coelevação na equipe.

Fale Pelas Costas de seus Colegas (Mas Apenas para Ser Útil)

Sempre que tiver um problema com um colega, eu o encorajo a abordá-lo sobre isso de maneira solidária. No entanto, antes de fazê-lo, às vezes faz sentido reunir alguns insights, debatendo com um ou dois colegas, mas apenas com a intenção de ajudar a pessoa que precisa de apoio: "Acho que Joshua está ficando para trás. Como podemos ajudá-lo? E qual é a melhor maneira de discutir isso com ele?"

Nesses casos, você precisa tomar cuidado para não ficar preso na armadilha de reclamar pelas costas de alguém. Seja aberto e transparente sobre suas intenções sinceras. Para mim, esse tipo de conversa preparatória é o *único* caso em que não há problema em falar sobre colegas pelas costas, porque é uma expressão de sua intenção de elevá-los. Quando aceitamos a responsabilidade pelo sucesso de todos os membros de nossa equipe, estamos comprometidos em ajudá-los a crescer, se desenvolver e atingir todo seu potencial.

É seguro supor que a pessoa descobrirá que você solicitou conselhos de outros colegas. Não será um grande problema se suas intenções forem puras. Você terá de decidir o quão psicologicamente segura a pessoa sobre a qual está perguntando se sentirá sobre tudo isso. Esteja preparado para dizer a ela que falou com outros primeiro porque queria obter todos os fatos e que seu objetivo é construir um relacionamento ainda mais bem-sucedido. Nada precisa ser feito às escuras, nem deveria.

Nos estágios iniciais do trabalho com clientes, começo com entrevistas diagnósticas que me ajudam a entender os desafios, a dinâmica interpessoal e os pontos fortes e fracos da equipe. Noto que as pessoas estão demasiado ansiosas para compartilhar suas frustrações sobre seus colegas e seus chefes. Vejo muitos executivos perturbados e decepcionados com o comportamento de seus colegas. Desabafar nossas frustrações é natural, mas, infelizmente, muitas vezes isso é feito de maneiras contraproducentes e sem integridade.

Reclamar sobre membros com baixo desempenho geralmente ocorre às escondidas, em forma de queixas a um colega ou chefe. Pior ainda, dois colegas basicamente fofocam sobre como um terceiro não está resistindo, sem nem tentar remediar a situação. Se formos honestos, a maioria de nós já se comportou de tal forma. Mas, ao fazê-lo, tendemos a nos eximir de qualquer responsabilidade de apoiá-lo e ajudá-lo a elevar seu desempenho. Isso é má liderança.

Desabafar realmente ajuda? Não. Não o ajuda a resolver o problema. É como se sentar na varanda, bebendo uma Budweiser e reclamado que quer mudar de emprego, sem realmente começar a procurar um. É uma conversa vazia, sem ação. Não faz nada para servir à missão.

Treine os Membros da Equipe que Têm Mais Problemas

Se um membro valioso para sua missão está com baixo desempenho, causando problemas ou até mesmo correndo o risco de ser demitido, lembre-se do etos em West Point descrito no Capítulo 5: os verdadeiros líderes não deixam ninguém para trás. Ir mais longe juntos significa *juntos*. Empregue todas suas habilidades em servir, compartilhar e cuidar, aproveite a tribo para a tribo e traga seu colega individualista de volta ao grupo.

Simon era o diretor de dados de uma grande empresa familiar de transporte que precisava desesperadamente de uma reformulação tecnológica completa para acompanhar a concorrência. Infelizmente, apesar das grandes esperanças da empresa para o ambicioso plano de modernização de Simon, suas habilidades de colaboração eram tão ruins, que ele corria o risco de ser demitido.

Um dia, o chefe de RH me ligou, em uma tentativa derradeira, perguntando se tinha alguma ideia para salvar Simon dele mesmo. Todos sabiam que demiti-lo atrasaria a reformulação tecnológica e prejudicaria a empresa, mas não sentiam que tinham escolha.

O problema dele era que, em uma empresa que valoriza a modéstia e a humildade, muitas vezes foi a tais extremos para buscar crédito por suas realizações que lançou dúvidas sobre sua veracidade. Ele precisava da mesma equipe de suporte comportamental de que AJ precisou.

Quando falei com Simon, ele colocou toda a culpa na cultura atrasada da empresa, e não discuti com ele. Em vez disso, eu lhe disse que, se quisesse salvar seu emprego, precisávamos encontrar uma espécie de intérprete para ajudá-lo a entrar em sintonia com a cultura da empresa. Ele rapidamente identificou Joshua, responsável pelas operações da cadeia de suprimentos. Quando conheci Joshua, fui direto ao ponto. "Você gosta de Simon, certo?", perguntei. "A maioria das pessoas acha que ele não se encaixa na cultura da empresa. Provavelmente será dispensado dentro de alguns meses. Está disposto a ajudá-lo?"

Joshua acreditava que Simon era brilhante e um tanto incompreendido, mas também reconhecia que ele tinha alguns problemas reais a resolver. Além disso, o departamento de Joshua precisava muito dos insights de tecnologia de Simon.

Então Joshua se prontificou. Eu o instruí a treinar Simon sobre como colaborar com seus colegas. Sugeri que Simon era apenas muito inseguro e precisava de seus conselhos sobre o que dizer ou não nas reuniões. Pedi a Joshua que tivesse uma conversa de encorajamento com Simon antes de cada reunião em que ambos estivessem envolvidos, e que lhe fizesse alguns elogios e lhe treinasse quando fosse apropriado.

Joshua sugeriu que o RH também trabalhasse com Simon na missão e, em seguida, contou com a ajuda do departamento. Pouco a pouco, alistaram outros para ajudar a apoiar o desenvolvimento de Simon. Foi aí que a situação decolou. Pessoas que se respeitavam, mas que talvez duvidassem de Simon, começaram a se ajudar para auxiliá-lo. Este, por sua vez, passou a se comportar melhor, a tal ponto que até seus maiores detratores perceberam. Recorrendo ao poder da celebração, pedi a Joshua que se certificasse de que os críticos de Simon estivessem cientes até mesmo das menores mudanças em seu comportamento.

Em pouco tempo, a melhora de Simon se tornou uma profecia autorrealizável: sua arrogância e outros hábitos desagradáveis nunca sumiram por completo, mas sua conduta não era mais tão ofensiva. Além disso, as pessoas viram essa mudança e notaram que ele havia ganhado defensores, então começaram a ver seu valor. Hoje, seu trabalho faz uma diferença fundamental na recuperação da empresa.

Como na história de AJ, o chefe de RH da organização desempenhou um papel importante para ajudar na mudança de Simon. Acredito muito que, daqui para frente, os líderes de RH serão contribuintes importantes para a construção de um movimento de coelevação no trabalho. A necessidade de liderar sem autoridade é tão grande, que precisaremos trabalhar com o RH para cocriar formas de integrar a coelevação ao modelo organizacional tradicional. Nos últimos anos, ofereci uma série de coaching de coelevação para chefes de RH de cerca de sessenta das maiores organizações do mundo. Se acha que seu chefe de RH pode estar interessado em saber mais sobre esse grupo, envie-me um e-mail para kf@ferrazzigreenlight.com. Talvez seu departamento de RH possa aderir a esse movimento.

> A transformação contínua é o novo normal no mundo dos negócios atual, e uma cultura de coelevação é o que sustenta a capacidade de ganhar e manter a velocidade em grandes empresas como Google e Ancestry. A coelevação ressoa muito com o que impulsiona o sucesso em empresas altamente inovadoras, para que possamos confiar cada vez mais em outros membros para apoiar nossa missão e também uns aos outros. Conforme a coelevação progride, tem a capacidade de trazer uma sensação mais rica de pertencimento à nossa cultura de trabalho e à nossa vida. Isso é o que nutre a segurança psicológica necessária para pensar grande e fazer mudanças rápidas para usufruir de novos insights e oportunidades.
>
> MARGO GEORGIADIS, CEO da Ancestry

Continue Aumentando os Membros de Coaching

Ao desenvolver a equipe, seja criativo em como atrai os recursos adicionais de treinamento necessários para continuar expandindo as capacidades do grupo. O coaching externo foi crucial na construção de minha relação com meu filho adotivo mais novo. Havia muita distância cultural entre nós quando nos conhecemos. Ele era um menino de 12 anos, do centro da cidade, e eu estava na casa dos 40, fui criado na Pensilvânia rural e frequentei Yale e a escola de negócios de Harvard. Nós dois crescemos pobres, mas eu tive a vantagem de um apoio familiar consistente, e ele não. Para entendê-lo e ajudá-lo a se desenvolver, eu precisava de reforços que tivessem maior porosidade com ele. No início, parecia que *todo mundo* tinha mais porosidade com ele do que eu.

Perguntei aos assistentes sociais se sabiam de alguma história de sucesso de rapazes que sobreviveram ao sistema de adoção e estavam prosperando. Queria encontrar um garoto de 18 a 20 anos que tivesse se adaptado bem depois de passar pelo processo de adoção e que ainda fosse jovem o suficiente para se identificar com meu filho.

Eles me apresentaram a Victor, um garoto de 19 anos que fora adotado e estava em um programa de treinamento da academia de polícia. Contratei Victor para ser meu intérprete e treinador com meu filho. Ele passava tempo com a gente nos fins de semana e me observava com meu filho. Depois, me aconselhava sobre como conversar com ele e discipliná-lo quando necessário, como responder — ou não — às suas explosões de raiva e como mostrar a ele que o amava e que não iria a lugar nenhum. Ele passou tempo suficiente com meu filho para oferecer também uma conversa sincera sobre minhas intenções e o que o comportamento de meu filho poderia colocar em risco.

Mas não parei por aí. Incluí os professores e o técnico de futebol do meu filho adotivo e os convidei para jantar em nossa casa, assim como meu pai convidara meu professor da quinta série à nossa casa quando fui atazanado na escola por ser bolsista.

Queria que meu filho tivesse uma influência materna também, de alguém com quem pudesse se identificar, então contratei Sunshine, uma mulher maravilhosa, calorosa e barulhenta, originária de Barbados, como nossa cozinheira. Não precisávamos de uma cozinheira, mas eu precisava de ajuda para criar meu filho. Ela também esteve em um orfanato quando criança e conhecia os perigos do sistema de adoção em primeira mão.

Também contratei o treinador de rap mencionado no Capítulo 6. Estávamos determinados a ajudar meu menino a crescer confiante e orgulhoso. Também recorri aos amigos da escola de meu filho, convidando-os para nossas férias e fazendo de nossa casa um lugar legal onde as crianças pudessem passar o tempo.

Por meio desses relacionamentos coelevadores, tínhamos uma equipe de pessoas na vida de meu filho para o apoiar, orientar e ajudar a fazer escolhas e lidar com suas dificuldades em confiar. Minhas tentativas de me conectar emocionalmente com ele foram apoiadas pelas vozes e perspectivas de outras pessoas, todas comprometidas com seu bem-estar e desenvolvimento. Expandir minha equipe dessa forma a serviço de seu desenvolvimento foi necessário para que meu filho começasse a coelevar-se com essa nova tribo, para que todos pudéssemos chegar a um lugar melhor.

Crie um Momento Decisivo

Talvez você já saiba quem serão seus primeiros parceiros de coelevação, ou talvez já tenha fortes relacionamentos coelevadores. Não posso enfatizar o suficiente o quanto é importante aumentar a porosidade e servir, compartilhar e cuidar. Você pode construir resultados dez vezes maiores sobre as bases dessas primeiras parcerias coelevadoras.

Quando me reuni com AJ para ajudar a salvar seu programa, eu estava confiante de que seria necessário apenas um pequeno grupo principal coelevador para desencadear um movimento em todo o set. Já havia visto isso muitas vezes antes, e nossa pesquisa na FG confirmou. Na GM, por exemplo, descobrimos que, de mil membros da equipe de vendas distritais, cerca de duzentos aceitaram o desafio de adotar o novo modelo de vendas do Trusted Advisor, mas apenas cerca de cinquenta pessoas assumiram seriamente a função.

Aquele pequeno grupo autosselecionado de cinquenta pioneiros na adoção fez toda a diferença. Eles se auto-organizaram em pequenas equipes coelevadoras, cocriando novas soluções, apoiando, treinando e celebrando uns aos outros conforme se coelevavam com seus parceiros revendedores. Tornaram-se uma comunidade unida de elite evangelizadora que produziu excelentes resultados de vendas ao mesmo tempo em que incentivavam seus colegas a se juntar a eles.

A participação no programa Trusted Advisor aumentou. Quando cerca de 30% da divisão estava participando, o movimento chegou a um momento decisivo. O impulso e a comemoração das equipes vencedoras se tornaram irresistíveis. Tantos vendedores alcançaram resultados descomunais e se tornaram defensores ferrenhos do novo programa, que a coelevação se tornou o novo padrão de comportamento de vendas.

Se você precisa de uma meta para construir um movimento no trabalho, esses são números muito bons para usar como diretrizes. Ao construir seus planos de ação de relacionamento para cada um de seus projetos, anote quando tiver relacionamentos coelevadores com 5% dos nomes da sua lista. Aliste esses membros da equipe com a intenção de obter cerca de 30% em relacionamentos coelevadores.

Apenas continue convidando colegas para coelevar e, antes que perceba, seu trabalho terá toda uma tribo de pessoas falando a mesma língua e liderando sem autoridade. Nunca desista daqueles que fizeram parte da resistência inicial à mudança. Alguns podem se tornar o que chamo de convertidos "de Saulo a Paulo". No Novo Testamento, Saulo de Tarso foi um infame perseguidor dos cristãos, até que um dia se converteu, viajando à Damasco, por uma voz e uma visão do Céu. Ele mudou seu nome para Paulo, juntou-se aos apóstolos e se tornou o maior evangelista do cristianismo primitivo.

> Estamos liderando a cobrança pelo que nunca foi feito antes, e isso exige criatividade e inovação constantes de nossa pequena equipe de startups em uma ampla gama de conhecimentos — biologia, química, tecnologia de alimentos, automação e divulgação pública e educação. Portanto, é absolutamente essencial que todos nos unamos como uma equipe de "sonhadores práticos". Por meio da coelevação, somos capazes de compartilhar nosso conhecimento, nos elevar e nos apoiar na resolução de problemas sem soluções certas.
>
> UMA VALETI, CEO da Memphis Meats

PROVOCANDO UM MOVIMENTO NO TRABALHO

Logo depois que AJ recebeu a notícia de que a série havia sido renovada, tive uma reunião final com AJ, Wendy e Miguel conforme começavam os preparativos para a produção da nova temporada. Fiz um pedido especial a Wendy e Miguel. "Preciso que se comprometam a ajudar AJ e um ao outro a continuar a se desenvolver e crescer", falei. "Se AJ começar a ficar muito difícil, vocês têm que intervir e ajudá-la a ouvir as reações e o feedback das outras pessoas, e garantir que se sintam valorizadas, respeitadas e ouvidas."

Recordei-os de que AJ começaria a missão com pouca boa vontade dos colegas no set. Os três precisariam modelar visivelmente os compromissos que assumiram com o outro. Teriam de continuar acrescentando novos membros coelevadores à equipe, até que todos no set sentissem que o ambiente realmente mudou. E se, em algum momento, os membros da equipe ou do elenco começassem a ficar aquém do contrato que haviam feito com os outros — talvez culpando ou apontando o dedo —, caberia a eles controlar as emoções e incitar comportamentos diferentes dos colegas com empatia e compaixão.

"Vocês não precisam só treinar um ao outro e a todos no set", disse. "Terão que lhes dar *amor*. Terão que celebrá-los e praticar todos os princípios de coelevação em que trabalhamos. Vocês são os treinadores coelevadores de toda a equipe. Esse agora é seu novo trabalho. Levem isso tão a sério quanto se estivessem se preparando para um novo papel importante."

Mais tarde, descobri que, em poucas semanas, a mudança na cultura no set da série era perceptível. AJ, Miguel e Wendy continuaram a acrescentar novos membros à equipe. Por fim, ela incluía muitas das pessoas que os três apontaram como prováveis obstáculos ao progresso.

Cerca de um ano depois, recebi mensagens de um dos membros da equipe do programa, alguém que não conhecia pessoalmente. Ele foi uma das primeiras pessoas que AJ, Miguel e Wendy alistaram após o jantar, quando o futuro do programa ainda estava incerto.

> Comparado ao ano passado, há uma diferença incrível na energia diária aqui. Sinto a camaradagem, o companheirismo, a colaboração, mas, acima de tudo, o sentimento de que cada um quer sinceramente ajudar o outro.
>
> Contei a AJ sobre o incrível técnico de beisebol do meu filho. Ele diz aos garotos que não há time em campo que possa vencê-los se eles se unirem. É assim que acredito que nossa equipe está se portando. Estamos agindo com todo o coração na tela e fora dela.
>
> Nunca teria previsto isso, mas estamos cada vez mais próximos. Todo mundo está realmente se ajudando e querendo que todos se saiam bem.

O programa ainda estava no ar em 2020 e, desde a mudança de cultura, teve alguns de seus melhores índices de audiência de todos os tempos. Depois de ser criticada pelo elenco, pela equipe e pela rede, AJ se tornou uma autêntica agente de mudança, liderando um movimento para transformar o ambiente no set do programa.

Cabe a você criar uma equipe coelevadora que cumpra a missão e transforme a cultura. Repito, no início, terá de fazer o trabalho pesado. Mas quando estiver realmente se coelevando e codesenvolvendo com seus colegas, inspirará essa atitude nos outros. Então, será responsabilidade de todos estender a mão, cocriar, codesenvolver e garantir um nível de coelevação que expresse: "Não deixarei você fracassar."

O fardo da responsabilidade se torna mais leve quando a missão é compartilhada. É assim que todos vamos mais longe juntos. É assim que podemos alcançar dez vezes mais de nossas capacidades e metas. É o momento decisivo no qual uma equipe pode desencadear um movimento, e este pode mudar uma cultura.

Antiga Regra de Trabalho: colegas de trabalho com quem é difícil de trabalhar, não são cooperativos ou não contribuem são evitados e descartados.

Nova Regra de Trabalho: se um membro está atrasando a missão de alguma forma, a equipe pode contar com a ajuda de outros colegas para elevar esse membro e sua contribuição.

UM CONTRATO DE COELEVAÇÃO

Pesquisas descobriram que, se assinarmos um contrato nos obrigando a atingir nossos objetivos, temos muito mais chances de sermos bem-sucedidos.[1] Foi isso que AJ e sua equipe fizeram quando recontrataram seu relacionamento com a missão compartilhada de criar um novo ambiente de apoio no seu set de produção. Aqui está um modelo de contrato de recontratação para qualquer tipo de relacionamento coelevador.

1. **Comprometimento com a missão e com o sucesso do outro:** *não* deixaremos o outro fracassar. Na verdade, garantiremos que os outros sejam bem-sucedidos. Vamos elevá-los à medida que trabalhamos juntos para conquistar nossa missão compartilhada.

2. **Colaboração:** vamos colaborar, não vender aos outros nossas ideias ou cair no consenso. Seremos insaciavelmente curiosos enquanto avançamos a novos níveis de inovação. Respeitosamente, desafiaremos as ideias do outro e daremos o feedback sincero sobre a missão de alcançar melhores resultados.

3. **Desenvolvimento:** comprometemo-nos a ajudar os outros a desenvolver os conjuntos de habilidades e/ou comportamentos para que o desempenho melhore. Damos permissão uns aos outros para confiar em nossos instintos e dar o feedback sincero de que a outra pessoa precisa ouvir para poder crescer.

4. **Dizer a verdade:** falaremos a verdade a serviço da missão e dos outros. Damos permissão a eles para confiar em nossos instintos e dar feedback e ser franco quando necessário. Veremos e receberemos essa sinceridade a serviço dos outros porque nos preocupamos com o sucesso deles.

5. **Sem vitimar-se:** nada atrapalhará a nossa transformação. Vamos nos divorciar da inércia do passado e não aceitaremos qualquer linguagem vitimizadora. Conferiremos se os outros recaírem a uma mentalidade ou discurso de vítima.

6. **Olhar para nós mesmos primeiro:** quando nos sentirmos frustrados com a outra pessoa, procuraremos mudar nosso comportamento primeiro, perguntando "Qual é o meu papel?" antes de apontar o dedo e culpar os outros.

7. **Dedicar tempo para servir e se importar com as pessoas:** nós nos comprometemos a servir e compartilhar com os outros para aprofundar nosso relacionamento e construir a segurança psicológica, para que a outra pessoa saiba que nos importamos genuinamente com ela.

8. **Comemorar:** comemoraremos e enalteceremos o desempenho e as vitórias dos outros.

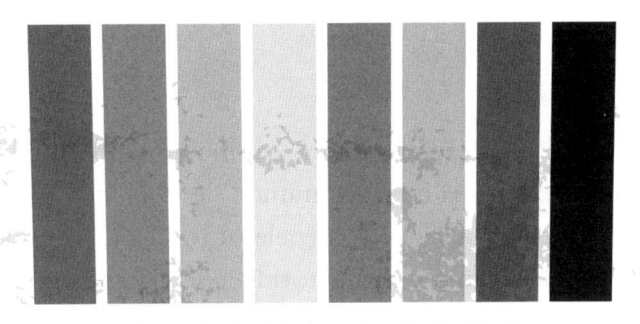

OITAVA REGRA
JUNTE-SE AO MOVIMENTO

> Na Patagonia, não temos apenas uma cultura, temos um movimento. É um dos diferenciais mais poderosos que uma empresa pode ter quando seus funcionários acreditam tão profundamente nos valores compartilhados; e, fazendo isso, não apenas os praticam dentro da empresa, mas os evangelizam ativamente no mundo. E, no nosso caso, nossos clientes se juntam a nós, coativam conosco e lideram tanto quanto nós. Somos uma comunidade coelevadora empolgada; e isso não só se mostra na convicção de que nossos funcionários e clientes têm que fazer mais por nossa missão de salvar o planeta — mas também em nosso desempenho contínuo e forte.
>
> DEAN CARTER, DIRETOR DE RECURSOS HUMANOS DA PATAGONIA

Meu maior propósito ao escrever *Liderando sem Autoridade* é ajudá-lo a incitar um movimento que melhorará de forma mensurável sua vida e a das pessoas ao seu redor ao transformar as instituições que podem aliviar o sofrimento global. As práticas simples deste livro têm o poder de provocar uma verdadeira transformação cultural, não apenas em suas equipes, mas em toda a organização e no mundo em geral.

Creio que a coelevação se tornará um movimento mundial. É necessário; é uma exigência do novo mundo do trabalho. A cada dia, as hierarquias perdem a influência, a coelevação fica mais importante e as posições de líderes com e sem autoridade se expandem.

Com o tempo, acredito que a coelevação se tornará uma competência humana essencial para viver neste mundo cada vez mais diverso, em constante mudança e interdependente. A coelevação nos oferece novos caminhos para a alegria e o crescimento pessoal — dentro e fora do trabalho.

Conforme os hábitos de coelevação transformam nossas relações de trabalho, naturalmente se estenderão para os demais setores de nossa vida. Seus princípios de abraçar opiniões diversas com maior inclusão, colaboração mais rica, sinceridade elevada, transparência a serviço dos outros, crescimento mútuo e desenvolvimento podem nos dar novos caminhos para viver nossa verdade, em todas as dimensões da vida.

Transformações dessa dimensão podem ser difíceis de imaginar. Mas o mundo atual foi construído por mudanças no passado. Todo movimento começa quando um núcleo de adeptos devotos sente uma mudança no ar e vê o status quo em ruínas. Lembro-me daquela grande frase atribuída à lendária antropóloga Margaret Mead: "Nunca duvide que um pequeno grupo de cidadãos atenciosos e comprometidos pode mudar o mundo: na verdade, é a única coisa que já o fez."

Essa é a história de todos os grandes movimentos sociais, dos direitos civis à recuperação de doze passos e a qualquer uma das grandes religiões do mundo. Todos brotaram de visões idealistas que dificilmente mudariam alguma coisa. Mas uma vez que as pessoas experimentaram o poder dessas novas ideias, espalharam as boas-novas, os movimentos se estabilizaram e a sociedade finalmente absorveu essas visões inebriantes no que se tornou o novo normal.

Vejo um caminho semelhante para o movimento de coelevação. Aqueles de nós que experimentaram a magia da coelevação espalharão a mensagem porque o etos de servir, compartilhar e cuidar torna a coelevação inerentemente contagiosa. As pessoas geralmente demoram a acreditar, mas são rápidas para se adaptar. Quando revelamos o tremendo valor da coelevação para nossos colegas e quando eles testemunham o poder de mudar comportamentos, inspirar o trabalho em equipe e produzir resultados inesperados, se tornam adeptos.

Fui criado na fé cristã e agora sinto que a coelevação é como quero levar minha fé, minha crença, ao que significa andar pelo planeta como um homem bom, como alguém humilde, que realiza as coisas, que deixa uma pegada e um efeito dominó quando tiver partido. Quero que meus filhos, minha família, minha comunidade e meu trabalho sejam afetados positivamente porque escolhi me coelevar com eles.

Até agora, este livro centrou-se só em você, mudando seu comportamento e elevando as pessoas ao seu redor para um sucesso maior, principalmente no trabalho. Espero que não pare por aí. Espero que agora você ensine a coelevação para outros, que depois se tornarão parte do movimento. Quem é a próxima pessoa liderando o próprio trabalho e que você estimulará a se tornar parte do movimento? Imagine se, em vez de nos acomodarmos em nosso canto, de apontarmos o dedo e culparmos outras pessoas, parássemos e disséssemos: "Com quem preciso começar a me coelevar para alcançar essa missão ou resolver esse desafio?"

Faça a maior diferença possível. Passamos tanto tempo no trabalho, por que não permitir que nossos relacionamentos coelevadores lá nos inspirem além da empresa, para cocriar melhores relacionamentos, casamentos, famílias e comunidades?

Descrevi muitas das vezes em que usei a coelevação para aprofundar minha relação com quem amo e me importo. As pessoas com quem trabalhei me dizem que usam a linguagem coelevadora fora do trabalho o tempo todo. Uma executiva de RH introduziu a coelevação ao seu grupo executivo feminino, e agora a promessa de "apoiar as outras por meio da coelevação" faz parte da declaração de missão do grupo.

Outra conhecida usa a coelevação como um princípio orientador em sua vida romântica. "Percebi que não posso tolerar que meus relacionamentos mais importantes sejam nada menos do que coelevadores", contou-me. "Quero elevar as pessoas em minha vida e, honestamente, quero que elas também queiram me elevar. Qualquer coisa menos do que isso é inaceitável."

Em 2019, fui convidado para oficializar duas cerimônias de casamento porque ambos os casais queriam que os princípios da coelevação fossem santificados em seus votos de casamento. Durante as cerimônias, cada casal celebrou seu compromisso vitalício de coelevação, pedindo a seus amigos e familiares reunidos que os responsabilizassem e se juntassem a eles para irem mais longe juntos.

Realmente penso em coelevação em tudo o que faço. Isso é meu guia, mesmo quando me vejo saindo do rumo. Nas palestras que ministro, quando discuto a coelevação como a ciência do crescimento da liderança e das capacidades de vendas, também me esforço para trazer a coelevação para o local. Durante as chamadas pausas de networking, tento promover um ambiente de comunidade de coelevação real.

Minha missão de vida é promover um mundo onde possamos entrar em lugares cheios de estranhos e a expectativa compartilhada é a de que todos deixemos de lado a conversa fiada e tenhamos conversas profundas. Nós nos envolvemos em servir, compartilhar e cuidar e todos aprendemos como melhor servir uns aos outros e às nossas missões transformacionais. Lembro-me de como, após o falecimento de meu pai, o grupo de luto da igreja de minha mãe foi particularmente coelevador para ela, assim como suas eternas amigas do "clube de baralho", que se reuniam mensalmente não apenas para jogar cartas, mas para apoiar umas às outras das maneiras mais poderosas.

> A organização do futuro será definida pela coelevação e agilidade, com equipes fluidas e dinâmicas desbravando e acelerando a inovação. Ao ampliar as definições de "equipes" e "liderança", a coelevação adere à mentalida-

de ágil necessária para o sucesso em um mundo cada vez mais inclusivo e radicalmente interdependente. Todo líder deve abraçar essa mentalidade em um momento no qual a maneira como todos trabalhamos e vivemos é redefinida pela disrupção e transformação digital.

PAT GELSINGER, CEO da VMware

Quero viver em um mundo que respeite o valor da diversidade o suficiente para reconhecer que a cocriação entre um conjunto diversificado de perspectivas sempre produzirá a solução mais poderosa para todos os problemas que enfrentamos, onde a sinceridade afetuosa é uma expectativa normal e onde fuga de conflitos, mentiras inofensivas e lorotas educadas não têm lugar em relacionamentos mutuamente respeitosos. Realmente acredito que as meias verdades cotidianas que usamos para proteger os egos frágeis e as posições de poder não terão lugar no mundo radicalmente interdependente e transparente que nasce.

Meu sonho é o de que este livro inspire novos níveis de pensamento sobre a coelevação, o suficiente para provocar a transformação cultural em organizações em todo o mundo. Imagine escolas, professores e pais usando a coelevação para preparar as crianças para um futuro em que ela seja valorizada acima de todas as outras habilidades corporativas. Entidades filantrópicas e organizações sem fins lucrativos podem precisar mais dessa transformação cultural, porque suas missões para ajudar os necessitados são tão urgentes e cruciais, que não podem se dar ao luxo de desperdiçar seus recursos em pensamentos hierárquicos obsoletos.

Ofereço aos meus clientes suporte de coaching gratuito para seus interesses filantrópicos porque vi os efeitos transformadores. Trabalhei com a famosa Summit Mountain Series para tornar a coelevação uma base para seus eventos, e trabalho com a Tech T200, um grupo de diretoras de tecnologia da informação, para introduzir a coelevação na essência de seus contratos com os outros. Também ajudo Peter Diamandis a usar a coelevação para levar sua fundação XPRIZE e sua organização Abundance 360 a atingirem seus enormes potenciais.

Pessoalmente, concentrei nossa fundação Greenlight Giving em um apelo para a reforma da assistência social, salvando a vida de 150 milhões de crianças desabrigadas e órfãs em todo o mundo. Esse foco também nos levou a trazer a coelevação para uma organização nacional sem fins lucrativos dedicada à prevenção e ao tratamento do abuso infantil. Usamos princípios de coelevação para permitir que seu grupo principal de doadores expanda suas posições com uma meta de resultados dez vezes maiores em arrecadação de fundos.

No World Bank Group, lançamos um movimento de coelevação entre as filiais regionais, os governos locais e outras ONGs, com a intenção de converter bilhões em trilhões de dólares em financiamento de longo prazo para a audaciosa missão de erradicar a pobreza global. Por meio de jantares de equipe coelevadoras, sessões de aprendizado, centros educativos e treinamento contínuo entre pares, o banco expandiu seu compromisso e suas capacidades, com o objetivo de criar um multiplicador 10x do total de fundos que é capaz de empregar.

Há poucas instituições que precisam mais desesperadamente de coelevação do que o governo e a cultura venenosa que o acompanha em todo o mundo. Os políticos dependem de uma mentalidade de desavença para serem eleitos, mas depois descobrem que construíram muros tão grandes em torno de si, que são incapazes de governar. Estive em contato com senadores norte-americanos e outros membros do congresso para explorar oportunidades bipartidárias para ir mais longe juntos por meio de compromissos compartilhados, apesar de suas divergências políticas. Também me coloquei pessoalmente à disposição para coaching em lugares nos quais conflitos cívicos e rupturas sinalizam a oportunidade de resultados coelevadores transformadores.

A atual geração crescente de líderes políticos enfrentará um conjunto assustador de responsabilidades nos próximos anos, que não podem ser abordadas por meio da divisão — como mudanças climáticas, degradação ambiental, migração populacional, preconceito e genocídio. Acredito que a coelevação aumentará a porosidade entre indivíduos com visões diferentes, para que possam contribuir com novas e poderosas soluções cocriadas para tais problemas, sendo que todas elas são desdobramentos de maneiras antigas, isoladas e destrutivas de pensar.

> A mudança nos negócios acontece muito rápido para criar soluções revolucionárias que dependem de controle e hierarquia para produzir a inovação de que precisamos para competir. A coelevação é um caminho para a equipe aprender a colaborar por meio de parcerias autênticas que permitam o crescimento conjunto, ajudando a acompanhar as enormes pressões do mercado.
>
> Paul Yanover, CEO da Fandango

Meu sonho é o de que todos que lerem este livro levem a coelevação para seus compromissos filantrópicos e sociais locais e para seus lugares de fé e adoração. Agora você pode ser empregado como um treinador em sua comunidade, onde lhe for mais importante.

Suas histórias pessoais, contadas e celebradas, são combustível para esse movimento. Ao aplicar este livro em sua vida, por favor, deixe-me saber sobre seus resultados, para que seu exemplo possa inspirar outras pessoas. Este livro teve um impacto positivo em você? Se sim, o maior presente que pode me dar é me contar sua história. Envie uma mensagem para kf@ferrazzigreenlight.com e me conte como usou a coelevação para melhorar a produtividade, a criatividade e, o mais importante, para estabelecer relacionamentos mais profundos com as pessoas essenciais em sua vida. Com a ajuda da equipe FG, cocriaremos maneiras apropriadas de compartilhar essas histórias de forma mais ampla e inspirar outros a irem mais longe juntos.

Este é apenas o começo de uma jornada em que trabalhamos para criar um mundo melhor, que possa ser mais alegre e oferecer resultados transformacionais que nunca sonharíamos. Por meio da coelevação, construiremos nosso movimento de coelevação.

O PRIMEIRO A CAMINHAR NO CAMPO

Quando eu era adolescente, meu pai foi demitido da fábrica e consegui um emprego como *caddie* de golfe no clube de campo para ajudar a pagar as contas da família. Meu pai não sabia nada de golfe, mas me deu este conselho: "Apareça meia hora mais cedo todos os dias."

Não entendi o propósito, mas o fiz mesmo assim. No início, fiquei entediado, esperando o dia começar. Mas depois aproveitei para caminhar pelo campo. Testei a velocidade do terreno e passei a notar pequenas coisas. A maneira como a grama se inclinava depois de ser cortada. Como certos declives eram mais íngremes do que pareciam do *fairway*. Onde as bandeiras estavam em locais mais difíceis. Chegando cedo sempre, desenvolvi uma percepção especial com relação ao campo. Ajudei os golfistas a melhorar as pontuações e ganhei gorjetas maiores. Outros golfistas começaram a me solicitar, e logo eu era muito procurado. Ganhei o prêmio anual de *caddie* do clube, que me deu o privilégio de assistir à lenda do golfe Arnold Palmer naquele ano.

Então, esse foi o sábio conselho de meu pai, parte do legado dele, que agora passo para vocês. Ao ler este livro, você chegou cedo à coelevação. Aproveite ao máximo. Mantenha este livro à mão e consulte-o com frequência. Siga as práticas e aplique as novas regras de trabalho em tudo o que faz. Você tropeçará de vez em quando, mas as pessoas notarão seu progresso.

Agora é sua vez de desenvolver a própria percepção especial de como coelevar e liderar sem autoridade. Você desenvolverá seus insights exclusivos sobre o que funciona melhor com seus colegas enquanto os treina, se codesenvolve e comemora com eles. Ao fazer isso, contribuirá para o movimento emergente.

E quando esse dia finalmente chegar, quando a liderança sem autoridade e a coelevação forem reconhecidas como habilidades essenciais no trabalho, você será como o *caddie* adolescente que fui. Você já terá caminhado pelo campo muitas vezes antes e estará totalmente preparado para os desafios futuros.

NOTAS

Introdução: Novas Regras para um Novo Mundo Profissional

1. Keith Ferrazzi e Tahl Raz, *Jamais coma sozinho: e outros segredos para o sucesso* (Rio de Janeiro: Alta Books, 2024).
2. Deloitte, "Human Capital Trends 2016", deloitte.com/us/en/insights/focus/human-capital-trends/2016/identifying-future-business-leaders-leadership.html.
3. thrive.dxc.technology/2019/03/05/how-we-will-work-in-2028-gartner/r.
4. Klaus Schwab e Nicholas Davis, *Shaping the Future of the Fourth Industrial Revolution* (Nova York: Currency, 2018).
5. Deloitte, "Human Capital Trends 2016", deloitte.com/us/en/insights/focus/human-capital-trends/2016/human-capital-trends-introduction.html.
6. Dwight D. Eisenhower, quotes on Leadership & Organization, Eisenhower Foundation, dwightdeisenhower.com/190/Leadership-Organization.
7. Raymond Kurzweil, "The Law of Accelerating Concerns", Kurzweil: Accelerating Intelligence, 7 de março de 2001, kurzweilai.net/the-law-of-accelerating-returns.
8. Peter H. Diamandis e Steven Kotler, *Abundance: The Future Is Better Than You Think* (Nova York: Free Press, 2012).

Segunda Regra: Aceite que *Tudo* Depende de Você

1. Cheryl Bachelder, *Dare to Serve: How to Drive Superior Results by Serving Others* (Oakland, Calif.: Berrett-Koehler Publishers, 2018).

2. Richard Karlgaard e Michael S. Malone, *Team Genius: The New Science of High-Performing Organizations* (Nova York: Harper Business, 2015).
3. seths.blog/2013/01/out-on-a-limb.
4. cosmosmagazine.com/biology/social-rejection-and-physical-pain-are-linked.
5. Jocko Willink, *Extreme Ownership: How U.S. Navy SEALs Lead and Win* (Nova York: St. Martin's Press, 2015).
6. ethicsunwrapped.utexas.edu/glossary/fundamental-attribution-error.

Terceira Regra: Conquiste Permissão para Liderar

1. Nota do autor: A programação do Landmark Forum vem do popular programa EST de Werner Erhard dos anos 1970, um congresso de autoajuda controverso no qual, apesar das críticas, descobri informações valiosas que moldaram como abordo meus relacionamentos.
2. Adam M. Grant, *Give and Take: Why Helping Others Drives Our Success* (Nova York: Penguin Books, 2014).
3. Grant, *Give and Take*, p. 258.
4. Grant, *Give and Take*, p. 15.
5. sdbullion.com/blog/how-much-platinum-is-in-the-world.
6. news.gallup.com/poll/241649/employee-engagement-rise.aspx.
7. nytimes.com/2014/06/01/opinion/sunday/why-you-hate-work.html?_r=1.
8. Brené Brown, *Daring Greatly: How the Courage to Be Vulnerable Transforms the Way We Live, Love, Parent, and Lead* (Nova York: Avery, 2015).

Quarta Regra: Crie Parcerias Mais Profundas, Ricas e Colaborativas

1. thestreet.com/story/13959499/1/sell-target-stock-on-weak-holiday-sales-amazon-competition-goldman.html.
2. marketwatch.com/story/target-suffers-record-stock-price-plunge-2017-02-28.
3. money.usnews.com/investing/stock-market-news/articles/2019-08-21/target-corporation-tgt-stock-jumps-to-an-all-time-high.
4. barrons.com/articles/as-stock-indexes-hit-record-heights-guggenheims-minerd-says-were-near-a-minsky-moment-and-silly-season-in-risk-assets-2019-12-23.

5. fool.com/investing/2017/08/21/how-target-plans-to-replace-10-billion-in-sales.aspx.
6. cultofmac.com/475449/tim-cook-says-diversity-key-apples-magical-products.
7. reuters.com/article/us-target-results/target-posts-best-comparable-sales-growth-in-13-years-shares-hit-record-idUSKCN1L712Q.
8. fool.com/earnings/call-transcripts/2018/11/20/target-corporation-tgt-q3-2018-earnings-conference.aspx.
9. fastcompany.com/most-innovative-companies/2019.
10. fastcompany.com/company/target.
11. statista.com/chart/20386/guests-staying-at-airbnb-appartments-on-new-years-eve.
12. vox.com/2019/3/25/18276296/airbnb-hotels-hilton-marriott-us-spending.
13. wsj.com/articles/marriott-completes-acquisition-of-starwood-hotels-resorts-1474605000.
14. Ray Dalio, *Principles* (Nova York: Simon & Schuster, 2017), p. 321.
15. annualreviews.org/doi/pdf/10.1146/annurev-orgpsych-031413-091305.
16. annualreviews.org/doi/pdf/10.1146/annurev-orgpsych-031413-091305.
17. Julia Rozovsky, "The Five Keys to a Successful Google Team", Google, 17 de novembro de 2015, acesso em: 12 de abril de 2018, rework.withgoogle.com/blog/five-keys-to-a-successful-google-team/.
18. Rozovsky, "The Five Keys to a Successful Google Team".
19. sciencedirect.com/topics/psychology/emotional-contagion.
20. Francesca Gino, "The Business Case for Curiosity", *Harvard Business Review,* setembro–outubro de 2018, p. 48.
21. cbsnews.com/news/delta-air-lines-rises-to-top-of-annual-u-s-airline-ranking/.

Quinta Regra: Codesenvolvimento

1. Kim Scott, *Radical Candor: Be a Kick-Ass Boss Without Losing Your Humanity* (Nova York: St. Martin's Press, 2019).
2. Marcia Reynolds, *The Discomfort Zone: How Leaders Turn Difficult Conversations into Breakthroughs* (Williston, Vt.: Berrett-Koehler Publishers, 2014).

3. Alexandra Sifferlin, "Is Your Cell Phone Making You a Jerk?" *Time,* 20 de fevereiro de 2012, healthland.time.com/2012/02/20/is-your-cell-phone-making-you-a-jerk/.
4. fortune.com/2014/10/29/ceo-best-advice/.

Sexta Regra: Elogie e Celebre

1. thecut.com/2016/08/how-to-motivate-employees-give-them-compliments-and-pizza.html.
2. Carlos A. Estrada, Alice M. Isen e Mark J. Young, "Positive Affect Facilitates Integration of Information and Decreases Anchoring in Reasoning among Physicians", *Organizational Behavior and Human Decision Processes* 72, no. 1 (Outubro de 1997): 117–35, academia.edu/11274527/Positive_Affect_Facilitates_Integration_of_Information_and_Decreases_Anchoring_in_Reasoning_among_Physicians.
3. Estrada, *et al.*, "Positive Affect", p. 129.
4. Estrada, *et al.*, "Positive Affect", p. 129.
5. "Michael Lewis on Character Building and 'Coach'", *NPR,* 11 de junho de 2005, npr.org/templates/story/story.php?storyId=4699508.
6. O.C. Tanner Learning Group White Paper, "Performance: Accelerated", p. 3, octanner.com/content/dam/oc-tanner/documents/global-research/White_Paper_Performance_Accelerated.pdf.
7. O.C. Tanner Learning Group White Paper, "Performance: Accelerated."
8. Lisa Firestone, Ph.D., "The Healing Power of Gratitude: The Many Ways Being Grateful Benefits Us", *Psychology Today,* 19 de novembro de 2015.
9. hult.edu/blog/celebrate-failure-not-just-success.
10. Entrevista com Henry Blodgett, Insider Business, 2 de dezembro de 2014, youtube.com/watch?v=Xx92bUw7WX8.
11. Ibid.
12. wd40company.com/our-company/our-history.
13. tribe.wd40company.com/our-tribe/learning-teaching.
14. appel.nasa.gov/2010/02/25/ao_1-6_f_mistakes-html.

Sétima Regra: Coeleve-se com a Tribo

1. stickk.com/tour/4.

ÍNDICE

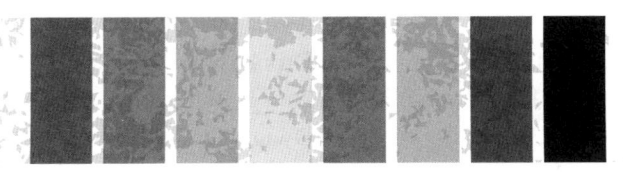

Símbolos
5x5x5, exercício, 130–131

A
adesão forçada, 121–122, 136
agilidade, 111, 113, 140–141
Airbnb, 117–118
alienação, 102
Amazon, 38, 147–148
ambição, 118
Apple, 38, 112
aprendizado, 88
aproveitar a tribo para a tribo, 206
audácia, 118
autenticidade, 85
autodefesa, 78
autoestima, 199
autopiedade, 60–61
autoridade, 45
   figura de, 193
autorreflexão, 66

B
barreiras organizacionais, 48
Bridgewater Associates, 125–126
brigas internas burocráticas, 6
bullying, 62

C
cadeia de comando, 21
camaradagem, 23
cargos intermediários de gerência, 6
celebração, 9, 14
chama azul, 91–93, 99
círculo virtuoso, 83
coaching entre pares, 143, 146, 172–173
Coca-Cola, 200
cocriação
   autêntica, 114
   coelevadora, 115, 118–119, 180–181
   transformadora, 175
codesenvolvimento, 150, 155
   entre pares, 145–146
Coinbase, 11
colaboração, 2, 7, 9, 13
   coelevadora, 111, 114
compartilhar, 78
comportamento
   disruptivo, 167
   não profissional, 59
   organizacional, 184

comprometimento, 23
comunicação, 146
comunidade coelevadora, 225
conectividade, 95
conector, 85
confiança, 48
  estrutural, 177
  pessoal, 177
  profissional, 177–178
consenso, 121–122, 137
contágio emocional, 127
continuum de coelevação, 105
contribuição ousada, 112–114, 119
conversa genuína, 82
covardia, 62
crescimento
  organizacional, 5
  pessoal, 77
cultura
  coelevadora, 206
  de coaching, 144
culturas hierárquicas
  mais flexíveis, 42
curandeiros espirituais indígenas, 91
curiosidade, 87, 169
  sincera, 88, 130

D

decisões de alto risco, 138
deferência, 59
Deloitte, 78, 84, 115
Delta Air Lines, 131
desculpa autossabotadora, 54
desejos, 99
desempenho transformacional, 144
desenvolvimento entre pares, 147
determinação, 199

diálogo colaborativo, 125
disputas multidisciplinares, 138
disrupção
  digital, 116
  industrial, 131
doadores, 81, 87
DocuSign, 11
dor da rejeição, 62
Dropbox, 11, 136–137
Dun & Bradstreet, 11
Dwight D. Eisenhower, 13

E

eBay, 95
eficácia, 84
ego, 78
elogio, 14, 187
embalo da vitória, 191
engenharia comportamental, 194
equipe
  coelevadora, 72, 204, 222
  de cocriação, 121
  diversidade de, 119
  multifuncional, 1, 7, 11
erro fundamental de atribuição, 66
escuta, 146
  paciente, 88
estado
  colaborativo, 35
  de coelevação, 36–37
  de coexistência, 35, 105
  de resistência, 36, 105
  de ressentimento, 36

F

Facebook, 38
falta
  de valorização, 190

de visão, 12
família, 99
FedEx, 179
feedback
    de competência, 145
    de desempenho, 145
    de ideias, 145
    sincero, 85
filmes de amizade, 52
Fortune 500, 4, 9, 11
Fórum Econômico Mundial, 7
fracasso pessoal, 2
frustração, 64, 102, 206
frustrações reprimidas, 34

G

Gallup, 93
Gartner, 6–7
gatilhos emocionais, 67
GE, 110
General Motors, xi, 11, 179–182, 191
generosidade, 9, 81
    liderar com, 80
gerenciamento
    de tempo, 146
    hierárquico, 24
gestão da qualidade total, 13
Google, 38
gratidão, 9, 14, 199
grupo coelevador, 94

H

hábitos mentais, 195
hierarquia, 8, 24
    hierarquias e divisões rígidas, 17
    hierarquias organizadas funcionalmente, 6
    mecânica, 95
hierarquias rígidas, 42
Hudson's Bay, 37–38
humor, 206

I

ignorância, 58
impaciência, 71
incerteza, 57
inclusão, 2, 209
    radical, 111–114, 119, 134
    valor da, 119
indulgência, 64
influência, 86
inovação, 89
insegurança, 48
insinceridade manipuladora, 146–147
integridade, 56
interdependência radical, 24–25
irritação, 70

J

Jeff Bezos, 201
jornada compartilhada, 78
julgamento
    infundado, 66
    ouvir sem, 199

L

Landmark, 79
lealdade, 200
liderança, v, 4–7, 13, 15
    hierárquica, 86
    posicional, 6
    potencial de, 43
    transformacional, 42
    verdadeira, 45, 56

líderes coelevadores, 43
limites pessoais, 104
linguagem corporal, 206

M
Marriott, 118
mediocridade, 54
medir relacionamentos, 37
mentalidade
   10x, 131–132
   coelevadora, 116
   de vítima, 61
mentoria, 144
meritocracia de ideias, 125
missão compartilhada, 91, 210
motivação, 184
mudança
   de mentalidade, 65
   iniciativa de, 212
   movimento de, 78
mudanças verdadeiras, 81

O
ocupação, 99
oposição respeitosa, 200
Oracle, 23
organização
   cognitiva, 184
   matricial, 24–25
organograma, 22, 26
orgulho, 71

P
parceria coelevadora, 191
partilha autêntica, 82
passividade, 55
pensamento transacional, 95
PepsiCo, 166

perdão, 9
pertencimento, 104
Plano de Ação de Relacionamento (RAP), 34–35, 37
Pocketcoach, 60, 73–74, 107
poder, 86
políticas corporativas, 22
porosidade, 79–80, 82–83, 182, 219
posição irracional, 196, 198
postura defensiva, 169
pragmatismo, 95
preconceito, 78
preguiça, 58
preocupação autêntica, 48, 160
prioridades, 32
priorização, 146
procrastinação, 34
propriedade extrema, mentalidade, 65

Q
Quarta Revolução Industrial, 7

R
raiva, 64, 206
Ralph Waldo Emerson, 34, 135
recontratação, 119–121, 124–125, 135, 139
   ativa, 211
   conversa de, 124
recreação, 99
rede profissional, 81
redução de custos, 20
reforço positivo, 190
regra
   de ouro, 87–88
   de platina, 88, 188
   de trabalho, 40

relação
  coelevadora, 49–50, 57
  de codesenvolvimento, 159
  de coexistência, 148
relacionamentos
  coelevadores, 51, 59, 62
  colaborativos, 148
  construção de, 47
resignação, 55
resolução colaborativa de problemas, 119, 133–135, 175
responsabilidade, 21, 28, 37, 95
  abdicação de, 56
  compartilhada, 209
  de liderança, 22, 60
  em tempo real, 160
  sem controle, 23
ressentimento, 55, 64, 70
revisão pós-ação, 201
revolução digital, 11

S
Safeway, 109–110
saúde mental, 102
Scarlett O'Hara, atriz, 84
scrum, 113
sede de pertencimento, 17
segurança psicológica, 125–126, 169, 217, 224
seis desculpas capitais, 57–58
senso de curiosidade, 29
sentimento comunitário, 102
sete pecados capitais, 57
sinceridade, 49, 85, 95
  afetuosa, 162, 185
  arrasadora, 167
  cultura baseada na, 125
  radical, 146–147

skills
  hard, 145, 176
  soft, 145, 176
solução pré-assada, 121–123, 136
sucesso compartilhado, 97
Summit Mountain Series, 229

T
Tech T200, 229
tomada de decisões, 184
transformação, 30
  exigências de, 111
treinador coelevador, 221
tribunal transformacional, 138
Trusted Advisor, 179–181, 191, 219

U
Uber, 11
Uma Valeti, 220

V
Vale do Silício, 11, 118, 187
velhas regras de trabalho, 67
vítima, 60
vulnerabilidade, 9, 75, 95
  definição, 97

W
Wall Street, 12
WD-40 Company, 201
West Point, 143–144, 146, 214
World Bank Group, 230

Z
Zappos, 7
zona de conforto, 54
Zoom, 11

Este livro foi impresso nas oficinas gráficas da Editora Vozes Ltda.,
Rua Frei Luís, 100 – Petrópolis, RJ.